当代旅游研究译丛

旅游安全管理

——有效地管理旅行风险与安全的策略

Peter E. Tarlow

〔美〕彼得·E.塔洛　著

李秀清　林虹　译

Tourism Security:
Strategies for Effectively Managing
Travel Risk and Safety

商务印书馆 The Commercial Press

2018年·北京

TOURISM SECURITY: STRATEGIES FOR EFFECTIVELY MANAGING TRAVEL RISK AND SAFETY
Peter E. Tarlow

This authorized edition of **Tourism Security: Strategies for Effectively Managing Travel Risk and Safety** by **Peter E. Tarlow** is published by **The Commercial Press Ltd.** by arrangement with ELSEVIER INC., of 360 Park Avenue South, New York, NY 10010, USA.
ISBN：978-0-12-411570-5

题　　记

希望本书能有助未来世界成为安全之地、美好之域。愿我们每个人出行都有安全，有保障，也愿我们用关爱与和平连接这个世界。

序　一

二十多年来，彼得·塔洛博士一直是世界旅游和重大节事安保领域中顶尖的杰出代表人物和作家。自2004年以来，我有幸在许多会议上与彼得一起作为发言人，所涉及的会议场合各种各样，包括特拉维夫（以色列）、金斯敦（牙买加）、吉隆坡（马来西亚），以及多伦多（加拿大）等。彼得是优秀且引人入胜的演讲家，讲话妙趣横生，同时信息量很大。他用英语、西班牙语和葡萄牙语进行写作，其著作受到世界各地旅游学术界和从业人员的广泛欢迎。通过主题发言与著作，彼得成功地将学术与旅游产业联系了起来。

21世纪以来，安全问题一直是一些具体旅游产业部门关注的重点。几十年以来，这对于航空和机场尤其是如此。从整体视角审视旅游安全是相对近期才出现的情况。2001年，纽约市和华盛顿特区遭受的“9·11”袭击是最终唤醒大家的一个因素，安保成为旅游产业所有部门的核心关注点。里奇（Ritchie）和克劳奇（Crouch）在其经典专著《具有竞争性的目的地》（*The Competitive Destination*，2003）中认为，旅游安全是具有竞争性的旅游目的地的核心特征。包括联合国世界旅游组织（UNWTO）和世界旅行与旅游委员会（WTTC）在内的全球重要旅游协会现在都认可安全与安保的绝对重要性。2012年以来，联合国世界旅游组织、世界旅行与旅游委员会，以及亚太旅行协会（PATA）已经加入加强全球旅游产业安全教育和提高安全意识的行列。

旅游安全的整体性方法涉及航空公司、机场、过境运输、铁路、火车站、酒店、住宿中心，重大节事及节事地点、旅游景点、零售区、邮轮、邮轮码头、旅游大巴，以及城际公交站等重要联系点的互联网络。通览旅游安保各个联结点显示，旅游、酒店业和重大节事产业各部门有其各自的安全挑战与威胁。目的地规划者和安保专家需要采取策略性方法应对安全，这包括旅游安全网络中的所有联结点。在住宿部门，客人安全与酒店作为款待与欢迎所有宾客的中心这一概念之间一直存在冲突和分歧。这一冲突既是酒店的吸引人之处，更是恐怖袭击的脆弱之点。

许多政府的目的地市场营销机构，在向未来旅行者推介目的地时，不愿意讨论目的地安保的问题。在东南亚，一些旅游产业和政治领袖将在媒体发布会中涉及安保关注点看作有失脸面的事情。这也是我受邀在 2013 年 11 月泰国旅游与安保大会（Tourism and Safety Security Conference）上谈及的一个问题。与会代表所采取的方法是提前警告游客安全风险，并告知将风险降至最低的措施，这一方法被认为是对目的地的声名起到了正面的提升作用。为其信用考虑，泰国旅游管理局（Thai Tourism Authority）现在已同意接受这一理念。

目的地旅游安全与安保状态在政府旅游公告中占有非常重要的地位，大多数重要的旅游客源国为其出国旅游的公民提供详细的旅游报告和咨询。由于政府的首要作用是保护其公民，它会使用并广泛传播这些公告，以此作为一种境外安保措施。因特网助推了这一传播，并通过代理服务器（proxy）在国际旅行者心目中提高了旅行公告的重要性。

彼得·塔洛在其专著、论文和会议主题发言中，提出了旅游产业各部门很多常见的安全风险，他还提出了旅游为导向的警务和保护服务，提醒大众旅游目的地的地方警察注意与旅游者相关的具体安全问题。其中许多问题的发生都是由于大多数旅游目的地的旅游者为外来者，比较单纯，相对富有，并因惹人注意而具有其脆弱性。塔洛博士的研究当之无愧受到全世界的认可，由于其语言功底，目前在拉丁美洲，尤其是在巴西正筹备主办 2014 年世界杯和 2016 年奥运会之时，他的专业技能有着巨大的用武之地。

旅游安保的整体性方法，从个体旅游者在其旅游时形成安全意识开始，之后延伸至旅游产业的各个部门。彼得成功驾驭旅游安保的复杂状况，其中包括重大节事、酒店和住宿供应商、运输部门、旅游景点、旅游辖区，以及旅游行为。尽管占据头条的旅游安保威胁重点关注恐怖主义和犯罪，对于旅游的普遍威胁还包括不安全性行为、吸毒、饮料中掺杂毒品、对疾病缺乏保护、诈骗、致命的危险行为和自然灾害。

彼得在旅游安保领域深耕多年，真正赢得了令人艳羡的专家头衔。

大卫·贝尔曼（David Beirman）博士
澳大利亚悉尼科技大学管理学科组旅游高级讲师

序二　拉丁美洲的旅游安全问题

旅游产业在欠发达经济体中是最重要的财富产生来源之一（Blake，Arbache，Sinclair，& Teles，2008；Scheyvens，2001）。然而文献显示，旅游是有代价的，并且在旅游产业范围内，有非常严重的社会异常状态（De Kadt，1991）。因为这一问题需要非常细致的思考研究，所以我想感谢彼得·塔洛邀请我为其有关安全与安保问题的专著撰写序言，这一邀请极具价值。如果希望保证当地经济的稳定，以及旅游者的诚信，细致描述拉丁美洲决策者的挑战与难题非常重要，由此提出了一个有趣的问题，一个无法对其公民提供安全的国家，在何种程度上能够保护国外来的游客？

与旅游者相关的拉丁美洲的主要安保问题不是恐怖主义，而是与当地犯罪相关的问题。在我们研究恐怖主义时，我们注意到，恐怖主义是基于将恐惧植入政治团体中。恐怖主义者并不想消灭整个文明，而是寻求播种恐惧，进而能够在一个更平等的基础上与更强大的实体进行谈判（Howie，2012；Korstanje，2013）。恐怖主义各基层组织看似更喜欢将敲诈与制造恐慌作为它们的上选武器。作为各自文化的外交使者，一个国家应让游客尽可能远离危险，这一点很重要。恐怖主义者知道这一点，因此他们竭尽所能制造不稳定的社会氛围，由此，不确定性会起到至关重要的作用。比如说，“9·11”最可怕的方面就是，世界成为不安全的地方，其原因有两点。首先，恐怖主义者使用西方技术对抗美国的地标建筑——世界贸易中心（经济实力）和华盛顿（行政力量）——五角大楼（军事力量）。其次，无辜公民丧生，这使其他人相信，美国的外交是错误和脆弱的。如果这个国家不能够保护其公民，那么这个国家应该消失。应记在脑子里的很有意思的一点是，这重大事件不仅在世界各地会产生非常强的冲击波，而且在拉丁美洲，由于对抗恐怖主义的技术条件来自于美国，情况更是如此。

尽管最近十年来有大量与风险相关的研究，但“9·11”以来，(旅游)安全主题的学术研究相对较少。风险可以通过算术运算，但要测量旅游目的地整体形象中的安全核心则具有非常大的难度。在早期的研究中，科斯坦耶和塔洛侧重理解旅游中实际安全和感知安全之间二分法的重要性。某些旅游安全问题被过度炒作(如，欧洲疯牛病)，由此几乎没有原因或毫无原因地造成猜疑状况，而其他有关严重风险的话题却会被低估。比如，很多人害怕飞机失事，但是从统计学上说，我们在一架商用飞机上飞行要比驾车旅行更加安全。正如豪伊所说的，安全问题与其主观特性相一致。外行与专家的意见相反，他们认为，威胁其本体论的掌控感的风险，比可能更危险的其他风险有更深远的影响。驾驶给旅行者一种很强的掌控感，然而飞机旅行产生的是不确定的感觉，由此我们可以说，无论何时传媒和新闻工作者无法在实际安全和感知安全之间进行区分，都可能需要政府进行干预。我们需要进一步调查，以确定在何种程度上政府可以努力实现公民对安全的所有要求。历史也见证了有关这些主题的民粹主义政策是如何在还没有理性规划时导致可怕后果的。

拉丁美洲的旅游安全还没有在所有拉丁美洲国家发展到同样水平。比如在哥伦比亚，各级行政机构在历史上一直与有组织的犯罪进行斗争，而在阿根廷还没有明确的项目保护旅游者免受恐怖主义行为或者是有组织犯罪的侵害。然而，尽管阿根廷认为恐怖主义问题是美国和中东的问题，该国却已经历两次重大袭击事件，导致 91 名无辜公民丧生(Korstanje & Skoll，2012)。尽管阿根廷政府宣称认可旅游产业的价值，但是它还没有适当的方法来保护旅游者的安全。为了更好地理解各国风险认知的发展，有必要理解各国公民的恐惧所在。理解国民风险恐惧的一种方法是分析每个国家公民选择购买的保险种类和保额。

最后，媒体和其他负责传播的机构可能会保护旅游目的地的形象，或引发旅游目的地形象的崩溃。这一感知在很大程度上是依赖于新闻是怎样传播的。

要实现高效的安全规划，两大主要因素至关重要：

（a）危险的实际概率，它衡量的是整个社会中风险的实际影响。

（b）对社会形象的影响，它衡量的是对某些危险的主观感知。

这两种衡量方式对可持续旅游项目来说很重要。基于实际危险概率的政策，如果忽略传播的力量，像那些经由可感知社会威胁来清晰表达的政策一样，均毫无用处。

另外还有三个因素决定了政府消除旅游系统风险的紧迫性：（1）受害者的地位，（2）重复的概率，以及（3）控制的阈值。那些具有更高重复概率，且影响孩童和脆弱人群的事件，与其他负面事件相比，会让公众更加恐慌。这些负面事件对旅游需求有最负面的影响。与没有可知防御形式的威胁相比，可视威胁得到考虑的程度可能会更低，比如疫情暴发或食物流行病。另外，如果卫生条件不合格，这种影响可能会一夜之间毁掉一个知名的国际旅游“天堂”。

矛盾的是，犯罪和恐怖主义以各自的方式进行被动调整。这些变化在无辜受害者的概率上升时发生。随着国家控制程度的提升，公众也学会适应新的形势，由此这一过程逐渐放慢。

这可能是公众并不会更多地考虑恐怖主义新闻的一个原因。本序言意在说明，感知安全和实际安全之间的二分性，为决策者在这些试错阶段提升旅游目的地安全形象问题提供思路。旅游安全经常依赖于当地以提供有关事件更加细微差别观点的方式，呈现突发新闻的能力。因此，旅游专业人员和学术研究者应与公私机构代表共同努力，创造旅游安全的感知和现实，这是非常必要的事情。

科斯坦耶·马克西米力安诺（Korstanje Maximiliano）
阿根廷巴勒莫大学（University of Palermo）经济系

参考书目

Blake, A., Arbache, J. S., Sinclair, M. T., & Teles, V. (2008). Tourism and poverty relief. *Annals of Tourism Research*, *35*(1), 107—126.

De Kadt, E. (1991). *Turismo:¿pasaporte al desarrollo*. Madrid : Endymion.

Howie, L. (2012). *Witnesses to terror: Undestanding the meanings and consequences of terrorism*. London, England: Palgrave Macmillan.

Korstanje, M. E. (2013). Preemption and terrorism. When the future governs. *Cultura, 10*(1). 167—184.

Korstanje, M. E., & Skoll, G. (2012). New York-Buenos Aires : Different solutions to the same problem: Terrorism and citizenry. *Rosa dos Ventos*, *4*(1), 1—20.

Scheyvens, R. (2001). Poverty tourism. *Development Bulletin*, *55*, 18—21.

致　谢

任何一本书都不是仅凭作者一己之力能够完成的，本书当然也不例外。世界各地众多人士都鼓励我撰写这本书，没有他们，我肯定不可能投入这些时间和精力。在此感谢世界各地的同人。安全领域学术和应用方面的同人，不仅鼓励我写作此书而且还不断提醒我此书的重要性。这些人数量实在巨大，无法一一提及。我只希望他们知道他们也是其中一员，对于他们鼓励和关爱的睿智语言，我是多么的感激。

在此感谢爱思唯尔公司的编辑。每一次在我想放弃这一项目，并想出众多放弃本书的理由时，他们都知道如何推动我继续写下去，并鼓励我继续坚持。

在本书创作的数月当中，有几位要特别感谢。我想感谢那些允许我采访他们并发表他们观点的警官。我要感谢我的密友和同事，南卡来罗纳州查尔斯顿市警长格雷格·穆伦（Greg Mullen），它的话语和智慧对我影响很大。我很骄傲地称他为我的同事和多年的朋友。同样感谢多米尼加共和国“赛斯特”（CESTUR）旅游警察局长贾斯托·马丁·埃米尔卡·费尔南德斯·特杰达（Justo Martín Amilcar Fernandez Tejada）上将，以及达里奥·安东尼奥（Dario Antonio）和克罗内尔·安比奥瑞克斯·塞帕达·赫尔南德斯（Coronel Ambiorix Cepeda Hernandez）上尉。这几位先生是安保领域中具有远见卓识的人，与他们一起合作是一种殊荣。

我也要感谢巴西里约热内卢市警察部门（Polícia Civil）的卡米罗·德·奥那拉斯（Camilo D'Ornellas）博士。卡米罗是旅游安全方面的权威之一，很好地将实践知识与学术智慧结合在一起。他已成为我的密友，并且从未误判过现实情况。

在此也要感谢我多年的朋友和同事，拉斯维加斯会展和旅游管理局（Las Vegas Convention and Tourism Authority）的瑞·萨普（Ray Suppe）。瑞和我在拉斯维加斯国际旅游安全大会（Las Vegas International Tourism Security and Safety Conference ）中共事多年，对于所有在旅游安全领域工作的人来说，瑞的人格魅力和他对别人的关爱，使之成为一种象征。

特别的感谢送给我的研究助理内森·斯穆尔（Nathan Smooha）。尽管内森有多个学术任务和个人难题，但他仍一直坚定地帮助我完成这一项目的每一个方面。祈愿他从我学到的会像我从他学到的一样多，并且也希望他能够明白，无论今后的生活方向在哪里，他都会取得巨大的成功。

最后，我要感谢我的家人，尤其是我的母亲、孙儿、儿女和妻子。感谢他们给予我的所有爱与支持。他们是我生命的真正意义所在。我想让他们知道，我有多么爱他们和感激他们。

目　　录

导　言

2014年初，在我完成本书的写作之时，世界似乎真正陷入了一片混乱。事实上，全球几乎每个地方都要面对某种形式的危险或风险。从超强飓风和台风到地震，从恐怖主义行动到犯罪行为，从社会的动乱到战争的威胁，旅游必须在一个常常看似已发疯的世界中存在并蓬勃发展。用媒体的眼睛看这一世界，我们不禁想知道，我们怎样才能活到明天，为什么每个人都要旅行。然而人们继续过着自己的日子，继续出行，并在互相学习中找到乐趣。

也许我们感知的现代疯狂会一直伴随着我们，并且每一个时代的人们都会认为自己生活在一个暴力的时代。回望现代旅游发端的20世纪，我们看到的是一个充满暴力的世纪：恐怖主义行径、种族灭绝、战争和犯罪。阅读古书可以帮助我们将暴力纳入历史视角。当然，暴力遍布地球的观点可以追溯到圣经时代。《创世记》提到，神用洪水毁灭了整个世界，将原因说成是“世界在神面前败坏，地上满了强暴。神观看世界，见是败坏了；凡有血气的人在地上都败坏了行为”（《创世记》6：11—12）。令人想不到的是，暴力不仅会导致陆地生命的灭亡，还创造出了第一艘邮轮，一艘载着船长挪亚不去向任何地点的邮轮。

正像暴力行为伴随人类诞生一样，人类也在寻求物质的和精神的方法逃避暴力的恐惧，为其生活增添快乐。圣经再一次清楚地说明，休闲也是生活的一部分：“天地万物都造齐了，到第七日，神造物的工已经完毕，就在第七日歇了他一切的工安息了，神赐福给第七日，定为圣日。”（《创世记》2：1—2）安息与休闲不仅是必需的，而且忽略这些是对神与神的国的冒犯。人类所需的情感不仅仅只是基本必需品，这一情感在《申命记》中甚至达至其哲学的峰顶，其中说，“人活着不是单靠食物”（《申命记》8：3）。换句话说，人类的本质特征是其具有将工作与娱乐结合在一起的能力。

也许这就是为休闲旅行或旅游提供坚固基础的疯狂。旅游是个人逃脱某地的一种路径，在这样一个世界当中，我们很多人都想知道文明发展的方向，旅游所能够提供给我们的，如果不是答案，至少是让我们头脑清晰的机会，并用全新的眼光看待这个世界。与旅行不同的是，旅游是对休闲的追求。旅行者，比如商务旅行者，可能会很少有机会去他/她想去的地方。士兵也是一个出行者，但是他们常常对其目的地没有选择的机会。而另一方面，旅游者有选择，他会非常清晰地决定要去哪里，在所选目的地范围内待在哪里，以及什么时间离开。与参观游览者不同，旅游者是真正在用自己的足迹进行选择。

尽管大众旅游和产业化旅游是一个相对较新的领域，但对很多国家来说，其他旅游形式却是经济发展珍贵的来源。这些重要性较低的旅游形式包括朝圣之旅、市场旅游和会展为导向的旅游。今天这些具体的旅游形式，不仅在独自出行者的心目中有其独到特性，而且还具有以大型贸易展览和会议及像麦加这样的朝圣城市为表现形式的大规模特性。所有这些旅游形式都具有一个事实，那就是，可以向一个国家提供一个地点，以这一地点向本国公民或是向全世界展示其文化、产品，甚至其政治体制。

旅游是独一无二的产业，因为它是世界上最大的产业之一，并且很可能是世界上最不受保护的产业。比如，援引“世界旅行和旅游委员会”（World Travel & Tourism Council）的说法：

> 旅行和旅游一直是世界上最大的产业之一。这一产业的总影响意味着2011年为全球GDP贡献了9%，或是经济价值超过6万亿美元。创造总计达2.55亿个工作岗位。在下一个十年间，预计这一产业每年会平均增长4%，占全球GDP的10%，或是经济值总计达10万亿美元。到2022年，预计会创造3.28亿个工作岗位，或者说，在这一星球上，每十个职位中就有一个是由旅行和旅游创造的。
>
> （《旅行和旅游经济影响》，2012年，前言）

在现实中，旅游是一种综合性产业，包括众多小型产业，因此没人确实知道这一产业的真正经济影响力。许多统计数据都取决于统计对象是这一产业中的哪些组成因素，以及我们是仅仅衡量旅游的直接影响，还是也衡量其间接影响。

当今世界，我们称之为旅游者和旅行者的群体，可能会融合为新的群体。某人可能会由于出差去一个特定的目的地，然后选择在那里停留较长时间，由此成为一个旅游者。同样，某人可能作为旅游者，游览某一特定地点，然后再次回到这个地方进行投资，成为这一地方的旅行常客或投资商。尽管旅行者和旅游者可能会有不同的目标，但二者都要经历某些相同的社会学形态。这两个群体都知道什么是脆弱的，两个群体也可能都会经历反常状态，并且两个群体都会处于某一特定地点，但是不属于这一地方。本书中使用的某些假说对于这两个群体也是合理正当的，比如，可以假设某人离家出行得越远，影响他或她安全感的文化和语言差异问题就会越让他或她感到脆弱。西班牙语有一种说法："要有所失才会有所得。"（"para aprender hay que perder"或"To learn one must be willing to lose."）这意味着我们经常会做在家不可能做的事情，遇到在家不可能遇到的运气或风险。因为我们不幸地生活在一个充满暴力的世界，我们的"彼地"可能是当地犯罪者的"此地"。这一挑战在于不仅仅是告诫游览者要小心，而且需要理解旅游安保既像人们感知的那样也是真实存在的事实。

比如，媒体可能会夸大某一特定区域的暴力程度，让人认为这个地方暴力过多，或者媒体可能会创造一种安全的假象，使游览者坚信，他们无论做什么，什么事都不会发生。使这一状况更加复杂的是，几乎没有地方会测量"非事件"（nonevents），他们也不会去测量"未报道事件"（nonreported events），从而使得所有旅游犯罪的统计数据都引发争议。

我们确实知道的是，被报道的暴力事件可以大大影响一个地方的旅游形象，而在旅游推广中，产品（如旅游形象）就是一切。暴力之于一个社会，正如癌症之于人体。暴力就像癌症一样，会慢慢地侵蚀掉一个社会的组织结构。当一个社会遭受暴力时，恐惧袭入，街道空荡，封闭会取代生活的乐趣，而生活的乐趣是旅游世界必不可少的。因为旅游是一种选择而不是一种义务，所以几乎很少有人愿意出行去那些他们感觉受到威胁的地方。就像身体的疾病一样，暴力经常伴随着否定感。管理机构不会去面对这一问题，而仅仅是对之进行否认。由此，对旅游的主要威胁是，当其领导者相信无论他们做什么人们都会来时，暴力等级就完全无关紧要了。在太长的一段时间里，旅游产业都在实行着这种或那种形式的放任自流，也就是说，旅游所采取的立场是，如果你没有看到邪恶，也没有谈及邪恶，那么邪恶就不存在。不幸的是邪恶确实存在，我们的参观者和旅游者需要保护，以免受邪恶的侵害。这些邪恶以多种形式出现，并来自于许多角落。在其他绝大多数产业中，安保被认为是非常重要的产业组成要素，然而另一方面在旅游业中，我们的很多官员过于由于处于精神分裂症一样的位置上劳心劳力，他们害怕客户（游览者）遭受暴力，但同时又害怕公开保护游览者会造成其自身的麻烦和恐慌。

这种精神分裂一样的产业定位，可以在很多早期有关犯罪和旅游的研究中发现。在这些研究中，作者主观认为旅游者是通过他们的装束、说话、所选的珠宝首饰等招来犯罪的。这一想法是假设旅游者很富有，而当地人不富有，因此旅游者由于炫耀性消费引起了嫉妒。简单来说，这一假设是犯罪是受害者的错误，然而在旅游的情况中，媒体被吸引到涉及游览者的事件中。这一产业希望避免的事情正是负面的媒体宣传，而结果这却成为了现实。

不幸的是，事实总会被人们言中。在旅游业中，公众总是可以选择不来，所以当旅游业衰退时，依赖于旅游的企业和公共服务机构也会随之衰退。尽管有耳熟能详的流行传说，旅游者确实也以多种形式支付税费，从住房税和娱乐税，到交通税和消费税，不一而足。旅游的损失不仅仅意味着税收的损失，也会造成一种感觉，即这一社会或地区缺乏优质旅游，也不是一个能够将商业业务转移过来的上佳地点。当公众由于出行的恐惧不再游览一个地方，诸如孤立等社会疾病就会开始出现，跨文化交流就会停止，政治和社会谴责就会占据媒体，然后悄悄进入这一地方的社会环境。

因此为社会文明而战是旅游安全的基础，也是撰写本书的原因之一。我写本书的想法是不仅要为旅游专业人员提供另一种工具，还希望暴力事件的减少会起到加强原则的作用：我们确实是我们兄弟姐妹的保护者，我们的责任是让这个世界不仅成为更加安全的地方，而且也成为更加美好的地方。我希望本书会激发旅游学科的学生和专业人员尽其所能，推动安全无忧的旅行体验，以此避免遭受犯罪的社会毒瘤的折磨，并受到社会、道德和精神方面的伤害。

今天旅游所处的世界，不断出现针对旅游者和观光者，针对交通和住宿地的恐怖主义和暴力恐慌。每次经过金属探测器，游客都会意识到我们现在生活在一个非常危险的世界。基于这一原因，旅游业的领导者也和其他人一样，开始应对针对游客的犯罪问题。这种新意识意味着，所有形式的旅游安保必须配合使用、协同行动。旅游新世界要求，我们要理解从食品安全问题到应对潜在流行病问题，从街道犯罪问题到团伙暴力，从非法销售和消费毒品到恐怖行动等旅游安全与安保的诸多方面。

本书前两章阐述什么是旅游安保，以及它是如何影响经济的。之后本书会继续探讨从住宿地到公共场所的各种安保类型。所涉及的其他领域包括恐怖主义威胁，法律威胁，以及交通问题。最后本书呈现的是四个案例研究，分别是两座美国城市、一个拉丁美洲国家和一座拉丁美洲城市，从其自身出发，比较和对比每一个地方的旅游现状。

参考书目

Travel and tourism economic impact. (2012). *World Travel & Tourism Council*. Retrieved from http://www. wttc. org/site_media/uploads/downloads/world2012. pdf.

第 1 章　旅游安保简介

一、旅游现象

现代旅游是世界上最大的和平时期产业之一，然而，不仅对旅游学者和专业人士，而且对那些以保护游客和旅游产业为己任的人来说，这一产业仍然是一个谜。旅游是每个人都知道的事情，但几乎没有人可以对其进行界定。对于什么是旅游的解释数量之多，多得就像旅游者的人数。

关于旅游的精准定义，尽管有很多学术争论，但还是有很多意见一致的地方，比如大多数学者都认为旅游是让人感知到的独一无二的体验。

- 情感并不一定与教育水平相关。
- 通常，在一个社会中，科学推理的水平越高，则社会成员会越倾向于非理性思考。
- 在旅游中，幻想与现实可能会融入虚拟世界（world of simulata）。虚拟是对现实的复制，模拟现实，但不是现实。虚拟的一个很好的例子是电影《逃离德黑兰》（Argo）。这是有关于电影的一部电影。
- 安保措施和人身安全与我们对其的感知，以及与现实数据的相关度一样高。

如果看一下美国，我们就可以看到事实和对事实的阐释 。根据世界旅游组织（World Tourism Organization，WTO）统计，美国在旅游到达人数方面名列第二，人数为 6230 万人；法国以 7950 万到达人数位列第一（国际旅游和到达数目，2013 年）。然而，如果一个人从“海外近地”（俄罗斯的说法）选择使用法国机场，那这个人是旅游者吗？到达巴黎某一机场 ，且几小时之后从另一巴黎机场飞离的人，应该被视为旅游者吗？我们应将这个人界定为过境旅客还是旅游者？

尽管有数据统计方面的难题，但旅游仍然是大“生意”。在美国的每一个州中，旅游要么是最大产业，要么是第二或第三大产业。如果我们假设一件出口商品被界定为将钱从 X 地带到 Y 地，那么旅游也是一件重要的出口商品。从国际范围来看，旅游产业带来数百万美元的收入，也是许多国家提供就业岗位的重要行业之一。

表 1.1　国际旅游到达人数

1 法国	欧洲	7950 万	7710 万	+3.0%
2 美国	北美洲	6230 万	5980 万	+4.2%
3 中国	亚洲	5760 万	5570 万	+3.4%
4 西班牙	欧洲	5670 万	5270 万	+7.6%
5 意大利	欧洲	4610 万	4360 万	+5.7%
6 土耳其	欧洲	2930 万	2700 万	+8.7%
7 英国	欧洲	2920 万	2830 万	+3.2%
8 德国	欧洲	2840 万	2690 万	+5.5%
9 马来西亚	亚洲	2470 万	2460 万	+0.6%
10 墨西哥	北美洲	2340 万	2330 万	+0.5%

数据取自世界旅游组织 2011 年报告。

www. indexmundi. com/facts/indicators/ST. INT. ARVL/Ranking (November 2，2013)。

注：不同国家和组织使用不同的数据统计方法及旅游者和旅游年的定义，由此得出的统计数据会有细微差异。

资料来源：2013 年旅游概览（2013）。

二、旅游术语与历史

旅游产业专业人员最常使用的术语是“旅行和旅游”，他们把这一术语当作一个词来使用，然而旅行和旅游互不相同。旅行是世界上最古老的现象之一，在一定意义上可以追溯到有历史记载的开端。人类就像其他生物，一贯的行为是从一地到另一地漫游。古代男人和女人出行去寻找食物，并躲避危险。他们旅行是由于恶劣的天气状况或者自然现象。然而，很少会有人将旅行看作愉悦的经历，事实上，旅行是很艰苦的。旅行一词的词源反映出这种艰难。现代用语旅行（travel）一词源于法语词 *travail*，意思是“工作”，而这一法语词则是来自于拉丁词 *trepalium*，意思是“折磨的工具”。

在人类历史的大部分时间里，旅行是件艰苦工作，甚至常常是痛苦的折磨。在现代之前（甚至进入现代之后），旅行者从来不知道糟糕天气状况何时可能会将“道路”变成泥海。抢匪和绑匪经常主宰着夜晚，海盗劫取钱财和人员，这些是很普遍的事情。对于旅行者来说雪上加霜的是，住宿的地方经常又冷又不舒服，他们很少会给予私人空间，食物在数量和质量上时好时坏。

三、现代旅游的定义

“现代旅游”（modern tourism）是大多数人能够理解却很少有人界定得清楚的术语中的一个。对于“旅游”（tourism）来说，它似乎没有明确的定义。旅游一般被定义为：“为寻求休闲娱乐而旅行的做法；对旅游者的指导和管理；对观光游历的推动和鼓励；旅游者的食宿”（*Merriam-Webster's Collegiate Dictionary*，1993 年，第 1248 页）。其他学者和旅游科学家给出了不同的定义。比如，在《旅游体系》（*The Tourism System*，1985）的前言中，时任苏格兰旅游委员会（Scottish Tourism Board）领导的戴维·派特森（David Pattison）写道：“从形象的视角来看，目前人们对旅游的思考是模糊的，没有哪些旅游的定义是被广泛接受的。旅游、旅行、娱乐和休闲之间是有联系的，然而，这一联系含混不清……”（第 xvi 页）

然而，戈德纳和迈克因托什（Goeldner & McIntosh，1990）将旅游定义为“吸引和运输游客，为其提供住宿，并很好地满足其所需所想的科学、艺术和商业活动”（第 vii 页）。然而，之后他们说，“任何界定旅游并全面描述其范围的尝试，必须考虑参与这一产业，并被这一产业所影响的不同群体。”（第 3 页）两位作者之后描述了四种不同的旅游范围：（1）为娱乐消遣旅行的人群，（2）为会议或代表另一方旅行的人群，（3）为业务旅行的人群，（4）登陆的邮轮乘客（第 6 页）。事实上我们可以将戈德纳和迈克因托什的四大分类减为两类，即，为娱乐消遣或出于自己的意愿而旅行的人，以及为商业或业务原因而旅行的人。

另一方面，乔伊（Choy）、吉（Gee）和梅肯斯（Makens）在专著《旅游产业》(*Travel Industry*，1989）中界定旅游时说："旅游产业可以被界定为'为服务旅行者需求，参与产品和服务的研发、生产和市场营销的公私组织的复合产业。"（第 4—5 页）（图 1.1）

四、统一用语的缺乏

文献综述显示，对"旅游"（tourism）这一术语没有统一的定义，也没有仅用一个词来描述这个产业的情况。在美国，旅行或"旅行和旅游"（travel and tourism）更常挂在人们的口头，而在很多其他国家，"旅游"（tourism）这一术语可能占主导地位。另外，对于"旅游者"（tourist）这一术语，或是这一词语与游览者（visitor）或者甚至是当日短途旅游者（day-tripper）等其他词语如何不同，没有固定的定义。比如说，离开自己的城镇去附近城镇购物的人是旅游者还是游览者？如果同一人在需纳税的住宿点停留，又是怎样的情况？是当日短途旅游者？旅游者？游览者？还是什么都不是？邮轮乘客在沿途停靠港口仅仅上岸几个小时，这种情况是什么？应该称呼他们什么？

在本书中，对旅游者（tourist）的界定是旅行超过 100 英里（约 160 公里），并在一个应纳税住宿地停留至少一夜或与家人和朋友停留至少一夜的人。游览者（visitor）界定为，在 X 地挣钱但是在 Y 地消费的人。旅行者（traveler）可以是一个旅游者、游览者或仅仅是在他或她去另一目的地的路上经过某地的人。

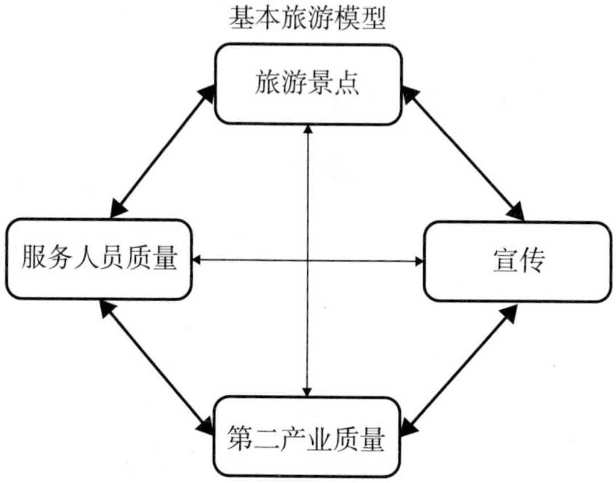

图 1.1　旅游产业

五、作为社会现象的旅游

旅游既是商业活动也是社会现象。2011 年，旅游的经济总量与石油出口、食品生产或汽车业的经济总量相当，甚至在某些情况下还有所超越，所以旅游是国际经济的重要组成部分。它不仅是可以赚取相对生态友好的收入的一种途径，而且对世界不同地区的人来说，还是增进互相理解的一种方法。下面的数字来自世界旅游组织，说明了旅游的重要性。

当前发展与预测

- 2011 年，国际旅游者到达总数增长近 4%，达到 9.83 亿人次；
- 2011 年，国际旅游在出口创收方面创造了 1.032 万亿美元（7410 亿欧元）；
- 联合国世界旅游组织预测，2012 年国际旅游者到达总数的增长率将介于 3% 和 4% 之间。

（世界旅游组织，2012 年，事实和数据）

六、界定旅游安保

鉴于“旅游”与“旅行和旅游”等术语如此不精准，在像旅游这样的综合性产业中，“旅游安全”的说法也会缺乏准确界定，对这一点不应感到意外。这一术语准确性的缺失，不是意味着旅游安保从业人员没有意识到他们最主要的责任是确保人身安全和安保措施的执行，而确实意味着，会有谁做什么，以及确定不同角色管辖边界的问题。正如在执法情况中，警官知道他们的工作是流动性的；他们必须时刻准备着应对发生的意外事情。许多警官说，他们的主要职责是服务和保护其辖区内的任何人，无论这个人是从哪里来，或者他或她要在这一区域待多久。

七、传统和现代旅行挑战

尽管旅行的本质自古以来已经发生变化，但现代旅行所面临的挑战仍然是老问题。最初的旅行，仅仅是无目的地的漫游。到圣经时期，旅行出现了两个新的方面。旅行对于国际商业来说是必不可少的，并且朝圣之旅开始出现，不仅提供了精神意义，还提供了从日常生活的辛苦枯燥中摆脱出来所必需的短暂休息。

《圣经》等古代中东文本记述了新月沃土（Fertile Crescent）沿线（巴比伦到埃及）的商队运输。集市现在非常普遍，人们旅行去这些集市上交换商品，而集市的气氛也为旅行的体验增加了愉悦的感觉。从最初的古代集市产生了中世纪的集市。这些早期的欧洲集市不仅是商业地点，还提供各种娱乐、信息交流和休闲的形式。从中世纪到 20 世纪中叶，旅行经历了一次转型。今天人们为实际所需及寻求愉悦而旅行。从必需和愉悦的融合中产生了现代旅游。尽管旅游有无数定义，但是对于本书来说，我们可以将旅游视为具有一定目的的旅行，无论这种目的是休闲还是商业。

正如当今的情况一样，过去的许多抢劫者会假设旅行者不可能回到抢劫案发地去寻求法律和惩罚性的解决方案，并且大多数旅行者是由于对地点不熟悉的劣势而遭受如此经历。尽管我们可以将今天的旅行者细分为两大类，即，为娱乐而旅行之人（休闲旅行者）和为商业活动而旅行的人，但是许多旧时的问题今天仍然存在，以下是旅行者可能成为受害者的部分原因：

- 旅行者常常以为自己要去的地方很安全。
- 对于目的地及路途中所经过的地方，旅行者经常缺乏应有的细节信息。
- 旅行者经常有多个目的地，这意味着他们甚至可能不会注意到他们已丢失了有价值的东西，即使事后注意到也可能根本不知道在哪儿丢失了财物。
- 旅行者在路上经常会忘掉或丢失财物，由此旅行者可能根本不知道是否财物丢失或被盗。
- 旅行就是冒险，旅行者经常会遇到他们在家不会有的风险。
- 旅行者经常会疲惫和饥饿，因此他们必须要考虑立即的生物性满足而不是安全与安保的需要。
- 旅行者不了解他们要去的地方，或者其经过的地方，也不了解当地的居民情况。旅行者可能不了解当地的风俗、垃圾倾倒时间安排、语言、地理和危险地区。因此，旅行者在发生冲突时总是处于劣势。
- 旅行者常常降低其警惕性，或降低其顾虑水平。

- 旅行者需要遵守日程安排，因此经常会为了遵循某个具体的时间框架而降低自己的安全与安保标准。
- 旅行者很少会愿意花时间配合警察做笔录，常常不情愿花时间和金钱返回案发地，指证犯罪嫌疑人。
- 旅行者容易变得烦躁不安，由此导致暴怒行为。
- 几乎没有旅行者是专业旅行者，但是绝大多数行骗高手和窃贼对他们所做的事情非常精通。在旅行者和害人者的较量中，害人者经常占上风。

八、休闲和休闲旅行的概念

休闲旅行这一观点也比大多数人想象的要古老得多。在社会学视角下，休闲远不止是自由时间。上溯到圣经时代，休闲被看作一种用于界定人类的活动。圣经文本谈论的不仅是自由时间还有休闲时间。《创世记》第一章中记载："天地万物都造齐了，到第七日，神造物的工已经完毕，就在第七日歇了他一切的工安息了，神赐福给第七日，定为圣日。"（《创世记》2：1—2，中文和合本）圣经作者不仅仅将休闲视为工作的停止，而且还将休闲的概念视为积极的戒律，放在"十诫"（Ten Commandments）中。西方社会的大多数社会立法都是受到人类不是使用之后就可以抛弃的机器这样的观点所启发。如果没有时间是最宝贵的资源这一原则，那么旅游就不可能存在。人类不仅仅需要生存必需品，这一观点已及至《申命记》的哲学巅峰，其中说道："人活着不是单靠食物。"（《申命记》，8：3，中文和合本）换句话说，界定人的是平衡工作与娱乐的能力。希伯来社会律法甚至将安息的概念分为毁灭性安息（*sikhuk*）、恢复性安息（*shvitah*）和繁衍性安息（*nofesh*）。

然而圣经有关安息和放松的思想并不是没有受到过挑战。现代资本主义的兴起产生了时间就是金钱的理念，因此浪费时间就是"罪恶"。工业革命引起了机器的发明，它们可以只工作不休息，因此休息和休闲成为了经济进步道路上的阻碍。随着工业革命的到来，新教伦理（Protestant Ethic）和马克思主义（Marxian）思想是开始界定休闲的新观点。这两种理论各自都倾向于将休闲视为对时间的浪费，同时也对健康社会具有反作用力。因此在工业革命的背景下，新教伦理对工作进行赞美，这一观点将午休（*siesta*）等南欧和天主教传统视为世风日下的例子。在某些方面，这些新的社会思想家是正确的。比如，西班牙语“下级贵族”（*hidalgo*）的概念意味着劳动是人应该感到羞耻的一种社会现象。下级贵族的基本概念隐含对拥有仆人和“无所事事”的极大骄傲。

古代希伯来语中称为“*sikhuk*”，与休闲的空虚有着相同意义的词在《安娜·卡列尼娜》（*Anna Karenina*）等很多经典俄罗斯文学作品中也占据重要地位。然而，马克思主义者和新马克思主义者（neo-Marxists）认为休闲是社会上层贵族充分利用工人阶级无产者的非生产阶段。

马克思主义者之后完全站在了希伯来圣经世界观的对立面。古典新马克思主义者认为，休闲和休闲活动体现了富有的旅游者和国家较贫困成员之间的经济差异。从他们的视角看，休闲活动仅仅是贵族统治无产阶级的另一手段。休闲只属于上层阶级的观念后来体现在旅游者在很多方面应为其自身受到的伤害负责这一新马克思主义观点中。

九、旅游安保不仅指犯罪行为

让事情更加复杂的是，旅游安保所应对的远不止是犯罪行为。旅游专业人员必须不断地与竭力和旅游形成寄生关系，或欺骗旅游者及游览者的犯罪分子进行斗争。游览者经常是并非非法但却不道德并破坏地方声誉行为的受害者。比如，商店店主可能会烦扰（骚扰）游览者，使他们感觉不舒服，但店主并没有真正违反法律。另外，当地的规范和习俗意味着，在一种文化中可接受的行为可能在另外一种文化中不可接受。这些文化冲突经常很可能会发生在多文化和多种经济状况共存的同一地理区域，或被迫互相混杂在一起的地方。

更增加难度的是对安保（security）、安全（safety）及本书称为“旅游保障（tourism surety）”的问题之间的普遍困惑。法语、葡萄牙语和西班牙语等许多欧洲语言中使用的同一个词既指安保也指安全。安保和安全专家对于这两个概念的界线也并不总是具有一致的看法。比如，我们常谈及食品安全，但如果某人故意改变食品配方，使其他食用者生病，那么这一行为不再是食品安全问题，而变成了食品安保问题。同样，如果旅行者故意携带传染性疾病从一地到另一地，目的是伤害他人，那么旅游专家们必然要为此担心。这一行为是生物恐怖主义？安保问题？还是安全问题？

十、犯罪行为和恐怖主义行为

在巴西筹备 2014 年国际足联世界杯足球赛和 2016 年里约热内卢奥运会期间，针对国外旅游者的犯罪行为在该国已非常普遍。比如，BBC 新闻刊登了下面的一则头条："国外旅游者在里约热内卢小公共车上被强奸。"这篇报道文章还说，"这一对（国外）夫妇的身份和国籍还未公开"，以及"严控暴力是主办 2014 年世界杯足球赛和 2016 年奥运会的里约政府的首要任务"（2013，第 3 段）。里约热内卢非常重视犯罪问题，实施了名为"贫民区安抚计划"（*cimunidades pacíficadas*）的措施，然而里约仍然未能解决强奸问题，仅 2012 年 12 月就发生了超过 488 起强奸案。

表 1.2 显示了确定犯罪行为的一些难点，以及在旅游世界中如何将其与恐怖主义进行区分。表 1.2 也侧重强调恐怖主义是如何与犯罪行为不同的。犯罪是一种资本主义的反社会形式，正因如此，其终极目标是经济所得；另一方面，恐怖主义的性质是政治的，恐怖主义可能使用经济方法资助其行动，但是其终极目标在本质上是政治的。

不仅对犯罪者来说而且对于恐怖主义来说，旅游已经成为前沿阵地。旅游地被称为"软目标"（soft targets），经常成为恐怖主义分子成功得手的目标。这些恐怖主义行为在城市和乡村环境中，在被认为是处于"和平状态"及"战争状态"的国家中都发生过。由此，恐怖主义在多种环境中及世界范围内，均对旅游世界产生了重大的影响。

下文是旅游业曾遭受恐怖袭击的部分地点：

- 埃及
- 德国
- 印度尼西亚

- 以色列
- 约旦
- 肯尼亚
- 墨西哥
- 摩洛哥
- 秘鲁
- 菲律宾
- 西班牙
- 英国
- 美国

表 1.2　旅游犯罪和恐怖主义行为的主要区别

	犯罪	恐怖主义
目标	通常是经济或社会利益	为得到宣传，有时为支持某一事业
受害者的通常类型	为肇事者所知的人或是由于他或她可能带来经济上的利益而被选择的人	杀戮是一种随机行为，似乎更符合随机模型，数量可能不一定很重要
所使用的防御手段	经常是被动的，采取报案形式	某些积极的手段，如雷达探测器
政治意识形态	通常没有	罗宾汉模式
宣传	通常属于地方性的，很少成为国际新闻	几乎总是在全世界宣传
在旅游产业中最普遍的形式	轻罪 抢劫 性骚扰	国内恐怖主义 国际恐怖主义 炸弹袭击 生化战争的潜在危险
统计数据的准确性	常常非常低，在很多情况下，旅行和旅游产业尽其所能隐瞒信息	几乎不可能掩盖，数据报道准确性极高，并经常重复
对地方旅游产业负面影响的时长	大多数情况下是短期	大多数情况下是长期，除非有新的正面形象进行替代

资料来源：塔洛（2001，第 134—135 页）。

这些国家的一个共同因素是他们都有很成功的旅游产业。旅游专业人员和旅游专业学生一直都想知道，是什么将恐怖主义组织吸引到旅游上来。下文是部分原因：

- 旅游与运输中心互相联系，因此，攻击旅游就会影响世界运输。
- 旅游是大规模的商业活动，恐怖主义企图毁灭经济。
- 旅游与多种产业相互关联，因此攻击旅游产业，可能也会附带摧毁很多第二产业。
- 旅游的传媒导向程度极高，而恐怖主义者要极力宣传自己。
- 旅游面向的是没有记录的人群，因此，常常没有数据可查，对于恐怖主义者来说，完全混入人群中很容易。
- 旅游必须面对不断的新人群流动，因此恐怖主义者很少受到怀疑。
- 旅游是一个国家的“窗口”（也就是说，旅游是国家形象、象征和历史的维护者）。旅游中心是一个国家文化财富活的博物馆。
- 恐怖主义者寻求的目标一般具有下文所列四种可能性中的至少三种，这些可能性同样存在于旅游世界中。

1. 造成大规模伤亡的可能性。
2. 公众宣传和“良好媒体形象”的可能性。
3. 造成巨大经济损失的可能性。
4. 摧毁象征的可能性。

十一、应对犯罪和恐怖主义的专业恐慌

从以往的情况来看，很多旅游专业人员完全回避讨论旅游安保和旅游安全问题。在他们中间普遍有一种（错误）感觉，即哪怕谈论这些主题都会让客户惊恐。游客会想是否太多的安保措施意味着他们应该感到害怕。即使在2001年之前，这一产业采取的惯常立场是越少谈及旅游安保和安全越好。从旅游产业的视角看，既不应听说也不应看到安保人员。基于这一原因，2001年之前，许多旅游地区雇用的都是被称为“便衣”的人员。这一观点就是将安保人员的服装与当地的装饰或主题融合在一起。比如夏威夷的酒店让其安保人员穿着夏威夷花衬衫，搭配夏威夷岛典型的旅游着装规则。旅游专业人员希望这一制服的混搭可以让低调的安保人员保护客人，而同时不被客人察觉他们受到了保护。

现实情况中，事实就是事实，来不得半点含糊。大多数情况下，尤其是在 2001 年 9 月 11 日之后，旅行者和旅游者都倾向于寻找能够提供安保和给予安全感的地方。尽管有少数旅行者寻求冒险的刺激，但大多数游客希望知道，在保护游客方面旅游业做了什么。他们也希望知道，一旦出现安保或安全问题，当地旅游业的准备工作如何。

正如上文所说，尽管许多学科在安保与安全之间进行清晰的区分，旅游科学家和专业人员并不倾向于这么做。安保经常被视为进行保护和防止某人或某事对他人造成伤害。安全经常被定义为保护人员免遭非自愿性质的意外结果。比如，纵火是一个安保问题，而自发火灾是一个安全问题。在旅行和旅游产业情况中，安全灾难事故和安保灾难事故可能毁灭的不只是假期，还有整个产业。正是出于这一原因，将二者结合成为“旅游保障”这一术语。如图 1.2 所示，旅游保障是安全、安保、声誉和经济活力的相交点。

十二、2001 年 9 月 11 日前后

在西方世界，现代旅游安保有两个明显不同的历史阶段。第一个历史阶段是 2001 年 9 月 11 日前。正如前文所说，这一阶段是以旅游业内发生的几个历史趋势为标志的：

图 1.2　安全、安保、经济和声誉之间的关系

- 恐怖主义行为和犯罪行为之间没有清晰的区别，恐怖主义被视为犯罪行为而不是战争行为。
- 大多数旅游专业人员低估了旅游安保的重要性，安保人员被排除在视野之外，或穿着当地特色的不显眼的制服。

- 警察和旅游官员经常没有（或是极少）合作。公共安全 / 旅游领域双方一般互不了解。
- 在公共安全机构和旅游专业人员间常常存在一种近似敌意的环境。
- 公共安全官员和旅游官员没有共同的话语体系。

用几个例子来说明这些趋势。我们看看美国就会发现上文所列的态度很普遍，尽管 20 世纪 90 年代，佛罗里达等许多目的地和地区因为针对几个外国游客的不幸谋杀和攻击，而引来大量本不该有的负面宣传。在世界上许多其他国家，人们的意识程度仍然非常之低。旅游专业人员甚至承认其产业需要安全、有保障的环境才能在其中蓬勃发展，但是他们经常选择以另外的方式来看。另外，“9・11”之前，美国几乎没有任何警察部门意识到它们对于旅游产业的责任。对待旅游者就像任何其他人一样，没有特殊警力关照旅游者，或是没有在旅游安保方面进行警务人员培训，许多警务部门还引以为豪。旅游者或酒店等旅游设施具有高风险；当地警察可能需要特殊培训，以更好地保护旅游景点的外来游客；或者这一产业需要特殊保护等观念，对于大多数美国警务部门来说，要么是根本没有听说，要么是还没有意识到它们。

这个历史阶段在 2001 年 9 月 11 日戛然而止，世界各地空运强制停飞，这意味着旅行和旅游几乎突然全面暂停。2001 年 9 月 11 日永远改变了旅行和旅游的轨迹。这个日子迫使旅游专业人员认识到，没有旅游保障，无论有多少市场营销都不能挽救该产业。尽管许多旅游专业人员在 9・11 之前都不认为旅游安保是必要的，但是在这之后，这一产业彻底改变了旅游安保的定位。

十三、后“9・11”世界的旅游安全、安保和旅游保障

尽管很多学科都对安保和安全做了清晰的区分，但是科学家和专业人员并不倾向于这么做。原因很简单：被毁的假期就是被毁的假期，因此解决投诉只是次要活动。不对这二者进行区分的另外一个原因是，安全和安保没有非常清晰准确的界定。从业人员经常将安保看作保护个人、地方、事物、声誉和经济免受某人（或某人的工具）的伤害。他们通常将安全定义为保护人们（或地方、事物、声誉或经济）免受非自愿性质的意外结果的伤害。从旅

行和旅游产业的视角看，安全和安保的灾难毁灭的不仅是假期，而且是这个产业。基于这一原因，这两者结合为“旅游保障”这一术语。

尽管我们使用诸如“旅游安全”、“安保”或“保障”这些术语，但现实中没有完全的旅行（旅游）安保 / 安全这样的事情。一条很好的经验法则就是记住任何由人所制造的东西也可以伤害和毁灭人。当然，从来不会有 100% 的完全安保。由此，安保或旅游保障是一种风险管理的游戏。旅游专业人员的工作就是将风险限制在可以管理的水平之内。这是我们使用“保障”这一术语的另外一个原因。“保障”是保险行业的借用语，指的是负面事件发生的概率的降低。保障关注改善而不是完美，因为这一理念考虑的是普遍存在于日常生活中的风险。既然很少有人根据严格的学术指导原则行事，本书中“保障”、“安保”和“安全”这三个术语可互换使用。

十四、旅游保障概述：前“9・11”时期

在本章第一部分中，我们看到旅行和旅游专业人员是如何对待旅游保障（安全）问题的。现在我们回到过去，来看一下警察和其他安全机构是如何对待这一问题的。旅游保障的基本原则就是早些年首先建立起来的。

20 世纪 90 年代，旅游安保很重要，需要与酒店安保部门等其他安保专业人员进行合作这一观点开始进入旅行和旅游产业的集体意识中。旅游教科书对待这一专题流于表面，犯罪学文献完全忽略了这一主题，并且在为什么警务人员还应该关注其行业的另一部分这一方面几乎没有独立的理论支持和引导他们。

20 世纪 90 年代期间，即使是拉斯维加斯和火奴鲁鲁等主要美国旅游中心对这一问题也几乎没有做任何研究。1990 年之前，根本没有旅游安保大会这样的事情。第一次这样的会议是 20 世纪 90 年代早期在拉斯维加斯举行的。正如上文所说，这一产业仍然害怕公开谈论安保，因此这一首创性会议被称为“拉斯维加斯旅游安全研讨会”（Las Vegas Tourism Safety Seminar）。会议主办方选用了学术研讨会和安全（而不是安保）这些字眼，这样不至于使人们受到惊吓，或是引发对于旅游安全问题的过多关注。到 20 世纪 90 年代晚期，没有警察学院向警官们提供任何特殊的旅游培训，甚至几乎没有任何

警务部门清楚地意识到这一主题的存在。

1992 年，几个外国旅游者在迈阿密被杀，媒体对这几个人的死亡大肆报道渲染。很快，佛罗里达州的旅游官员采取了防御态度。从历史的视角看，佛罗里达州这些事件的重要性之所以让人难以置信，并不是因为很多人受伤，而是因为对佛罗里达州的负面宣传使得警务部门对警务的全新领域，以及创立新方法和新编队的需求这一事实非常敏感。可能是由于这一原因，20 世纪 90 年代早期，几个警察部门开始看到在当时称为“旅游安全”的需求。在首创的部门中，奥兰治郡（Orange County）（佛罗里达州奥兰多市）警长办公室组建了旅游任务部队，由警探瑞·伍德（Ray Wood）领导；在克拉克郡（Clark County）的拉斯维加斯警察（内华达州拉斯维加斯市），警长杰瑞·凯利（Jerry Kelley）请警探科提斯·威廉姆斯（Curtis Williams）组建了任务分队；夏威夷州火奴鲁鲁市警察局副巡官卡尔·戈德西（Karl Godsey）与当地旅游官员合作组建了最终称为“欢迎你巡逻队”的警务分队。到 90 年代末，佛罗里达州迈阿密、路易斯安那州新奥尔良、纽约城、密歇根州底特律和加利福尼亚州阿纳海姆等其他城市也建立了某种形式的旅游安全特别分队。

随着旅游的重要性在全美国迅速传播开来，旅游警务的观念也传播开来。比如，得克萨斯 A&M 大学的扩展项目请我去为得克萨斯地区开设旅游安全课程。可以看到，旅游警务也在相关问题上协助了警察部门，如：

- 客户服务
- 民族多样性
- 文化意识
- 社区警务

在 20 世纪 90 年代的后半段时间里，特别开设的警务课程也开始在华盛顿州长滩市、得克萨斯州大学城、南卡罗来纳州查尔斯顿市等不太重要的旅游为导向的地区开设起来。尽管后面这些社区并不是重要的旅游中心，旅游仍然在其当地经济中占有非常重要的部分。在美国垦务局请我为其所有基础设施部门开设具有突破性的旅游安全课程时，这一领域也持续增长。

从 1990 年开始，一系列旅游安全会议开始举办。最早是由拉斯维加斯和奥兰多举办的会议。90 年代后半期，在拉斯维加斯会展与游客管理局（Las Vegas Convention and Visitors Authority）的唐·阿尔（Don Ahl）及我的领导下，拉斯维加斯学术研讨会成为一次有关旅游安全的国家学术研讨会。这次会议也在底特律、火奴鲁鲁和阿纳海姆等城市发展出了许多地方性研讨会。今天这些学术研讨会已经成为西班牙语和英语世界的一部分，在多米尼加共和国、巴拿马、哥伦比亚及阿鲁巴等地方有不同的会期。尽管每一次研讨会常常会反映具体的地方和国家需求，但这些大会也有很多共同议题：

- 旅游安保的观点包括多个组成要素且是多方面的；
- 旅游安保官员需要让这一产业明白每一次安保决策最终都是商业决策；
- 旅游安保是高度复杂的专业领域，要求具有许多不同领域的大量知识，如：
- 语言技能；
- 跨文化交流技巧；
- 敏感性培训；
- 性别角色；
- 倾听技巧；
- 愤怒管理。

旅游安保专业人员越来越意识到那些对旅游者和旅游业别有用心的人展示出的高超专业水平。尽管许多游客认为，旅游犯罪者（和/或针对旅游产业的恐怖主义者）是业余人员，但事实是这些犯罪者对于复杂的技术都非常精通，并且他们对其受害人（比如，商业活动、地区或人员）的研究水平很高。

之后在 20 世纪 90 年代，旅游安全的一般原则有了缓慢的发展。1996 年，警察长官国际协会（International Association of Chiefs of Police）（位于弗吉尼亚州阿灵顿）开设了该协会第一门旅游安全课程。1998 年乔治·华盛顿大学通过互联网开设了第一门有关于旅游安全的课程。1999 年，佛罗里达州奥兰治郡成功举办了主要旅游城市大会，其中一些既定原则包括：

- 地方警务部门不能主观认为游客在涉及其自身安全时会使用最高水平

的常识知识。警务部门及酒店 / 旅游景点安保专业人员必须应对游客所不能处理的事务。

- 针对游客的犯罪会造成旅游产业及地方社会数百万美元的损失。另外，这些犯罪可能毁掉某地多年的声誉。
- 旅游保护需要合作伙伴。这些合作伙伴包括：安保和安全产业、政府部门、酒店管理者，以及旅游办公室等许多方面。
- 旅游产业需要大学的帮助，以便理解旅游者安全的问题和找到解决方案。
- 旅游安保和安全必须在地区、州和国家的基础上进行解决。
- 只要有旅游的地方，就有旅游安保和旅游为导向的警务 / 保护服务培训。
- 要认识到旅游在防止犯罪和社区安全议程中是举足轻重的一项，而在大多数国家实现起来非常缓慢。

十五、后“9·11”时代

2001 年 9 月 11 日的恐怖袭击之后不久，听到人们使用“‘9·11’改变了一切”这样的说法并不稀奇。数字 9 和 11 现在已成为新的名词“9·11”，并且在很大程度上反映了旅行困境和恐惧的新时代。2001 年 9 月 11 日可以被认为是旅行和旅游产业发生重大转折的日子。与大多数世界经济一道，旅行和旅游产业也遭受打击。例如，在拉斯维加斯市，远远超过 10% 的旅游劳动大军（酒店和仆从等）在袭击后数小时之内丢掉了工作。一直避谈旅游安保问题的游游专业人员，现在开始考虑是否他们曾经做错了。警察被尊崇为英雄，因越南战争而反战的公众们现在开始支持军队。紧接“9·11”之后的时日里，全世界的旅游官员都明白，他们在为其产业的生存而进行斗争。

另外，旅游产业面临着另一个难题。公众现在要求得到旅游产业没法给予的东西：全面的安全保护。安保专业人员明白，没有人或机构可以确保 100% 的安全。问题是公众和媒体拒绝接受这一事实。旅游不是要看到成功，而是不得不应对一个选择大肆渲染夸大针对旅游的每一种行为或威胁的媒体。

这一“通过感觉夸大渲染新闻”的新形式造成了新的问题，感觉上的旅游比实际更危险。旅行和旅游产业现在不得不面对三股独立的敌人：恐怖主义者寻求毁灭旅游；犯罪者寻求利用产业及其客户；媒体无意间结成联盟，成为旅游产业的敌人。

自从“9·11”成为家喻户晓的术语之后，十多年已经过去。我们经常会忘掉，在“9·11”之后的这些年里，公众请求更加严格的机场安检，“外来”的生化物质在机场被发现，邮局投递物含有的疑似炭疽病毒散播着恐惧。在新千年之初，报纸几乎每日报道恐怖主义团伙针对运输公司和重要区位进行的威胁。由于对旅游产业的脆弱性感到震惊，旅游产业开始通过不同的视角审视这个世界，旅游安保从隐性的必要演变成为市场营销工具。旅游专业人员认识到为了打击针对旅游产业的威胁，他们所需要的远超过仅仅表面上的变化，他们还需要产业外部各联盟的合作。旅行和旅游领导者转向政府部门和公共及私有安保机构寻求帮助。比如，在“9·11”之后，美国时任总统乔治·W. 布什与几位好莱坞影星立刻制作了一系列电视公益广告，鼓励公众回到旅行的世界中。正是在这个时候（即 2002 年），美国国土安全部（Department of Homeland Security）诞生，这一部门的官方网站上写道：

> 2001 年 9 月 11 日恐怖主义袭击 11 天之后，宾夕法尼亚州州长汤姆·瑞奇（Tom Ridge）被委任为白宫国土安全办公室第一任主任。该办公室监管和协调全面的国家战略，保护国家免受恐怖袭击，并对未来任何袭击进行回应。
>
> 随着 2002 年 11 月国会通过《国土安全法》（Homeland Security Act），国土安全部作为内阁的一个独立部门正式成立，以进一步协调和统管国家的国土安全工作，并在 2003 年 3 月 1 日正式启用。
>
> （美国国土安全部，2002 年，部门创建部分）

隐藏安保专业人员的旧规范不再是有效的。事实上，可见的安保不仅成为时尚，而且还被视为旅游市场营销的工具。同样地，旅游产业和地方警务部门意识到，它们已不可能再互相忽略，以免再发生严重事件。旅行和旅游官员及警务部门都非常清楚，从恐怖主义恢复过来的最好办法就是预防。产业和政治领袖认识到，只有通过警戒、跨部门合作，以及认真执行安保，他们才可能重新获得公众的信任。[①]

"9·11"之后，旅游官员迅速转变，密切参与国家和国际安全问题。然而这一参与不仅只是"爱的盛宴"。旅游官员很快认识到，美国运输安全局（TSA）的创建等政府部门的变化经常只是表面性的而非实质性的。另外，这些变化中的很多变化增加了新的干扰因素，将旅行从娱乐变成烦心事。另外，许多高调的错误是由缺乏训练的航空安保人员造成的，使得公众对政府运作的旅游安保项目迅速丧失了信心。仍然是在后"9·11"阶段，旅游安保大会从小型秘密会议或学术研讨会变成大型会议。同时，华盛顿特区的乔治·华盛顿大学等学校开始提供旅游安保与安全方面的课程和/或系列讲座。

十六、TOPPs：针对旅游犯罪的首次防御

许多社区已建立特别警务分队，以协助旅游产业。用来描述这些分队的最常见术语是"TOPPs"，代表"旅游为导向的警务/保护服务"（*tourism-oriented policing/protection services*）的首字母缩写。在西班牙语中这一词语经常译作"seguridad turística"或"politur"（西班牙语 policía 和 turismo 两个词的合成词）。

无论如何称呼这些警官，他们都拥有某些相似性。尽管旅游为导向的警务/保护服务（TOPPs）各单位反映的是地方情况，但仍可能至少强调下列主题：

- 旅游对社会的经济影响
- 在具体人群的特殊需求中执法的作用
- 执法和客户服务
- 一般犯罪
- 恐怖主义

---

① 参见"危机中的旅游：管理恐怖主义效应"（Sönmez，Apostolopoulos & Tarlow）；"为旅游者提供安全：美国和巴西部分旅游目的地样本研究"（Tarlow & Santana，*Journal of Travel Research*，May，2002；40（4），424—431）；以及"让旅游者感受到安全：这是谁的责任？"（Pizam，Tarlow & Bloom）等文章。

- 通过环境设计预防犯罪
- 媒体关系
- 外语技能
- 愤怒管理
- 运输安保问题
- 旅游人群控制问题

TOPPs 各单位通过其判断成功的不同标准将自己与典型的执法部门加以区别。传统警务部门通过破获犯罪的数量来判断成功。从这一角度看，警务趋向于更被动而不是主动。而另一方面，TOPPs 不是通过破获犯罪的数量，而是通过防止犯罪的数量来判断成功。因为旅行和旅游是一个综合性产业，TOPPs 各单位必须要反映这一产业的各种特性。虽然任何两个 TOPPs 单位都不相似，但这些单位当中的大多数必须要应对至少六个重要的旅游领域，即：

- 保护游客。旅游保障认为，安保专业人员和警察需知晓如何保护游客免受自身、当地人及其他游客，甚至不太廉洁的工作人员的侵害。旅游安保与安全专家应该考虑保洁人员和酒店工程师等后台雇员的需求，他们必须要努力确保景点环境既有吸引力，又尽可能安全。
- 保护职员。旅游产业应对其雇员表示关心，这一点极其重要。旅行和旅游是服务为导向的产业，因此，它无法承受雇员的热情不高。当雇员在充满犯罪的环境中工作或是受到多种形式骚扰的影响，其热情度随之很快开始降低，之后客户就会得到低水平的服务。旅游是一种高压力产业，职员被侮辱或者急脾气的人发怒，从而导致产生不友好的工作环境，而这些都是太容易发生的事。
- 保护景点。旅游保障专家的职责是保护旅游景点。“景点”这一术语使用得宽松，可以指从住宿地到旅游景点和名胜古迹等任何具体地点。景点保护必须既要考虑刻意破坏景点的人，也要考虑粗心的旅行者。比如，度假者可能完全忘掉了爱护家具、电器或设备。
- 生态管理。与景点安保密切相关，但并不相同的是地区生态的保护。在本文中生态不仅指自然环境也指文化环境。任何旅游实体都不是处于真空中。当地街道、草坪及内部环境都对旅游保障有非常重要的影响。旅游保障方面的专家必须保护一个地区的文化生态。强大的文化一般产生于安全的地方。另一方面，当文化开始衰退，犯罪水平就趋于上升。保护一个地方的文化生态和自然生态，是旅游保障专业人员为降低犯罪率并确保更安全、更有保障的环境所能做的主要预防性措施。

- 经济保护。旅游在国家层面和地方层面都是重要的收入来源之一，因此，它也易于受到来自各方的攻击。比如，恐怖主义者可能会将旅游景点视为制造经济动荡的理想机会。与恐怖主义者相反，犯罪分子不希望摧毁旅游区，他们反而认为这些场所作为理想的“钓鱼”场地可以收获丰厚的财富。一个哲学理念问题仍然有待解决，即执法人员和旅游安全专业人员在保护一个地方经济活力的过程中，是否具有特殊职责，向旅游提供额外级别的保护？
- 声誉保护。我们只需读一下报纸就可以看到，针对旅游机构的犯罪和恐怖主义行为会受到媒体的大量关注。完全否认存在问题的传统方法不再行得通，并且可能会破坏旅游区进行推介的努力。比如，2015年阿鲁巴岛的娜塔莉·霍洛维（Natalie Holloway）案件不仅耗费了这一岛屿数百万美元，造成旅游税收的损失，而且还损失了威望和声誉。当旅游安保存在缺陷时，这一效应是长期的。对于一个地区声誉的某些影响可能包括：这地区从上层客户转向低层客户；需要降低价格；景点的总体恶化；需要进行大量的市场营销努力，以抵消负面声誉。

十七、结语

旅行和旅游已经历了具有历史性的转变。我们在本章审视了旅行和旅游的总体状况，以及安全、安保和保障在这个世界最大的产业之一中所扮演的互相作用的角色。本章侧重于休闲的概念并展示了我们的现代概念是如何基于圣经中的第七日安息概念的。本章触及公众对旅游安保和安全与现实的感受，强调了私营、公共部门中安保专业人员所面临的困难。本章还强调了旅游安保从业人员所面临的财政和社会挑战。

参考书目

Merriam-Webster's Collegiate Dictionary (10 ed.) (1993). Springfield, MA:Merriam-Webster.

2013 tourism highlights (2013). *World Tourism Organization*. Retrieved from http ://dtx-tq4w 60xqpw. cloudfront. net/sites/all/files/pdf/unwto_highlights13_en_hr. pdf.

Brazil: Foreign tourist raped on Rio de Janeiro minibus (2013). *BBC News*. Retrieved from http://www. bbc. co. uk/news/world-latin-america-21990788.

Choy, D., Gee, Y., & Makens, J. (1989). *The travel industry* (2nd ed.). New York, NY: Van Nostrand-Reinhold.

Creation of the Department of Homeland Security (2002). *United States Department of Homeland Security*. Retrieved from http://www. dhs. gov/creation-department-homeland-security.

Goeldner, C., & Mclntosh, R. (1990). *Tourism principles, practices antı philosophies* (6th ed.) Hoboken, NJ : John Willey & Sons, Inc.

International tourism, number of arrivals (2013). *The World Bank*. Retrieved from http://data. worldbank. org/indicator/ST. INT. ARVL.

Pattinson, D. (1985). Preface. In *Tlıe Tourism system : an introductory text Robert Christie Mill and Alastair M. Morrison* (p. xvi). Upper Saddle River, NJ : Prentice Hall.

Tarlow, P. E. (2001). Tourism safety and security. In T. Jamal, & M. Robinson (Eds.), *The SAGE handbook of tourism studies* (p. 466). Los Angeles, CA: Sage.

World Tourism organization (2012). *UNWTO*. Retrieved from http://www2. unwto. org.

第 2 章　旅游安保与经济的关系

一、安全或安保的缺失如何影响旅游产业经济

芝加哥是美国最大的城市之一，以其华丽一英里、美丽的湖滨、众多的博物馆和精美的饮食而著称。芝加哥不仅吸引休闲旅行者也吸引商务旅行者，它还拥有生机勃勃的会展业。不幸的是，芝加哥也有其阴暗的一面。20 世纪 20 年代这座城市是消费酒精饮料的非法营业机构的大本营，被称为地下酒吧，并以其黑帮和朗姆酒偷运文化而著称。娱乐业用音乐剧《芝加哥》珍藏了这一城市的肮脏历史。毫无疑问，芝加哥黑暗的过去成为其旅游产品的一部分。“黑暗旅游”这一术语有不同的定义。巴伦（Baran，2012）在为《旅游周刊》（*Tourism Weekly*）撰写的文章中写道：黑暗旅游可能是病态的，总是有点像要探究别人的隐私一样，但却似乎是人的一种最基本的冲动。就像司机慢下来呆呆地看着一次令人毛骨悚然的交通事故，旅游者经常会感到强烈的需求，无论他们来到世界哪个地方，都要看到灾难和破坏的后果。结果是，“黑暗旅游”这种形式的旅行逐渐为人所知（第 1—2 段）。

所以，黑暗旅游是由死亡和毁灭的地方转变而来的旅游景点。这些“静静向我们诉说的地方”可能是一处陵园，可能是犯罪现场和 / 或早已被忘却的过去的见证物。正如巴伦（2012）写道：“从纽约的归零点和新奥尔良的卡特里娜飓风的毁灭力，到波兰的奥斯维辛集中营和柬埔寨的杀戮战场，目睹令人恐怖的死亡发生的地方，对于许多人来说，已成为体验一个目的地不可缺少的一部分”。（第 3 段）

在黑暗旅游领域，我们发现了一系列选择。因此，芝加哥毁誉参半的过

去能成为旅游景点，这点应该不足为奇。最近，芝加哥暴力的过去变成了它暴力的现在。虽然芝加哥近来犯罪率的增长（2012—2013）大多与非法制贩没有关系，而且在写作本章时，暴力还没有触及该城市的旅游区，但是有一种担忧是，这座城市的负面犯罪风潮可能会影响其旅游产业。事实上，伯根（Bergen，2012）在《芝加哥论坛报》（*Chicago Tribune*）上写下了如下文字：

> 芝加哥的城市会展和旅游高层官员星期三说，暴力犯罪风潮在芝加哥市内激增，并威胁着市中心，如果芝加哥不迅速采取措施降低暴力犯罪潮，重振其会展和旅游产业的广泛努力就会被破坏殆尽。
>
> “我们希望这波犯罪潮尽快结束，因为我们在地区、国家和国际层面开展了大量卓有成效的工作，如果不在一个比较合理的时间段内控制犯罪，那么这波犯罪潮将对芝加哥产生巨大的冲击。”选择芝加哥（Choose Chicago）总裁兼首席执行官唐•韦尔什（Don Welsh）在一次与《芝加哥论坛报》编辑委员会的早会上如此说道。
>
> （商业版，第 1 页）

韦尔什上述言论的影响很快就有所反映。第二天，《赫芬顿邮报》（*Huffington Post*）刊文，说明韦尔什不得不撤回他的这些话，并说由于受到有关芝加哥安全如潮的质问才发表上述这番不合时宜的言论的。第二天，《赫芬顿邮报》在报道中写道：

> 韦尔什之后透露说，他的办公室一直接到来自会议策划者有关是否第二大城市芝加哥是一个安全目的地的质问，尤其是当针对这一城市华丽一英里商业区内和商业区周围所谓“黑帮式”（mob-style）袭击，以及城市直线上升的凶杀案犯罪率的报道已传遍全国之时。
>
> 韦尔什之后在星期三《芝加哥太阳报》（*Chicago Sun-Times*）的一次采访中说，他的评论“不合时宜”，但是他确实承认选择芝加哥已在仅仅一个月的时间里接到了五六次来自会议策划人员的电话，均表示对芝加哥市的犯罪问题感到比较焦虑。
>
> “他们在问，是否这些问题正在市中心地区或是靠近麦考密克会展中心（McCormick Place）地区一直都在发生，我们给他们的回答是一个着重强调的‘不是’”，韦尔什对太阳报如是说。

> 韦尔什继续将上个月密歇根大街附近的“黑帮式”袭击称作“个别事件”，仍然认为芝加哥是“世界上最安全的大城市”。上周 11 个年轻人袭击了正要从城市的河北（River North）街区 7 月 4 日国庆焰火表演离开的一个人。
>
> “我们所看到的枪击事件，没有发生在世界各地旅游者和游览者经常光顾的芝加哥市中心核心地区，而是发生在其之外的街区，而且几乎100% 是个别事件，”韦尔什对本报说。
>
> （“芝加哥的犯罪正在影响着旅游？”，第 3—7 段）

芝加哥的例子并非独一无二。比如，2013 年早些时候，拉斯维加斯发现其自身处于一种让人啼笑皆非的状况，其犯罪率已经降低，但是由于几起曝光度非常高的犯罪案件，人们确信他们的安全度也降低了。举个例子，《拉斯维加斯太阳报》（*Las Vegas Sun*）的一条头条新闻说，“即使犯罪率降低，拉斯维加斯仍然被视为危险之地”（Dreier，2013）。这篇文章继续说，犯罪的感觉足以让人们远离，从而将负面感觉转化为负面经济。传统上，假期一直是人们试图逃避日常生活压力和辛苦的方式。然而，一度被用作修复身体和心灵的方法，现在却成为遭受伤害的新领域。旅行可以造成身体伤害、财产损失甚至是死亡的这种感觉，对于这个国家最大的一个产业来说是一种威胁。诸如纽约世贸中心，洛杉矶暴乱连同之后损失数十亿美元的结果，以及美国各地区对国外旅游者的袭击等大事件，再一次让旅行 / 旅游官员意识到，他们的产业经济对安保问题是多么的敏感。

暴力问题直接影响到旅行产业推动安全无忧体验的能力，会导致重大的经济损失。从传统意义上讲，度假者将其假期视为对尘世难题和日常焦虑的逃避。在旅程中，度假者最不愿发生的一件事情就是成为犯罪的受害者。商务旅行者由于对安全问题认知度更高，可能也会避开高风险的场所。尽管没有任何一个地方可以提供完美的安保环境，但是通过执法和旅游产业间建立合作关系，可以大大降低个人安保关注问题的风险系数。这一新型关系，对于执法部门来说，是强调其对公众服务的义务，显示其对社区经济活力的重要性的一种手段。

因此到 2008 年末，主要旅游中心和小城镇进行了经济融合，其影响力一直持续到至少五年之后。这一经济融合也是旅游与全球经济高度联系的标志。在这一新世界中，没有任何产业、国家和经济是一座孤岛。在很大程度上，旅游是这些经济变化和挑战的前沿。旅行和旅游产业如何适应这一新环境，教会我们许多有关如何面对未来的方法。

旅游安全和经济的关系至关重要。这在经济萎靡，并且人们害怕将可用收入花在他们认为的奢侈品上的时期中尤其如此。为理解这些问题，我们需要问，“是谁的安全？”，我们所说的安全是不是下列各个方面的安全：

- 由于经济紧缩引发的暴力行为的增加，从而受到影响的当地社区；
- 面临来自当地人的更大威胁的游客团体；
- 社会的中产和上层阶级；
- 较贫穷和没有特权的阶层；
- 市中心等具体行政区划，可能由于区域内旅游规模的缩小而发生更多犯罪；

这些问题尤其在艰难的经济周期时至关重要，因为资源的分配常常取决于旅游犯罪构成的社会地理学定义。表 2.1 说明了资源分配的优势和劣势，及其对假设的旅游区有何意义。

表 2.2 分析了在艰难经济周期过程中谁赢谁输的情况。

表 2.1　资源分配的优势和劣势

群体	优势	劣势
整体社会	安全城市	主要投资
	高水平的经济增长	要求行政、司法和警务之间的紧密协调
	积极的环境影响	开始阶段需付出政治代价
	更高的税收	
旅游部门	掌控更简单	必须让旅游者在“限制区”内
	花费更低	犯罪分子会悄悄潜入旅游区域
	创造安全的错觉	媒体问题
城市的富裕区	巡逻较简单	限制区和隔离区沿社区分布
	比整个城市花费要低	犯罪分子会悄悄潜入上层社会区
	中产阶级和上层社会掌控政治选举和政治领域	媒体问题

续表

群体	优势	劣势
贫困和弱势地区	为他们提供机会，提高其生活水平 所有公民都应受到保护 可能会降低整个城市的犯罪率 警察集中于犯罪率较高的地区	花费昂贵 源自贫困和中产阶级的政治问题 警察可能会陷入被动破案的模式而不是预防犯罪

表 2.2　艰难经济周期中的赢家败者

谁的挑战	赢家	败者
旅游者	来自富裕地区的旅游者可能认为负担得起在旅游区的开支	来自经济形势较差地区的旅游者不得不更加小心，或减少出行
旅游产业	必须提供更好的服务，需要创新和创意	许多人可能会失业，增加失业基数，而那些熟悉旅游的人可能成为犯罪者
地方人口	不是很拥挤的城市街道意味着可能会有更多使用当地设施的机会 价格可能降低	税费可能大幅上涨 城市服务急需的资金减少，有些人可能会失业，导致一些人犯罪

旅游区域内的经济难题可能引发至少四类潜在犯罪：

1. 当地人针对旅游者的犯罪；
2. 旅游者针对当地人的犯罪；
3. 当地人针对其他制造负面形象的当地人的犯罪；
4. 旅游者针对其他旅游者的犯罪。

让我们的问题进一步复杂化的是，旅游产业所面临的难题不仅是与当地人口所面临的挑战不同，而且这些难题可能还与当地人口的需求发生冲突。从旅行者的视角看，经济衰退周期可能既会产生优势也会产生劣势。

本章从双面视角审视了旅游安全和经济的相互关系。本章第一部分审视的是安保及安保的缺失如何影响旅游产业的经济形势。第二部分审视的是，旅游安保如何必须面对预算削减的问题，以及安保工作人员如何必须靠更低的预算做更多的工作。

（一）有关犯罪与经济活力的假设

在对这两大主题的任意一个进行讨论之前，我们必须首先审视犯罪和恐怖主义领域的一些假设，以及这些假设有效与否的问题。

必须进行研究的第一个假设是恐怖主义是一种犯罪形式。尽管深究犯罪分子和恐怖分子行为的很多原因超出了本书的范围，但是大多数情况下，从旅游角度来看，本书否定这一假设。犯罪和恐怖主义问题确实掺和在一起的一个领域是非法毒品交易。在这一情况中，恐怖分子经常参与非法毒品的贩卖，目的是为恐怖主义行动筹集资金。然而，在其他大多数情况中，我们是可以将犯罪问题与恐怖主义问题区分开来的。进行这种区分的原因是犯罪问题经常与成功的旅游产业联系在一起。换句话说，旅游犯罪分子需要旅游为其提供稳定的受害者来源。另外从旅游视角来看，有两类犯罪行为影响旅游。正如上文所说，旅游问题的一个方面是针对旅游者实施的犯罪。这些是以游客为目标的具体犯罪。从犯罪分子的视角来看，这些人与旅游产业有一种寄生的商业关系，这就是说，没有旅游者 / 游客，就没有针对旅游者的犯罪。从这一观点可知，犯罪分子需要旅游产业取得成功。简单来说，没有旅游的地方，就不可能有旅游犯罪。犯罪的另一方面是间接犯罪，这些属于当地犯罪案件，虽与旅游没有直接关系但是波及旅游产业，这一波及效应或者可能是由于一个旅游者或游客在错误的时间错误的地点，或者是某次犯罪让人产生的印象是某地不安全，由此阻止了游客的到来或会展业务的开展。

恐怖主义使旅游官员和安保专家面临不同的情况。恐怖主义经常与毁灭当地经济的欲望联系在一起。旅游是一种大规模商业活动。攻击旅游产业可以造成生命财产损失和进行负面宣传，另外，也可能引发重大的经济衰退。“恐怖分子并不是为了利益而是为了一个目标。由此他们企图造成旅游产业的宏观毁灭，以此损害和破坏某一国家的经济。恐怖分子很少寻求利益，但是却决心通过死亡人数和经济机遇的损失而达到成功”（Tarlow，2005a；2005b，第 39 页）。恐怖主义者可能会对旅游产业造成或直接或间接的破坏，但是任何情况下恐怖主义者都会将他们的行动所造成的经济衰退判断为一次成功。表 2.3 对这四种不同情况进行了比较。

表 2.3　犯罪行为和恐怖主义行为对旅游的影响

旅游犯罪	伤害游客，但并非针对整个旅游业
对旅游产生连带损失的其他犯罪	不针对访客或游客。受害者受害具有偶然性
直接恐怖袭击	针对旅游产业，目的是危害经济，造成负面新闻和死伤
发生在非旅游场所的恐怖袭击	造成负面经济影响，附带负面新闻

第二个必须要讨论的主要假设是，不断衰退的经济会造成犯罪（且可能是恐怖主义）增加的观点。这一假设是基于马克思主义理论的视角。马克思主义将世界分为善与恶，一般将无产阶级看作善的，而将贵族阶层看作恶的，由此经典马克思主义理论一般将某些犯罪行为解释为必需的，是为了无产阶级中天性为善的成员在经济艰难时期的生存。从这一视角看，人们偷窃不是由于缺乏道德（经常被马克思主义者定义为贵族阶层的道德），而是由于生存的需要。钱布利斯（Chambliss）、曼科夫（Mankoff）、皮尔斯（Pearce）和斯奈德（Snider）（2000）将马克思主义关于犯罪的理论（有很大比例的媒体经常认为这是正确的视角，）总结为"穷人被迫犯罪的观点强有力地支持了将马克思著作进一步推衍的那些犯罪学家的理论……"（基本思想部分，第1段）。

马克思主义者假设，反常行为是由社会范围内的经济差异造成的。这种产品和财富的不公平分配产生了羡慕或嫉妒，由此导致犯罪。因此，犯罪者没有错，而是由于资本家炫耀财富刺激了犯罪分子。另外，马克思主义者认为，犯罪的出现是由于人们被迫进行有损人格的劳动，使得早已不稳定的经济形势恶化。马克思主义者进一步表明，法律的颁布都是服务于统治阶级的，所以即使统治阶级成员违反法律，他或她会很容易使用律师（即"花钱买保护"）。马克思主义者的分析由此得出假设，旅游是依赖于拥有可消费收入的阶层。拥有可供消费的收入意味着游客不是无产阶级的一部分，因此可能会激发犯罪，使他或她成为受害者。

旅游犯罪在经济困难时期上升的观念可以体现在"罗宾汉"式的情景中。在这一情景中，由于富裕旅游者的炫耀行为，善良的穷人被迫犯罪。然而，一个人犯罪的倾向更多地是由道德而不是由经济来决定。几乎没有人不会想到那些完全不抢劫的穷"善"人和抢劫的富"恶"人。伦理在实施犯罪的倾向中，可能是更具决定性的因素，而不是我们银行账户的存款数目。

在某种程度上，传统文学中也可以找到相同的概念。比如，劫富济贫的"罗宾汉式好汉"综合征见于许多西方文学作品中。这种情景的前提假设是穷人是善的，富人是恶的。另外，西班牙文学在"流浪汉"（Picarro）中也反映了同样的观念。16世纪西班牙流浪汉小说《导盲犬系列》（*Lazarillo de Tormes*）中，男主角正是由于少了非法行为，而不再是英雄。小说使用讨人喜欢的术语来称呼“流浪汉（Pícarro）”（粗略地译为“流氓”），使反派男主角成为英雄。美国电影将犯罪分子美化为大众英雄的也不在少数，在电影《十一罗汉》（Ocean's Eleven）中，反面人物是赌场老板，而窃贼被呈现为英雄。

《纽约时报》在一篇题为“经济衰退之时保持对犯罪的警觉”的文章中，反映了这一马克思主义观点。尽管这篇文章援引纽约市警监瑞·凯利（Ray Kelly）的观点时说，“他不同意在城市的金融财富与其安全之间有着很强的关联这一观点”，但这篇文章以这样的话开始：“一旦纽约人不再思考他们退休计划（401k）的命运，在他们脑子里的问题就会是：如果纽约这个城市的经济在几十年间衰退到深不见底，犯罪会卷土重来吗？”（Baker & Hauser，2008，第 1 段）这篇文章的主题是，动荡的经济和不断提高的犯罪率是有关联的。

犯罪的因果关系由此就与经济和旅游互相交织在一起。比如在经典著作《休闲阶级的理论》中，索尔斯坦·维布伦（Thorstein Beblen，1963）写道：“我已经谈到过，在此使用的术语‘休闲’并没有暗示懒惰和静休，而是暗示非生产性的时间消费。时间的非生产性消费是来自于生产性劳动的无价值观念，且在金钱方面，能够作为负担得起闲散生活的开支的能力证明”（第 46 页）。米尔斯（Mills）在论到维布伦时，引用维布伦的话写道：“在金钱标尺的上端，财富的累积意味着标尺下端的贫困。”维布伦趋向于认为，蛋糕就是这么大，富有阶层从底层社会拿走了“尽可能多的物质财富……”（第 xiv 页）。许多年之后，佛罗里达州州立大学犯罪学和刑事司法学院（College of Criminology and Criminal Justice at Florida State University）的埃里克·P. 鲍默（Eric P. Baumer）和理查德·罗森菲尔德（Richard Rosenfeld）提出了同样的观点，他们写道：

> 最近的数次经济衰退，又重新激发起人们对经济状况与犯罪率之间的可能联系的兴趣及猜想。在最近的经济衰退的前几个月中，众多媒体报道表达了犯罪率的增长与抵押品赎回权取消的危机、不断增长的失业率、大规模停工和让人沮丧的薪水之间的可能关联。许多报道推测说，之后这些负面条件会产生一波巨大的犯罪风潮，这只是一个时间问题。
>
> （Baumer，Rosenfeld，& Wolff，2010，p. 2）

塔洛在瑞典卡尔玛发表的一篇论文中对这一视角进行了总结：

1. 经济衰退使得当地民众产生更高程度的失意和绝望；
2. 经济衰退导致对客户的竞争加剧，这些竞争可能导致价格降低，旅游者的期望值升高，由此造成更高程度的失意；
3. 经济衰退时期可能意味着政府对地方旅游产业的帮助减少，由此造成产业约束、失业及薪资降低的急速变化；
4. 经济衰退时期可能导致媒体更高程度的耸人听闻报道，以讹传讹并使公众对暴力行为不再敏感。（Tarlow，2000，第 142 页）

然而有大量证据与马克思主义有关犯罪的理论相矛盾。比如普卢默（Plumer，2010）在《新共和》（*The New Republic*）中写道：

> 2008 年 12 月，就在美国金融体系崩溃之后几个月，纽约市遭到一系列银行抢劫案的重创。新年前的星期一，四家银行在一个半小时之内遭到袭击；一次光天化日的抢劫就在离曼哈顿市中心的林肯中心几步远的地方发生。这之前一周，圣地亚哥目睹了一天之内对四大银行的抢劫。犯罪学家想知道是否假日的狂欢在被经济萧条重创的美国是犯罪风潮不断迫近的第一征兆。贫困和经济灾难呈上升趋势，对全国警察部门预算削减的摇摆不定，这应该就是对混乱状态的构想，不是吗？
>
> 除非正如后来的实际情况那样，发生了完全相反情况。根据美国联邦调查局的统计数据，2009 年犯罪率全面降低，谋杀、强奸、抢劫、人身攻击、汽车盗窃，一概直线下降。本周，联邦调查局发布了 2010 年前 6 个月的初步数据，同样的形势再次出现，暴力犯罪和财产犯罪一样，在全国每一个地区一直在下降……
>
> （第 1—2 段）

2009 年 5 月由英格兰和威尔士警察联合会（Police Federation of England and Wales）发表的题为“犯罪与经济”的英国研究，似乎既与马克思主义观点相矛盾，又支持马克思主义的观点。这一报告指出，家庭消费被认为是经济富裕的主要经济指标。然而之前的研究已经指出犯罪与消费关系中的复杂性，特别是发现消费增长对财产犯罪有两大主要影响：

- 消费增长提高了盗窃所得财物的数量和价值。有观点认为，犯罪量随着犯罪机会增加的数量而提高。一种犯罪经济理论认为，社会商品存量的增加，可能会提高作案的动机，即所谓的“机会效应”。

- 消费增长表明对于终生收入不断提高的期望值。合法收入不断提高的期望会降低非法活动的诱惑，这就是所说的“动机效应”。

机会效应是与犯罪正相关的长期效应，而动机效应时长更短，与犯罪呈负相关关系。由此，在人们小额提高消费或全面降低花费的年月里，尤其是在经济处于衰退期时，财产犯罪的增长可能相对迅速。与之形成对比的是，在人们快速增长其消费的年月里，财产犯罪的增长倾向于不那么迅速甚或降低（Plumer，2010）。

第三个假设是旅游产生犯罪，原因是旅游者与许多当地人或与在旅游产业中工作的人之间的社会不平等。第三个假设也带有马克思主义色彩。这一假设认为，游客倾向于显示他们的财富，由此造成嫉妒或愤怒感，从而导致某些形式的犯罪。因此，米萨姆（Muehsam）和塔洛曾经写道：“经济陷衰退时期因此也可以指罗宾汉假设与纯粹冲突理论融合的时期，并产生了后现代主义道德不平等的不和谐声音。这一命题在人们选择将旅游产业视为仅仅是马克思主义思想与维布伦观点的融合时甚至更合适”（Muehsam & Tarlow，1996, 第 15 页）。在这样一种情况下，旅游尤其成为对伦理痼疾敞开大门的领域，原因如下：

- 从本质上看，旅游必须是多文化的，能够包容各种互相冲突的思想。
- 正如上文所说，旅游者没有属地感。
- 旅游者可能对当地的道德习俗感觉混乱。
- 针对旅游者的施害者，可能会将自身视为有助于重新分配财富的英雄，尤其是在经济衰退时期。
- 当我们从实际面对的世界转向虚拟世界时，受害者甚至更多是无名者。

（Tarlow，2000）

旅游者经常应对自己所受的伤害负责这一假说，在梅达·切斯尼-林德和伊恩·林德（Meda Chesney-Lind Ian Lind，1986）在《旅游研究年鉴》发表的文章中可以清楚地看到。这两位作者解释说，旅游者拥有引起犯罪的特征，比如旅游者携带大量现金；有令人艳羡的珠宝和摄影器材等物品；经常处于混乱状态（很少注意将财物放在了何处）；在夜总会等犯罪率很高的地方参加活动；出行去不熟悉的场所。这两位作者之后继续说："旅游者也可能在这些环境中做一些他们在家不会考虑做的事情，比如，购买毒品、嫖娼，或与陌生人发生关系。事实上，尤齐埃尔（Uzzell，1984：97）认为，冒险行为是憧憬和逃避重要的因素，是假期体验的核心"（第 179 页）。旅游者造成针对自身犯罪的其他两个原因可能是：在着装上与当地人有差异和 / 或大声使用外语和方言。当旅游者未能意识到或尊重当地风俗，当地人经常会将他们视为具有挑衅性且 / 或对他人的感受无动于衷。比如，《纽约时报》的一篇文章援引一个夏威夷年轻人的话说："我们从来都不去旅游者去的海滩，因为他们会让你感觉像是在动物园里的动物"（Trumbull，1980）。那一时期的文献综述清楚地阐述了针对旅游者的犯罪在很大程度上是旅游者自身的错误。尽管没有作者站出来直率地说出这一假设，但是 20 世纪 80 年代的文献表明，是旅游者将犯罪招来，并且旅游也可能在一定程度上对大量针对当地人的犯罪负责。林德和林德（Lind & Lind 1986）写道："除此之外，有限的证据显示，旅游可能导致犯罪率的提高，其中对当地居民的某些零星影响仍然存在。从小处看，错认身份的情况确实发生过，就像是通过实施犯罪而不是通过游客加入犯罪行列，以之为业的人，才是主要的受害者。"（第 177 页）

有趣的是，针对旅游者犯罪的早期研究认为，错误在于游客，由此反映了伪马克思主义（Pseudo-Marxian）观点，即受害者招来了犯罪，错在他们自己。

文献综述发现，在认为经济衰退期间犯罪率增长的学者，与反对这一理论的学者之间是有分歧的。同样，将旅游者视为对其自身所受伤害负责的学者和那些拒绝自我伤害理论的学者之间也是有分歧的。表 2.4 说明了这两组不同假设之间的互相作用。

表 2.4　经济和犯罪的两种观点

	马克思主义观点	保守派观点
强势经济	犯罪率低	更多消费产品提高了犯罪的可能性
弱势经济	由于需求更大、绝望更深，犯罪率会提高	当人们将更多的关注点放在寻找工作上时，犯罪率会降低

续表

	马克思主义观点	保守派观点
强势经济中的旅游	贵族阶层掌控着形势	更强的经济实力创造更大的休闲活动机会
弱势经济中的旅游	旅游者引发嫉妒	旅游创造经济机遇

（二）安保或安保的缺失如何影响旅游产业经济

正如之前所说，“旅游安保”、“安全”、“保障”，甚至是“旅游健康”等各种不同术语常常互换使用。其原因是，一次旅游灾难事故不仅可以毁掉假期，而且会让当地旅游或游客产业丧失声誉，并对其造成潜在危害（甚至是毁灭）。从客户的视角来看，一次抢劫案或是重大的卫生问题可能会夺走受害者最珍视的假期记忆。无论在何种情况下，这些“灾难事故”会造成严重的声誉损害，尤其是如果这些灾难成为恶性循环的一部分，或是经由口口相传或网络散播时更是如此。由于游客可以在许多网站发帖与世界共享其体验与经历，旅游中个别事件的概念不复存在。由巴吉欧、米拉诺和派拉特里（Baggio，Milano，and Piattelli，2011）在奥地利因斯布鲁克市（Innsbruck）发表的论文中，作者指出：

> 正如十年前的《克鲁钦宣言》（Cluetrain Manifesto）（Locke et al.，2000：xxiii）所述：“网络市场中的人们已经明白，他们之间而不是从销售商那儿可以得到更好的信息和支持。”在网络 2.0 时代，信息生产者和使用者之间的界限变得模糊不清，通常的权威和掌控概念发生了根本变化。其中的一个结果是，以改善线上声誉为目的的市场营销方法受到了极大的影响。传统市场营销做法的一个目标——品牌认知——转变为品牌参与，而这是市场营销 2.0 的目标。这一参与由与不同公司和组织机构进行交流的人员的主观感觉、态度和行为产生。尤其是对于旅游来说，更重要的是这种参与必须经由客户所得到的体验（直接或间接）才能实现。
>
> （Weinberger，2007：3）

巴吉欧等（Baggio et al.，2011）进一步指出社交媒体世界中个人报告（而非行业报告）的重要性。他们陈述说：

> 然而，这些立场造成了需求方（旅游者、出行者、游览者）与供应方

（旅游商业企业和机构）之间的紧张状态。正如向和格雷茨尔（Xiang & Gretzel，2010：186）所说法："社交网站在网上旅游信息搜索中'无处不在'，因为旅行者无论使用什么关键词进行搜索，这些网站都到处可见。某些社交网站……更具综合性，是更具体的旅行网站，越来越受到欢迎，并很有可能演变成为主要的网上旅行信息资源……。这些结果印证了如果旅游市场营销商在发布旅游相关信息时不愿冒着使之成为不相干信息的风险，那么就不能再忽视社交网站的作用。"

（第 5 页）

从经济角度来看，这一产业和产业的市场营销商不再掌控旅游的市场营销。正如潜在客户会了解产业自身的说法一样，他们也会同样或更可能咨询社交媒体。这一趋势意味着任何负面事件，无论是犯罪、恐怖主义行动、流行疾病，还是当地餐厅的食物中毒等，几乎都会顷刻间便为全世界所知。

因此我们可以从以下视角来审视旅游灾难事故的经济影响：

- 犯罪和暴力
- 安全问题
- 恐怖主义
- 自然灾难

应该说明的是上文所列四项旅游危机中有三项是人为的，而第四项自然灾难既有人为也有非人为因素。

（三）犯罪和暴力对旅游的影响

从得克萨斯边境城市拉雷多（Laredo），跨过里奥格兰德河（Rio Grande River），是墨西哥的新拉雷多（Neuvo Laredo）城。新拉雷多曾经是一座繁忙热闹的城市，其主要的旅游一条街格雷罗（Guerrero）几乎直接与美墨边境对接。这一边境过去并没有其他作用，完全是一个中转点，但是后来黑帮和毒品暴力成为了这里的生活方式。曾经，为了花几个小时购买纪念品和手工艺品，游客会轻松跨过边境进入墨西哥，或者他们会在境外过夜。墨西哥公民也能够跨过边界去美国购物，并毫无困难地回到墨西哥。然而，由于新拉雷多的暴力袭击，这一切都发生了变化。现在，旅客和当地居民不再跨越边境。格雷罗街曾经满是游客，如今已不见旅游者的踪影，曾经生机勃勃的夜生活也消失了。

近些年来，可能没有哪个国家的声名像墨西哥一样遭受如此重创。从旅游视角来看，墨西哥一应俱全：壮丽的海滨、山脉度假区、大城市和博物馆、国际知名的美食、历史古迹，以及现代建筑。不幸的是，墨西哥也有非常严重的暴力问题。该国家一直遭受着无休无止的贩毒集团间的战争，导致超过 66000 人死亡。贩毒集团暴力猖獗，形成了抢劫、贿赂等其他暴力形式，以及最臭名昭著的“莫迪达”（mordida）。在此说明一下，莫迪达是指警方的勒索，即当地警察部门索要钱财，用以“宽恕”根本未犯过的罪责。这一暴力已经影响了北部墨西哥，其中大部分旅游产业连同该国的整个声誉已经死亡。由此，在墨西哥任何地方发生的每一次负面事件现在都会成为负面头条新闻。比如，当墨西哥任何一个地方发生某事时，即使是像《布莱恩（得克萨斯）鹰报》这样的小镇报纸也会将其放到头条。2013 年 2 月，有 6 名女性在阿卡普尔科城（Acapulco）被强奸。对这一不幸的悲剧事件，《鹰报》使用以下言辞进行了报道：“六位西班牙女性，在长久以来一直麻烦不断的太平洋海岸度假区阿卡普尔科度假期间，被蒙面枪手强奸，整个世界将其目光转向了墨西哥”（Ramos & Stevenson，2013，第 1 段）。这一报道继续说：“现在的问题是，这一袭击是否会影响其他度假区，因为墨西哥正为每年一度的春假游客高峰时间涌入大批游客做准备”（第 A10 页）。这篇文章暗指源于阿卡普尔科的暴力始于 2009 年，并指出这一城市从来都没有从阿卡普尔科弗拉明戈大酒店（Flamingo Hotel）附近发生的造成 18 人死亡的谋杀案恢复过来。

这篇文章强调了安全和安保对于旅游产业的重要性。如果我们仔细阅读这篇文章，会从中发现一些子主题，其中有：

- 暴力犯罪行为的影响是长期、持续的。
- 游客倾向于远离他们认为不安全的地方。
- 媒体经常不区分政治或国家边界范围内的地理区位，因此，在我们的例子中，墨西哥（一个国土面积很大的国家），因头条新闻将整个国家拧在一起而使整体受到了损害。在现实中，墨西哥其他地区可能会非常安全，但是这些安全的区位仍然必须要应对负面的附带后果和感知，这些都是来自于墨西哥国境范围内的暴力。

- 我们离一个地方越远，这一事件可能会显得越恶劣。现实中，性攻击犯罪会在世界各地发生，但是一旦某一个特殊犯罪案件被媒体曝光，其面貌将与事实相去甚远。
- 与自然灾害等其他悲剧性事件相比，人们倾向于更不能原谅遭受暴力行为的地方。

当然，犯罪不只是墨西哥的难题。旅游官员非常清楚，一旦犯罪进入媒体，会对地方旅游产业造成非常严重的毁灭性影响。例如，牙买加旅游部长非常清楚其国家的犯罪问题。他在 2013 年 2 月牙买加酒店和旅游协会（Jamaica Hotel and Tourist Association，JHTA）第 47 届大会上，针对犯罪对牙国的负面影响所做的发言中说：

> "在我的头脑里，犯罪是唯一最具削弱性的因素，这一领域最让我担心，超过任何其他事情。我必须要告诉你们，燃料危机不会像犯罪一样让我担心，航空产业的混乱不会像犯罪一样让我担心……"同时牙买加酒店和旅游协会主席韦恩·卡明斯（Wayne Cummings），就犯罪旅游产业的负面效应，也谈到了相似的感觉与关切。
>
> "我不管你们有哪一位行政长官，我也不管你们有哪一类国家安全部长，即使是两位都很重要，如果牙买加人不下决心（从犯罪分子手中）夺回牙买加，那么旅游业、制造业及其他类似产业将在劫难逃……"
>
> （"犯罪损害牙买加旅游"，2008 年，第 2 和第 6 段）

我们看到了犯罪影响的另外一个例子，即在委内瑞拉，犯罪与不好客的客户服务结合在一起。委内瑞拉报纸《环球报》(*El Universal*）报道了这个国家旅游者的缺乏，并提出一个问题："旅游者都到哪里去了？"这一文章指出，安全措施的缺失与不好客的感觉相结合，对这一国家造成了巨大的损害。《环球报》下结论说，在所有对这个国家造成最严重伤害的因素中，有一个是该国被列为不安全的国家。报纸写道：

> 我们都非常清楚地知道，在过去十年中，频繁的绑架、暴力和犯罪

在委内瑞拉泛滥，这已成为世界常谈的话题，且（安保的缺失）有其后果。然而，这些危险尽管非常严重，也并不足以解释拥有众多优势的这样一个国家是怎么样成功赢得（不安全）这样一种不光彩的称号的。事实上，在那些极少数比委内瑞拉还不安全的国家中，如洪都拉斯和塞拉利昂，几乎都比委内瑞拉更加好客。

（Rodriguez，2013 年，第 4 段）[①]

这篇文章指出了旅游产业若没有客户服务和完善的安保措施会很快衰落这一事实。

（四）衡量犯罪的影响

针对旅游者的犯罪对旅游产业有负面影响。如何准确衡量多少人选择因犯罪问题而远离某一个区位，从来都是很难。2008 年联合国拉丁美洲和加勒比经济委员会（United Nations Economic Commission for Latin America and the Caribbean，ECLAC）在有关加勒比地区的文件中指出了这一事实：

各个国家对犯罪的定义千差万别。联合国毒品和犯罪问题办公室（UNODC）与世界银行拉美和加勒比地区分行的联合报告阐释说，“即使对于谋杀等看似可以简单界定的犯罪，定义也是各有不同，像入室盗窃、抢劫、性侵等犯罪，在各个司法管辖范围内有着完全不同的定义。”

（“探索贫困间的政策联系”，2008 年，第 6 页）

造成这种情况的原因有很多：

1. 犯罪统计数据的标准不统一。在一个地区可能是犯罪的，在另一地区并不一定是犯罪。像吸毒和嫖娼等“个人化”的行为，地区之间是不同的。由此，某些地方认为嫖娼是重大犯罪行为，而在另外一些地方嫖娼是合法的，或者虽仍属非法，但是可以容忍。
2. 旅游者和游客经常不报案。他们不上报的原因有很多，其中包括：许多游客没有意识到他们已经成为犯罪的受害者；他们仅仅认为自己丢

① 作者从西班牙语翻译而来。完整的原始西班牙语文本详见 http//：www. eluniversal. com/opinion/130322/donde-estan-los-turistas。

失了物品或钱财。另外，许多游客并不认为值得报案。他们认为，警察可能（或主观上）不会采取行动，或等到采取行动时，游客已经离开这一地方。游客也可能不知道如何报案。警察局经常很难找或是不在游客常去的区域，并且如果旅游者来自国外，他或她可能因为语言障碍而无法填写必要的书面材料。

3. 有些上报的案件是“捏造”的。报案常常仅仅是游客因为想更换某件物品和得到保险理赔而采取的欺骗手段。因此，摄影器材经常“被偷”，从此作为购买新摄影器材的方式。

4. 旅游业不鼓励人们报案。这就意味着，这有利于当地酒店、餐馆和景点与游客私下解决，而不是向警察报案。从商业角度看，这种政策可能会比较合理，但是这种“协议”的结果是，所有旅游犯罪统计数据均是可疑的。

学术文献综述显示，用于确定犯罪率的测量模式有许多种。由于缺乏标准化数据，测量犯罪几乎不可能。同样，犯罪成本（其经济后果）也很难确定。具体来说，世界卫生组织（World Health Organization，2004）对直接成本（医疗、法律、决策、监狱、寄养看护，以及私人保安）和间接成本（盈利和时间的损失、过低的人力成本、过低的生产率、过低的投资、心理成本及其他非货币成本）进行了区分。其他学者使用更加复杂的方法，比如，某些旅游专业学生对旅游犯罪的不同成本进行划分。这些成本包括：

- **直接成本：**用于预防暴力或对暴力受害人及作案者给予相应处理的所有商品与服务的价值。
- **非货币成本：**导致痛苦、折磨和死亡，但并不一定会导致医疗支出或可以简单量化的经济损失的高死亡率和致病率。
- **经济乘数效应：**对于人力资本、劳动力的参与、更低的薪水和收入、存款和宏观经济增长的影响。
- **社会乘数效应：**社会成本的贬值、暴力的代际传播，以及较低的生活质量。

（“犯罪的社会经济成本”，未注明出版日期，第 1 页）

二、旅游安保如何必须面对预算缩减的问题，以及安保人员如何必须以更少的投入做更多的事情

旅游安全专业人员像其他安保及执法人员一样，经常会抱怨其行业一贯社会地位低、装备差，人少任务重。对于这一问题有诸多原因。

如果从不发生大事件，那么行政管理人员经常会质疑风险管理的必要性。如果一旦发生大事件，那么很清楚风险还未减低。因此风险管理者被置于不确定的境地，成功意味着资源的减少和薪水的潜在降低，而失败意味着他或她工作不力。行外观察者仅仅通过观察酒店安保经理的高流动率，就可以理解“我做了该死 / 我不做也该死”的状况。这些人员经常被指责为太成功，因此可能工作，或者他们因为发生的事件超出了他们的掌控范围而受到指责。这一不安定的模式倾向于在风险管理人员中造成更高比例的失意沮丧和人员流失。旅游风险经理可能经常还有其他的称谓。例如，婚礼的仪式是一件大事并经常由此产生旅游。婚礼策划者不把自己称为风险管理者，但是事实上他们是风险管理专家。唯一差别是他们的风险在婚礼接待完成之后就结束了，而在旅游世界中，只要旅游产业的那一部分仍在运营，风险就一直持续。从经济视角来看，危机管理者的工作要简单得多。表 2.5 细致阐释了危机和风险管理的不同与挑战。

正如本章第一部分所示，旅游和经济是互相交织在一起的。旅游对经济波动高度敏感，因为旅游是一个基于可支配收入的产业。同样，那些在旅游安保领域工作的人都受到旅游经济的变化和挑战的影响。这些经济方面的变化比我们最初想象的影响更大。比如，一些犯罪高手（掏包小偷、行李窃贼、商店扒手）可能与旅游有寄生关系（Tarlow，2005a；2005b，第 79 页）。旅游者人数缺乏意味着这些犯罪分子的受害者减少，由此他们也受到经济衰退的影响。尽管在低迷时期，犯罪率上升只是一个普遍假设，但也有很好的原因去假设反面情况。不仅游客越少，受害者就由此越少，而且很多人趋向于在低迷的经济时期采取额外的预防措施，这样可以进行更好的被动防御。

鉴于这种困难状况，旅游安保专员必须在日常工作中证明自己的价值。然而，下面的头条新闻非常罕见：“由于暴力减少，克什米尔旅游激增”

（Das，2012）。这篇文章继续写道，“由于极端主义势力减弱，游客数目在过去两年中持续上升”（第1段）。

表2.5　危机和风险管理的部分基本差异

	风险	危机
发生的确定性	使用数据统计系统	是一个已知旅游事件
管理目标	预防	一旦旅游事件发生，将损失降至最低
可用对抗风险的准备措施类型	概率研究 过往旅游知识 跟踪系统 向他人学习	医疗、心理或犯罪等具体信息 形成“万一-如何”的态度
所需培训	假设危机，并找到预防危机的预案	假设危机，并实际操作如何应对危机
被动反应或积极反应	积极反应	被动反应，全面培训可以让被动反应者积极反应
受害者类型	任何人，可能是游客或职员	可能是游客、职员或景点
宣传	目标是通过行动制造非旅游来阻止宣传	目标是限制可能发生的公共关系损害
某些普遍问题	较差的建筑维护 较差的食品质量 较差的采光 对恐怖主义的恐惧 对发生犯罪的恐惧	粗鲁的游客 病人 抢劫 对工作人员的威胁 炸弹恐吓 语言技巧的缺失

资料来源：夏威夷大学旅游高层主管发展机构（EDIT）项目（2006）。

尽管这个成功故事不是绝无仅有的，但这样的成功案例报道很少会进入媒体。报道的缺乏有几个原因：

- 媒体也是企业，那些参与其中的人认为，悲剧和黑暗故事会增加观众或提高收视率。
- 与报道成功事件相比，编写和报道负面事件更为容易。
- 人们通常认为失败与悲剧事件读起来更有意思。

面对这些困难，旅游安保专业人员，无论是在私有部门还是在公共部门，都需要有方法解释他们在做什么，成功的概率是什么，为什么媒体和行外管理者经常把成功的概率与成功的可能性混淆起来。要明白如何与旅游管理者和政府机构开启对话，有益的做法是去理解安保专业人员所服务人群的关注点。现实中，有许多必须得到服务的公众群体，其中有：

- 旅游业领导和管理人员
- 普通公众
- 媒体
- 政府官员

下文所列是旅游业关注的几个问题。这些问题为执法部门的官员提供了能与其旅游业对等人员开展对话的手段。

- 客房入侵问题
- 负面宣传和媒体反应的问题
- 恐怖主义行动问题
- 黑帮暴力问题
- 性旅游问题
- 嫖娼和性奴问题

旅游安保官员应冷静地、如同做生意般地进行强调，旅游产业不能长期存续在一种人们感觉不稳定或不安全的环境中。旅游安保专业人员在使旅游者感觉安全的过程中应发挥至关重要的作用。会展与游客管理局或国家（或省）旅游办公室强烈意识到，休闲旅游者可能不来他们的地区。比如，一些美国城市面临着复杂的安保形势，趋高的犯罪率，尤其是夜晚的犯罪率很高，所以游客与当地人一样不会经常光顾市中心。与执法部门和私人安保官员保持良好的工作关系，可有助于降低风险。有关执法机构如何能够有助于降低游客易受犯罪的伤害率，在此给出一些建议。

旅游安保市场推介窍门！

主动将你们的机构与你们地区（community）的旅游队伍相结合。像英国警察（the English “bobbies”）或加拿大皇家骑警（Royal Canadian Mounted Plice）一样，警察队伍可以有双重职责。与你们地区的旅游产业相结合，设计“警察友好型”（officer-friendly）项目。开创一个项目，其中尤其是在旅游区中，警察可以“停，走，并与陌生人对话”，由此打造亲民警察形象。通过树立警察对旅游的积极态度，推介警务服务方面的形象。鼓励警官不据泥于其提供安全保卫的本职工作。另外，以服务为导向的警察队伍可以成为旅游者信息的来源和社会亲善大使。请旅游官员为你的部门提供节事信息。实时信息不仅能使安保机构更好地开展工作，而且可以让安保警官融入到旅游领域中。

因此，旅游安保专业人员需要在其四个支持群体中推介自身。下列几种方法是有关于安保专业人员如何才能赢得其不同支持群体中某些群体的支持。

- 为警务人员提供有关旅游者的特殊培训。
- 执法人员对于任何社区的旅游产业都是极具价值的。为其社区的警务人员开设特殊培训项目会让他们对旅游的重要性产生敏感性。这一项目应该包括旅游对其地区的经济与社会影响，如何应对陌生者的接待项目，以及有关这一地区范围内旅游设施和景点的信息包。应确保执法人员对其地区旅游人口的组成情况，以及这些游客可能的特别需求方面有一定了解。比如，年长游客比例大的地区可能需要更多交通警察及更多的标牌。吸引大量国外游客的城市应为其执法人员提供专门的语言培训课程。
- 旅游信息服务作为对抗犯罪的工具。即使在高犯罪率的城市，犯罪趋向于非常集中于小面积的地理区域。使用旅游信息服务，尤其是城市旅游地图，来指引旅游者在旅游景点之间沿着最安全、照明最好的路线行进。绘制以时间为导向的地图，标示一天中什么时间应避开特殊的交叉路口、道路和区域。无论何时，尽可能知悉交通部门的道路维修或绕行路线通知，从而在地图上标出可选路线。
- 鼓励旅游办公室公布公共交通方案。公交时刻表应妥善公布，并保持准确性。在公交车站等车可能会很危险，旅游者易于受到犯罪的伤害。公共交通站点应该有很好的照明，并且在附近设应急电话。向旅游官员解释，公布的公交时刻表可以使旅游者免于在无保护区域停留过长时间。为使游客滞留的可能性降到最低，要强调主要旅游景点最后一班公交车的发车时间。与旅游官员合作，协调公交公司与当地旅游景点的运营时间。

- 须知晓旅游官员传统上将警察的存在视为双刃剑。与旅游官员合作，确定所需穿制服警官与便衣警官的合适配比。可见的警力可以作为“心理上的”安全保护伞。另一方面，如果明面上的警力过多，旅游者可能会想为什么需要这么多警力，并会询问他或她是否应该感到担心。通过共同合作，旅游官员和警务部门可以确定所需警官的数量，以维持旅游区的安全，避免制造紧张气氛。以温和方式提醒旅游官员，警务部门的预算不是没有限制的。如果在某一特定区域需要更多警官，请旅游官员与当地警务部门合作，确保警务预算中包括相应的资金。
- 针对受犯罪伤害的旅游者制定预案。即使在最安全的地方，犯罪也可能发生。这可能是给旅游者最多温柔关怀的时刻。警员的行为可以创造一种情境，让受伤害的旅游者带着对当地是好客的正面印象离开，而不是把对这一城市的批评挂在嘴边。
- 恐怖主义在任何地方都有可能发生。在旅游的世界中，没有任何地方能免于恐怖主义。旅游官员和警务部门需要制订计划，保护标志性地点建筑艺术的完整性，使之受到尽可能小的损坏。比如，混凝土护栏可以将汽车置于安全的距离，使其远离建筑物，但是也可能破坏建筑物的建筑格调。也可使用花草等美化方法掩饰护栏，或者是将这些护栏改变为混凝土艺术作品。要确保景观建设不会给犯罪分子提供方便，使其能够伺机隐藏。鼓励使用技术成熟的监控摄像头，用以监视可能出现的问题，并对发生的事件进行记录。

节庆

节庆和奥运会等超大型活动，会给某一地区带来大量收入，但是也要求周密计划和安保支出。这些活动体现了执法部门和旅游产业之间共同合作的需求。可能没有任何旅游领域能够像世界杯等大型活动和节事那样制造更让人头疼的安保问题了。节庆的多个入口点、志愿者，以及非专业的区位，造成了无组织的环境，而安保人员必须在其中展开行动。节庆和大型活动对投机犯罪分子和恐怖主义者都是敞开大门的。另外，使安保形势进一步复杂化的是，节庆的多个入口点为轻松进入和逃脱路线提供了便利。然而，通过合作，这两大产业可以降低潜在风险。

- 在策划的最早阶段，主动约见节庆活动主办方代表。在交通调流、停车、行人进入点的计划等领域，提供警务部门的专业知识和意见，与节庆官员合作，应对具体的安保问题。
- 与旅游官员合作，应对具体的资金问题。告知旅游官员，警务部门在警官当值和下班的时长方面有具体限制。承诺会确保这些警官尽快到岗。尽早讨论预算问题，确定用何预算来支付这些警官的薪水。

虽然任何场所都无法完全消除各种形式的犯罪，但是意识到潜在问题，并与当地旅游官员培养良好的关系，可以有助于创造游客愿意再来的环境。为有助于确定双方各自的策略，我们特此提供以下观点和可能的未来趋势。

- 记住我们不再生活于只有一个大一统国家的世界。无论你可能生活于什么样的国家，地方市场都不足以维持你的成长。即使小城镇也会发现有必要成为全球市场的一部分。这就意味着地方银行兑换货币，餐馆提供不同语言的菜单，交通和道路标志国际化，警务部门学会如何应对众多的文化和语言都是必要的。
- 要用长远的眼光看问题。比如，即使燃油价格不断涨跌，但长期来看必定是上涨。在不太昂贵的时期，利用缓冲时机开发替代形式的交通运输。完全依赖单一交通运输方式的社会，在未来几十年中吸引游客方面会有更大的困难。创造性思维将会成为必须，因为并不是每一个社会都能够创造一种便捷的公共交通体系。
- 学会观察局势，然后将其融入你的商业模式。旅行和旅游主要是可消费产品。因此旅行和旅游专业人员理所当然应该密切关注信用成本，理解外汇市场如何运行，失业在你们的主要市场中的发展趋势是什么。在今天相互联系的世界中，新闻来源至关重要。每天至少阅读三份来自世界各地，以及来自构成你们当前主要市场的地方报纸。
- 要灵活应变。曾经是或以前总是的东西未来不一定仍旧如此。比如，如果你们的旅游产业或商业活动传统上是来自于 X 地，并且这一地区预期要经历一次大经济衰退，那么就应做好准备迅速转换市场或产品。每一个旅游社会都应该有一个经济监督委员会，分析当前形势，并在如何适应迅速变化的世界方面给予建议。对于建筑物、车辆等资产，你需要关注的越少，你可能会越富有，尤其是在充满各种限制的世界经济中。

- 思考小事也着眼大局。旅游产业经常会遭受重创，因其花费太多的时间去捞取大鱼，而丢掉了小鱼。记住在具有挑战的经济时代，要抓的大鱼会更少。由此，试着考虑小规模的会展，而不仅是寻求大型会展。基本原则是，有点盈利总比没有盈利好。
- 既关注宏观经济趋势也关注微观经济趋势。因为旅游是一种包含很多小型商业企业的大型产业。因此对于旅游专业人员来说，将宏观趋势纳入其商业计划中至关重要。比如，新车销售将会如何影响旅游产业？如果当前危机只是两三次危机风潮的第一波，以后会发生什么？发达国家的老龄化人口将会如何影响旅游？哪些国家的经济正在扩张，哪些地方的经济正在收缩？所有这些都是必须定期进行更新的重要问题。
- 关注世界各地的成功模式。旅游官员经常会对其产业拥有非常狭隘的观点。从世界各地的同事那里寻求帮助，与之交流并学习其最佳实践经验。他们在哪些方面是成功的和失败的？思考你们可能会怎样改变或优化他人的思想，由此满足你们当地状况的需要。之后，问问自己一些重要的问题，比如：我的商业模式是不是灵活变通，足以应对快速的变化？我当前的供应链稳定到什么程度？举个例子，如果你在经营一家酒店，而地毯厂破产，还有没有其他的供货渠道？如果你在一个只有单一景点的地方，如果这一景点关门，会发生什么情况？最后，你了解你的商业伙伴吗，你如何能够与他们合作，共同面对更具挑战性的世界？
- 调整市场营销工作，使之适应产业的全球化趋势。旅游和旅行专业人员应考虑其世界市场营销推广的彻底革新。杂志和当地电视广告可能需要由创新性网络策略代替。单一语言网站可能成为过去的事情，新的直接营销程序将成为必需。记住在一个互相关联的世界中，你们不再是仅与你们的邻居比较。无论你位于何处，你们的社区和/或商业企业都会按照国际标准进行评价。全面思考是什么让你们与众不同，以及所处地区或商业企业的特点何在。

参考书目

Baggio, R., Milano, R., & Piattelli, R. (2011). The effects of online social media on tourism websites. *18th International Conference on Information Technology and Travel & Tourism.* Retrieved from http://www. iby. it/turismo/papers/baggio_socialmedia. pdf.

Baker, A., & Hauser, C. (2008). Keeping wary eye on crime as economy sinks. *The New York Times*. Retrieved from http://www. nytimes. com/2008/10/10/nyregion/10crime. html?pagewanted=a11&_r=2&amp.

Baran, M. (2012). Dark tourism. *Travel weekly*. Retrieved from http://www. travelweekly. com/Travel-News/Tour-Operators/Dark=tourism/.

Baumer, E. P., Rosenfeld, R., & wolff, K. T. (2010). Are the criminogenic consequences of economic downturns conditional? Assessing potential moderators or the link between adverse economic conditions and crime rates. Retrieved from http//www. criminology. fsu. edu/p/pdf/recession%20and%20Crime. pdf.

Bergen, K. (2012). City's tourism could be collateral damage if spike in violence continues, says Don Welsh, president and CEO of Choose Chicago. *Chirago Tribune*. Retrieved from http://articles. chicagotribune. com/2012-07-12/business/ct-biz-0712-convention-buro-20120712_1_bruce-rauner-tourism-don-welsh.

Chambliss, W., Mankoff, M., Pearce, F., & Snider, L. (2000). *Traditional Maixist perspectives on crime*. Retrieved from http://www. sociology. org. uk/pcdevmx. pdf.

Chesney-Lind, M., & Lind, I. (1986). Visitors as victims : Crimes against tourists in Hawaii. Reprinted from the *Annals of Tourism Research*, *13*(2), 167-191, with permission from elsevier. http:// www. sciencedirect. com/science/Journal/01607383.

Chicago crime impacting tourism? City tourism official suggests so, then backs down (2012). *Huffington Post*. Retrieved from http://www. huffingtonpost. com/2012/07/12/chicago- crime-impacting-t_n_1668106. Html?.

Crime hurting Jamaica tourism (2008). *Caribbean 360*. Retrieved from http:// www. carib bean360. com/index. php/news/13435. html #ixzz2KKUf3Mif.

Das, C. (2012). Kashmir enjoys spike in tourism due ro reduced violence. *Khabar South Asia*. Retrieved from http://khabarsouthasia. com/en_GB/articles/apwi/articles/features/2012/03/20/feature-01.

Dreier, H. (2013, February 25). Las Vegas seen as dangerous even as crime drops. *Las*

Vegas Sun. Retrieved from http//www. lasvegassun. com/news/2013/feb/25/las-vegas-seen-dangero us-even-crime-drops/.

Exploring policy linkages between poverty, crime and violence: A look at three Caribbean states (2008). *Economics Commission for Latin American and the Caribbean*. Retrieved from http://www. eclac. org/publicaciones/xml/2/33252/l. 172. pdf.

Locke, C., Levine, C., Searls, D., & Weinberger, D. (2000). *The cluetrain manifesto: The end of business as usual*. Cambridge, MA: Perseus Publishings.

Muehsam, M., & Tarlow, P. E. (1996). Theoretical aspects of crime as they impact the tourism industry. In A. Pizam, & Y. Mansfeld (Eds.), *Tourism, criιne and international security issues*. Chichester, UK: John Wiley & Sons.

Plumer, B. (2010). Crime conundrum. *New Republic*. Retrieved from http://www. newrepub lic. com/article/80316/relationship-poverty-crime-rates-economic-conditions#.

Raιmos, B., & Stevenson, M. (2013). Acapulco rape case overshadow peak tourist season. *Ya hoo News*. Retrieved from http://news. yahoo. com/acapulco-rape-case-overshadow-peak-to urist-season-001515646--finance. html.

Rodríguez,D. L. (2013). ¿Dónde están los turistas? *El Universal*. Retrieved from http://www. eluniversal. com/opinion/130322/donde-estan-los-turistas.

Socioeconomic costs of crime (n. d.). *World Bank*. Retrieved from http: //siteresources. worldbank. org/INTHAITI/Resources/caribbeanC&VChapter4. pdf.

Tarlow, P. E. (2000). Creating safe and secure communities in economically challenging times. *Tourism economics*, *6* (2), 139-149.

Tarlow, P. E. (2005a). Terrorism and tourism. InJ. wilks, D. Pendergast, & p. Leggat (Eds.), *Tourism in turbulent times* (pp. 79—92). Oxford, UK: Elsevier Inc.

Tarlow, P. E. (2005b). A social theory of terrorism and tourism. In Y. Mansfeld, & A. Pizam (Eds.), *Tourisnι security and safety* (pp. 33—47). Oxford, UK: Elsevier Inc.

Trumbull, R. (1980). Hawaii acts to curb crimes against visitors. *The New York Times*, Section 10: XX1.

Veblen, T. (1963). *The theory of the leisure class* (7th ed.). New York: Mentor Books, New American Library.

Weinberger, D. (2007). *Everything & miscellaneous: The power of the new digital disorder*. New York, NY: Times Books.

Xiang, Z., & Gretzel, U. (2010). Role of social media in online travel information search. *Tourism Management*, *31*(2), 179—188.

第 3 章　酒店和汽车旅馆的安保

图 3.1　澳大利亚黄金海岸的君悦大酒店

一、旅游历史上的住宿地

酒店和汽车旅馆等住宿地，与餐馆（食品消费）和旅游景点一道构成旅游的三大支柱（图 3.1）。人们在旅游时，期望找到去某个景点、餐馆和某个可用做家外之家的处所的一个理由。住宿地在旅游中扮演着如此重要的角色，由此，住宿地成为许多对旅游的界定中不可缺少的一部分。

自从旅行出现以来，游客在其行程中一直需要一个住宿的地方。虽然这一需求存在，然而现代酒店的观点并未出现，而是大多数人与家人和朋友待在一起。在古代罗马，有小旅馆可以接待客人，还有被称为“漫行司”（mansios）的机构，罗马帝国的信使可以在此用餐、换马和睡觉，某些“漫行司”也接待其他主顾。

客人和住宿人员的安全是全世界一直关注的话题。首先，大多数客人趋向于更多考虑房价、舒适度、区位和便利度等其他的事项，而不是安保。然而，在出现重大安保或安全事故时，安保会得到负面的关注，甚至可能会引发重大的诉讼官司。在旅行者选择住宿地时，旅行者主观认为她或他受到所选定住宿地的保护，并且酒店管理者（或汽车旅馆老板）会对一切可预见的事情进行安排，以确保他或她的安全。安全可以影响酒店的声誉和生存能力；缺乏安全可能是客人选择不再入住这家酒店的最重要原因。因此住宿地有商业、道德和法律义务采取一切可能措施，确保客人的安全。几十年来，如何提供这一安全而不会给客人过分造成不便，一直是旅游领域中的主要问题。比如 1999 年，美国国家广播公司（NBC）的电视栏目日界线（*Dateline*）播放了一整档节目，讨论汽车旅馆的安保问题。大约两年之后，NBC 又播放了一次有关酒店安保问题的跟进节目。最初，酒店是包含多个楼层；提供额外服务的住宿地。汽车旅馆一般顶多一层或两层，拥有外部房间入口，并且仅仅是方便路边停车和睡觉休息的住宿地。这一词语本身更可能是汽车（motor）和酒店（hotel）两个词的合成词。20 世纪后期，许多之前的汽车旅馆呈现出酒店的样子，于是这些术语的界定更加随意宽泛。因此，本书使用下列三个术语：[①]

- 低层住宿地，房间入口在楼外（离停车区不远的入口）。
- 高层住宿地，房间入口在楼内（通过楼内的走廊到入口）。
- 床位加早餐等其他住宿地，可能是住家和其他建筑结构转化来的不太正式的住宿形式。

---

① 原著作者注：虽然邮轮在现实中是漂浮的度假酒店，但本书第 6 章会单独对其进行讨论。

二、酒店安保：概述

在第 1 章我们讨论了有多少旅游专业人员害怕安全的问题。总体上，这整个旅游产业的情况也是住宿产业的情况。事实上，许多酒店管理者错误地认为，这些主题会惊吓到顾客；仍然有很多旅游和住宿专业人员顾忌谈论旅游 / 住宿安保问题。风险管理和安保部门人员经常明言自己没有得到充分的认可，且超负荷工作。

然而没有任何事情可以像缺乏安保或安全一样更有效地毁掉住宿单位的声名。现实中，没有完全的旅行（旅游）安保或安全这样的事情，但是，住宿产业仍然有很多选择，以提升游客安全。下文是住宿单位需要考虑的某些事项，无论其属于什么样的类型、规模或在什么区位。

- 职员和客人交流的清晰度
- 职员之间交流的清晰度
- 操作流程
- 入口安全
- 疏散流程
- 火灾预防
- 卫生规章
- 照明问题
- 住宿单位区位的周边地区
- 与当地执法和安保机构的关系
- 职员背景检查和审核许可
- 住宿单位常旅客类型及其特殊安保需求
- 门窗锁具类型
- 不守规矩或不易相处的客人和 / 或患病客人。

住宿安保力求为那些在提供过夜住宿区位暂留和工作的人提供安全的环境。另一种分析住宿的方法是，这一设施仅仅是为睡觉，还是住宿单位也提供餐馆、会议空间和会展中心等其他硬件设施。这些附加设施的每一项都会使安保负责人的工作更加复杂，并给他或她制造更多的难题。

三、常见问题

传统上我们将住宿安保分为不同的三大类，然后将这些类别再进一步细分为许多小类。这三大主要类别是：（1）对客人的看护，（2）对职员的看护，（3）对自然景点的看护。我们认为也可以有第四大类：对于住宿地声誉的维护。然而，前三类的成功会确保第四类的成功。在所有情况中，接待方必须清楚地意识到，他们要应对的是过往旅客，其中许多人可能不是回头客。

由此，所有住宿单位均会面临某些共同问题。比如，塔洛（2007）曾写道：

> 住宿地及其客人互不了解。这就是说，工作人员一般对客人的个人历史知之甚少，客人一般对有权进入其房间的工作人员的历史也一无所知。让事情更加复杂化的是，在像重要酒店等大型住宿地，工作人员很少会知道谁是或者不是住宿地的客人。对于汽车旅馆来说，旅馆房间直接通向街道，因此来往人员可以不经过大厅。
>
> （第 455 页）

四、酒店的挑战

对于什么是酒店没有一个通用的定义。酒店[①]可能是多楼层大型建筑。酒店可以纯粹用于睡觉，或可以包括各种附加设施，如：会议中心、游泳池、水疗馆、餐厅、娱乐场所和购物中心。每一项附加特色都会代表酒店的一种新的风险，外加对酒店安保人员附加的挑战。

酒店客人与会议、餐厅和购物中心顾客的混杂，给安保人员提出了主要的识别问题。在酒店会议中心范围内举办的贸易展览会和商品展销等情况中，安保人员必须既要实施对参展商品的保护，还要处理偷盗的问题。

---

① 作者认为某些酒店是居住型酒店，拥有长期客人。为简化问题，本章假设客人是短期型的，并将客人更多视为短期游客，而不是久居者。现在有一种越来越明显的趋势，即将短暂居住型酒店（transient hotels）与公寓（condominiums）混合在一起，由此产生了大量新的安保难题。

五、汽车旅馆的挑战

尽管许多汽车旅馆是以提供睡觉休息地点为导向的营业场所，但也可能与餐馆联系在一起。汽车旅馆常常是为方便出入而建设的。进出方便性为客人提供了便利，但也可能成为安保的噩梦。房间通常是在底层或是二层。很多汽车旅馆没有接待大厅，客人可以直接进入他们的房间。虽然对于汽车旅馆的客人来说，直接进入可以轻松装卸行李，但直接进入房间也意味着汽车旅馆工作人员对某人什么时间进入或离开房间，谁可能正在盯着房间，或窃贼什么时候可能潜入房间，根本没有任何概念。

六、住宿加早餐（B & B）的挑战

这些住宿地常见于私人家庭中，或是已经转变为商业营业单位的私人家。住宿加早餐是建立在信任的原则上。房间钥匙多是最简单的，很少会有任何形式的复杂安保设备。某些住宿加早餐甚至很像早期带有共用浴室的住宿公寓。因为住宿加早餐经常装修得浪漫且有诱惑力，一些客人将这些住宿地看作他们正在拜访的朋友家，随身带来昂贵的或具有浓厚情感意味的个人物品。然而应该注意的是，很多住宿加早餐房间的安保水平很低。前门经常是开放的，使得住宿加早餐住宿地成为伺机犯罪的最佳目标。

七、露营地和其他住宿挑战

经常未得到考虑的另一种住宿形式是露营地。这些住宿机构可能提供帐篷，或是仅仅提供饮用水和卫生设施。这些非常不正规的区位经常是在公园巡逻队的保护之下，并且由于预算限制，公园巡逻队已被离职警官所代替。某些出现的安保挑战包括性侵；缺乏保存贵重物品的地方；蓄意进入汽车偷盗或抢劫；以及易于遭受恶劣天气、火灾隐患，以及昆虫和野生动物的侵袭（表 3.1）。

八、不断变化世界中的住宿安保

旧约《传道书》中写道，日光之下无新事。如果《传道书》指的是邪恶

似乎从来都没有过时，那么这种提法是对的。尽管犯罪和恐怖主义体现的“邪恶”不会随着时间而变化，但犯罪技术和工具确实会变化。

尽管住宿安保已存在很长一段时间，但酒店 / 汽车旅馆安保的面貌已经彻底改变；新的挑战，在每一代人中都会形成。20 世纪 80 年代和 90 年代，住宿安保强调的是客房入侵、嫖娼问题、其他客人与雇员的行窃、性侵问题和偷窃问题这样的难题。新世纪之初，安保人员必须要面对的问题中又增加了对恐怖主义的恐惧问题。21 世纪第二个十年可以被称为“电子安保时代”。比如，帕特里克·马约克（Patrick Mayock）在专业期刊《酒店即时新闻》（*Hotel News Now*）2012 年 1 月期上发表的文章中阐述说，我们已经进入了一个信息技术既是祝福又是诅咒的时代。马约克（2012）援引安东尼·罗曼（Anthony Roman）的话说：

> 一般来说，大多数商业移动设备仍然处于未保护状态，包括没有设置任何密码，更不要说复杂的密码了……我们几乎很少会发现，有任何使用智能通信技术的商业企业曾使用任何加密技术。我们更没有发现与移动通信设备、技术及其所含信息的安全与防护相关的书面政策和规程。
>
> （信息技术部分，第 2 段）

表 3.1　住宿地某些共同和特有的问题

	酒店	汽车旅馆	住宿加早餐
所用钥匙的基本类型	标准或电子型	标准或电子型	标准或电子型
客房安保	从好到差不等	从好到差不等	倾向于差
住宿地举办会展	概率高	概率低	无
职员对客人的了解	通常不了解	通常不了解	了解
区位是否为人所知	是	是	通常不是
经营场所是否有安保职员	大型酒店有	很少有	从未有
职员接受安保培训	经常	很少	几乎从不
停车是否安全	经常	经常	几乎从不
住宿地是否有大量人员	是	是	否
进入客房是否安全	经常	有时	很少
是否有大堂	有	常有	在非睡眠时间，客厅用作大堂

资料来源：（Tarlow，2007，第 456 页）。

21 世纪的另一个问题是现在我们已经逐渐习惯于恐怖主义。简单来说，在恐怖分子可能完全比旅游业更有耐心等待时机时，要保持勤勉的状态确实很难。今天的第三个主要威胁是这一产业称之为“盗号器”的东西。盗号器是一种在消费者使用其信用卡付款时，用以“捕获”信用卡账户信息的工具。作为身份信息盗窃的一种形式，盗号器问题是任何出行者的主要威胁。马约克（2012）援引美国酒店和住宿协会（American Hotel and Lodging Association）安保顾问查德·卡拉汉（Chad Callaghan）的说法：“盗号器”通常需要一个“内应”或工作人员，在处理付款前由其通过机器盗刷信用卡。这些人通常不是冷酷无情的犯罪分子，他们仅仅是“机会主义者”（盗号器部分，第 3 段）。

最后一个 21 世纪安保问题是债务和保险诈骗。尽管这两个问题不会直接影响消费者，但是它们大大提升了商业成本，因此间接影响了住宿价格。罗曼指出，这些问题从由于轻度受伤而进行的小额索赔到重大的犯罪行为，范围不等。比如，一个跟踪骚扰者曾通过猫眼拍摄时任 ESPN 记者的埃琳·安德鲁斯（Erin Andrews）在客房换装而触犯其隐私，由此引发了一件重要的案件诉讼。马约克（2012）还引用卡拉汉的话说：“无论有没有意义，这些案子耗资昂贵，因为必须要进行辩护”（债务和保险诈骗部分，第 6 段）。

应该说明的是，老问题还没有消失。尽管不列问题不属于住宿业特有的问题，但它们仍旧存在：

- 贩卖儿童 / 保护儿童
- 发生抗生素耐药性流行病的潜在危险
- 使用真枪或真刀的疯狂凶手
- 由于自然原因或自杀导致的死亡和 / 或濒于死亡
- 人质事件
- 绑架和人质事件
- 客房内酗酒或吸毒
- 住宿地餐馆中的食物中毒

- 高分贝噪声影响其他客人（比如，在走廊上疾跑、孩子在床上蹦跳）
- 非法用药
- 非法聚众（黑手党、恐怖分子等）
- 非法性活动和性虐狂问题
- 非法使用可能导致火灾或其他危险的设备
- 在床上吸烟等缺乏安全意识的问题
- 喧嚣的聚会
- 犯罪分子入侵客房
- 性侵

住宿地内部或外部的工作人员偷窃客人财物是一直在发生的问题，安保官员必须在日常工作中解决这一问题。由此，上文所说的典型问题，即使是在新问题不断产生时也会持续存在。

住宿安保的一个困难是有无数住宿形式，每一种形式都需要各自的安保形式。表 3.2 给出了住宿的某些类型及各自难题的概述。

无论住宿企业的类型是什么，仍然有某些一贯原则，其中一些应该与不应该做的基本注意事项是：

- 永远不要忘记住宿地是当地环境的一部分。永远不要将景点或住宿内部的安保与其位置所在的环境分离开来。酒店老板、管理者和宾馆所有者需要清楚地意识到在其企业所处地区存在的犯罪问题。比如，如果一家酒店位于吸引无家可归者的地区，那么这一事实必须纳入整体安保计划中进行考虑。在此关键的一点是，不要认为出了住宿地点的大门就不再需要安保。
- 客户服务水平较低的住宿地常常是最不安全的停留地点。旅游接待单位提供很差的客户服务向客人传递的信息可能是，他们不在乎客人的安全与健康。形成鲜明对比的是，如果职员将关照客人及安全视为第一要务，那么这样的住宿地会更加安全。创造一种关爱的环境是走向完善的客户安全及安保程序的第一步。

表 3.2　公共住宿类型和部分安保难题

住宿类型	正面因素	负面因素
带有内部入口的酒店	交通由前台控制， 高楼层一般只能通过电梯到达 在酒店内部一般会有全面的服务	依赖于工作人员 疏散可能会很困难
带有外部入口的汽车旅馆	便于进入 便于疏散 停车区靠近酒店客房	客房对入侵毫无防范 前台几乎没有掌控力 人员可在无人察觉的情况下进出汽车旅馆
住宿加早餐	有家的感觉 保洁人员经常是酒店主人	经常前门大开 个人客房经常缺乏坚固锁具
露天（露营地）	非常不正式 在社交情景中常常具有社会凝聚力	没有真正的保护措施来防范他人和动物 易受天气影响

- 在非家庭运营的住宿地，管理层应知晓谁在此工作，这一点很重要。管理人员应该进行背景审查。重要的是要记住，许多负责住宿的工作人员有自由进入客人房间的机会，而且他们经常知道客人什么时间不在。在大型酒店中，安保人员经常会抱怨，对于谁有权进入客房，以及工作人员是否有犯罪前科，他们都一无所知。可采取简单的预防措施，比如，要求定期检查员工滥用药物的情况。每位职员的身份照片，安保人员也应该有一份，并且他们应该知道每位职员都有哪些钥匙。
- 理解许多客人既不会阅读提供给他们的安全材料，也不会记住材料上有关紧急情况的说明。在制定酒店 / 汽车旅馆安保项目时，一般应本着管理层不能依赖于客人会自己想办法的假设进行，尤其是在危机时刻。
- 要确保职员在旅游安全保护方面训练有素，并且他们定期得到最新安保信息。如果你的客人操着多门语言，那么要知道在危机时刻应该找谁。安保经常无法实施的一个原因是职员不能与他们服务的客人进行交流。无论何时，要尽最大可能确保酒店职员在安保知识方面获得独立机构颁发的资格证书。
- 要记住应首先保护客人和职员，然后保护财产。保护客人和财产是住宿专业人员的责任。在恐怖主义有所抬头的时代，我们必须不仅要保护我们地方，而且还要将粗心的旅行者考虑在内。这些人不是恐怖分子，但是他们可能会让住宿地付出巨大代价。比如，度假者可能完全忘记要爱护家具、电器和设备。酒店安保必须将保洁人员和酒店工程师的需求考虑在内，努力确保场地环境既有吸引力又尽可能安全。

- 在国际旅行者常光临的区位，要确保安保人员在客人的风俗习惯和酒店的文化习惯方面训练有素。比如有些文化倾向于更信任他人，而另外一些文化对于什么是女性客人可以接受的或不可以接受的，则具有完全不同的模式。至关重要的一点是，管理方应该形成既能满足当地环境要求，也能适合酒店客人文化需求的安保模式。
- 发展酒店安保人员和当地执法机构之间的关系。当地警察部门不应该在事件发生之后，才不得不了解酒店中的物品都在什么位置，定期进行全面检查与会面可以节省时间，也能挽救生命，将可能发生的重大事件化为小事件。
- 企业应根据自身经济实力购买最好的用于保护客人的设备。尽管并不是所有单位都需要金属探测器，但是仍然可以做许多不明显的改善工作。其中包括合适的窗户，安全出口警报，升级的门禁系统，以及严格控制分配钥匙的人员。重新评估钥匙归还制度，确保安全监控摄像头创造“安全区域”。在这些区域，客人可以在他们乘电梯感觉不适时使用，并且定期对设备进行检查，确定是否有必要进行更改。在恐怖主义有所抬头的时代，酒店需要保护垃圾处理区，并确保所有停车点照明良好。
- 与专业人员合作，确定需要升级什么设施。小型企业经常主观认为它们无力承受专家咨询费。然而，许多执法机构非常愿意提供免费现场视察，并协助制订安保计划。比如，定期检查酒店的通风系统，并确保所有消防出口没有垃圾障碍。酒店老板和住宿供应商需要了解在紧急情况下，客人是否可以从住宿地的楼顶疏散。工作人员需要有后备计划，以防停电；计划中需要包括停电时也可起作用的疏散方法。这就意味着客人可能不得不在没有电的情况下进行疏散，并在没有扩音系统的情况下得到通知。另外，在国际旅游领域中，酒店需要有与操外语的客人进行交流的计划，因为以一种无法理解的语言发出指令是没有用的。

- 安保与安全还包括饮食方面。无论何时供应食品和饮品，安全是永远都不能忽略的问题。食品安全远不止冷藏蛋黄酱那么简单。食品安全意味着确保食品备料区是安全的，并且在安保部门与备餐服务之间有非常紧密的工作关系。这也意味着需要有一种政策，规定生病的雇员不能为他人准备食物。当今世界上的食品安全还意味着需要对所有处理食物的职员进行背景审查，并且这些职员在酒店安保相关方面得到了培训。

九、安保官员的角色

由于上文所说的许多原因，很多大型酒店都有全职安保官员或职员。安保官员有时称为风险管理专家，以此避免使用安保官员的名称。他们的任务通常是全面负责客人安全。现实中，所有雇员都应该分担这一职责，但是安保官员被认为是安保与安全专家，同时也是主要的执行人。酒店安保部门也负责酒店这一不动产，其物品及雇员的安全。酒店安保人员没有具体的风格。所采用的安保类型及所选的设备取决于几个因素，其中包括酒店的预算限制、地理位置、光顾的客人类型，以及所处的区位地点。比如，娱乐场所倾向于使用大量闭路摄像头，而海滨度假区可能更多地依赖于救生员等工作人员。酒店安保工作人员是第一响应者，因此他们必须在火灾预防、紧急救助，以及医疗紧急情况等各个方面训练有素。

住宿安保官员一般分为两大类。第一类称为专业化长期官员。这些人是住宿安保方面真正的专家，而且他们可能是酒店高级职员中的一员。他们的工作不是体力性的而是脑力性的，他们负责决策需要什么设备，应该实施什么政策。第二类可以称为一线安保工作人员。在安保领域工作的人员，必须要应对各种各样的任务。比如，客人经常与之进行交流互动的是一线安保专业人员。他们的工作通常有巡视酒店和汽车旅馆的场地、检查楼梯间，以及确保门禁处于正常状态等任务。一些安保专业人员是酒店安保部门和管理层的耳目。虽然在大多数情况下，确定购买哪些设备不是一线安保专业人员的任务，但监视闭路摄像头及使用警报系统等其他形式的安保设备是他们的职责。

在很多情况中，一线安保专业人员必须要给大家提供一种安全感；另外，他们应该在有投诉时接待客人，如另外一间客房噪声很大，或是处于紧急状态时。举个例子，如果某一类客人在过长的时间内没有离开其客房，就应该由一线安保专业人员进入客房，确定客人是否安好无恙，或者是否发生了医疗或身体方面的问题。一线安保专业人员的第三个任务是提供护卫。在客人喝醉并且无法安全找到回房间的路时，或在客人感觉不舒服的时候是需要护卫的。比如，给单身女性旅行者的一条建议是，在深夜到达且必须使用外部入口时，应找人护送到房间。

酒店安保官员工作的另一方面是其预防负面事件的心理能力。成功的安保主管应该熟悉当地法律体系。拥有一个能够支持安保主管的专家团队是一个不错的主意。在这些专家当中，安保主管会需要律师及资产管理领域的专家在其团队中。在现代世界中，没有人能跟上所有的变化，基于这一原因，安保专家需要仰赖专家团队给予专业的、最新的建议。

因为所有住宿地都拥有与旅游业相同的愿望，即避免意外事件，安保官员的首要任务也许就是防止意外事件发生。基于这一原因，安保官员需要成为非常好的倾听者，他们应该知道如何让顾客息怒，不论其愤怒是针对酒店职员，还是针对在酒店住宿的另一客人。

并不是所有住宿地都请得起全职安保和风险管理人员。因此，财力并不雄厚的小单位，可能会选择雇用不当值警官、退休警官，或其他安保专业人员。虽然这些警官接受过培训，知道如何回应无序行为或盗窃问题等具体投诉，但他们不是酒店安保专家。这些人当中，许多具有不同的企业或公众文化背景，因此他们应该在口头辩护及客户服务方面接受再培训。提醒不当值警官及退休人员，虽然这可能是他们的第二职业，但是从客户的角度来看，客户的安全应该是这些警官的首要工作，这一点非常重要。因此，在寻找合适的安保人员时，最好雇用那些善于倾听的人和能够认同公司文化的人员。预防和积极政策相比被动政策，在旅游领域中总是更明智。雇用的人员技能尽可能多，而不仅仅只是强调这一工作的安保方面。重要的是，雇用的人员不应将其工作看作进入警察工作领域的跳板。在雇用安保专业人员时，确保向其解释警务与安保管理者之间的诸多不同。将酒店安保仅仅看作进入警察工作的跳板的人，未来不会将这一工作做得很好。

第三个选择是不当值或退休警察与少数全职职员搭配工作。前者可以应对在编人员的保护及预防非授权出入口等问题，后者可以解决政策和心理问题。记住，不当值警官有其优势，他或她有逮捕的权力，在涉及紧急法律事件的情况中，不需要等到警察到达就可执法。

安保官员经常抱怨他们被认为是“必不可少的罪恶”。酒店管理人员有时认为安保官员对于维持底线毫无作用；他们只是必须承担的额外支出而已。在安保方面，有时酒店总经理也不听从警告或犯下错误。正如住宿安保领域有其常项一样，在此领域中也有其共通的疏漏。其中的几项普遍错误是：

1. 对于要削减多少安保人员考虑欠妥。这是一个基于安保经常被视为累赘的事实而产生的普遍错误。管理人员经常拿他们的声名及生意冒险，希望什么事也不会发生。根据统计理论，这被称为四类错误。简单地说，事件也许极不可能发生，但是一旦确实发生，后果将会非常严重。
2. 未能足够认真关注风险管理计划或根本没有计划。风险管理的这一问题是，如果不发生任何事情，管理层可能会说不需要这一计划。然而如果有事情发生，那么回答是风险管理计划未能阻止事件的发生。这种目的论思维只能导致法律诉讼或更糟的情况。
3. 在停车场等地方未能提供足够的照明。照明不足可能招致犯罪，并且这是花小钱免悲剧、防微杜渐的极佳案例。
4. 缺乏雇用后的在岗培训。安保是活力十足和不断变化的世界的一部分。所有专业人员都需要重新审视其技术和知识储备库，学习如何应对不断变化的威胁与问题。
5. 忽视保护数据和预防网络攻击的需要，并且没有备用的数据场地。网络问题是不断发展的。网络攻击的目的或者是盗窃或者是纯粹的干扰。无论是出于什么原因，大多数商业企业都易于受到网络攻击，所以有必要定期备份数据和异地保存备份数据。
6. 健身中心无人看管，无人监控。虽然大多数住宿地都有标示语，写明“使用风险，个人承担”，但这些标示语并不能提供足够的法律保护，使得酒店极易受负面宣传的影响。为健身中心配备员工超出了合理的期望值，但是在紧急情况时，应该有与前台进行沟通的手段。

7. 没有对所有职员进行适当的背景审查。酒店和 / 或汽车旅馆管理层经常雇用工作人员，但对雇员的背景知之甚少或根本不了解。由于职员拥有他人房间的钥匙，并经常独自留在客房，对于管理层来说，非常重要的事是要了解谁得到了进入客房的许可。
8. 未能进行设备实时测试，以检测所有安保设备的状态。世界上最好的安保设备，如果无法正常运行，也不会有任何益处。设备可能由于下列问题而发生故障：老化、天气或机械故障。即使是最好的设备，也必须定期检查。（Barber，2004）

十、住宿安保细节处理

所有住宿地的存在都是基于一个原因。住宿地是企业，如果不能赚钱，没有任何企业能够生存。收入必须大于支出，否则企业就会倒闭。由此，个人安全、财物安全与经济安全之间一直存在相互联系。

虽然经济安全对住宿产业的威胁不是有形的，但这一威胁同样危险，甚至是更加危险。一旦人们开始避开某一具体地区，商业企业的生存就会出现问题。这一难题在经济不稳定时期，对于依赖可支配收入的商业企业来说，尤其是这样。

住宿地对安保应保持现实态度，不能让客户恐慌，也不能给他们一种安全的错觉。在制订安保计划时，退后停一会儿，考虑一下本企业的挑战所在。让某一具体企业战胜这些挑战的可能解决方案是什么？记住，解决重大问题最好的方法就是将问题分解为更小的且更容易把控的问题。许多住宿管理者面临着时间框架的问题。酒店和汽车旅馆主及客户希望立即得到结果，然而这些结果一般不可能马上得到。

无论住宿管理层喜欢与否，媒体是必须考虑的因素之一。应该认识到，媒体在企业的经济安全中扮演着非常重要的角色。在大多数情况中，媒体会趋向于遵循“流血就能上头条”（If it bleeds，it leads.）的原则。这一态度意味着安保工作人员必须认识到，安保灾难事件可以成为对住宿企业经济安全与活力产生毁灭性影响的新闻事件。因此，安保人员不仅仅要学会如何将事实与“分析性杜撰（analytical fictions）”分离开来，而且还要了解媒体如何运作，以此发展良好的媒体关系。安保人员不能忘记，新闻媒体是受 24 小时不间断提供新闻报道，并吸引观众眼球的需求所牵累的。

安保工作人员和专业人员应该考虑的其他因素是，旅行和旅游是综合性产业的组成部分，酒店是大型产业中的一部分。这一事实意味着，旅行和旅游产业触及旅游商业生活的每一个方面。在某一住宿地发生的事情，会震撼着整个旅游产业。比如，如果一个社区餐馆亏损，那么亏损就会波及在城镇停留的人数，这可能会损害到当地的酒店。如果酒店没有入住率，住宿税收不仅会降低，而且这一降低还会影响各种商业业主。旅游和旅行应有命运相连的意识。企业集聚共谋发展，将会成为非常重要的趋势。

因为住宿地是另一个大型实体的一部分，即，住宿地所在的社区，以及该社区的旅游产业，所以住宿安保专业人员必须与同事参与当地社区团队，成为社会团队的组成部分。在住宿地之间开展良好的沟通很重要。传真或电子邮件或短信可以用于向其他企业发出问题警告。与当地警察部门建立联系也是很重要的。对于警察、消防和急救部门来说，最糟糕的事情是在危机时刻还要不得不先了解各种物件位于建筑物何处。要确保第一响应者知晓楼层分布图，电闸位于何处，如何找到其他重要的工具。对于总经理及安保人员来说，与当地政治和金融专家保持联系，也是一个很好的方法。这些专家如果理解专业人员行为背后的原因，会对安保专业人员的工作给予最大的支持。

培养自己跳出框架思维的能力。不要等危机降临才努力寻找以更少的付出做更多事情的方法。思考将产品研发与市场营销结合起来的方法。确保安保人员提供旅游基本信息，比如，如何找到当地旅游景点，最好绕开哪些街道，以及什么时间远离这些街道等信息。

记住大多数酒店不是孤立的岛屿。美化项目可以为住宿产品增值，这样的项目可以提供让人愉悦的环境，降低犯罪倾向。在旅游和住宿管理领域中，每个人都必须学习合作。这意味着所有酒店雇员都需要成为团队的一部分，从警察到保洁工作人员的每一个社区成员都需要将安保视为他们的职责。

智者千虑，必有一失。用一句古老格言来解释，“好心未必有好报（通向地狱的路经常是用好意铺就的）”。倾听最好的建议，但即使是最佳建议也可能犯下错误。安保不是精确的科学，没有人总是正确的。倾听专家的意见，但是永远不要忘记，最终决策要由你做出。如果你的直觉告诉自己，事情哪里有点不对劲，那么干脆不要往前推进。因此，一旦你已经做过研究调查，要倾听自己内心的声音，这可能会给你最好的意见。

十一、住宿安保规划

让我们假设你现在是在一家重要的国际酒店，作为安保专业人员开始了新的工作。正像在任何其他住宿安保职位上一样，你所在的酒店既有其自身的特点，也有与其他安保职位共通的地方。你在工作台前坐定，看着墙面问自己，“现在干吗？”你要问自己的重要问题是什么？

也许你一开始应该问自己四个重要的问题：

1. 我们酒店的薄弱点在哪里？

2. 酒店设施中，最大的安全漏洞是什么？

3. 你认为酒店中最安全的是哪些区域？

4. 最不安全的是哪些区域？

作为一名专业人员，你应该意识到，百分之百的安全从来都无法实现。即使有可能，你也从来不会有必要的资源，确保全面彻底的安保。相反，住宿安保像其他安保形式一样，是一种风险管理“游戏”。我们根据掌握的知识来猜测我们最大的脆弱点在哪，然后按照优先顺序处理这些问题。

安保不仅是一门具有“艺术性”的科学，也有其政治性的一面。因此，在工作的第一天，你的第二个任务就是要认识到没有政治支持，你的工作永远都不可能成功。基于这一原因，你可以问自己一些决定谁是你的同盟，谁希望你不在这儿之类的政治问题。是你的总经理支持你，还是公司总部违背酒店意愿派你来的？酒店职员中谁会反对你，并且你的对手会有多大的影响力？

虽然这些问题乍看与你的安保工作无关，但是现实告诉你，没有任何专业人员是在真空中进行工作的。引用一句古话，“政治与一切可能的领域相关”。因此为了取得成功，你需要同事的支持。如果没有他们的支持，那么在做任何其他事情之前，也应努力获得他们的支持和理解。在旅游安保的各种形式中，心理与物质方面同样重要。

为了得到同事的支持，要确保他们理解你在做什么，以及你是谁。这种支持可以通过简单的行动得到。比如，你可以用一些时间展示你的学位和专业证书，之后，假设你有了一支专业安保队伍，那么就应评估这支队伍。你有多少团队成员？他们是全职还是兼职？他们有什么问题？良好的安保从认真倾听与观察开始。安保专业人员需要倾听同事的说法，并观察他们的问题。

作为安保主管，你必须要尽可能多地认识酒店的职员，这一点很重要。对这些职员进行过什么背景审查？在他们的个人历史中，有哪些你需要清楚的事件？为了更好地理解与你共事的人员，需要认真考虑以下几点：

- 对所有雇员定期进行是否滥用药物的检查，这已经成为公司文化的一部分了吗？
- 在职员当中，谁上过安保意识培训课程？
- 如何定期提醒雇员酒店的安全与安保措施？
- 是否要求酒店员工展示已熟知安保与安全规程手册？
- 所有酒店员工接受危机应急反应的培训了吗？
- 包括清洁人员在内的所有酒店员工，有机会与当地执法部门互动吗？
- 你的同事能将危机状况处理得怎么样，尤其是如果你不在酒店时？

你的同事有没有任何有用的才能？你有没有会说不止一种语言的同事？你必须要面对什么负面情况？比如，酒店雇用的人员中，有没有谁带着仇恨来工作，或把家里的问题带到工作中来？每个工作单位都至少会有少数几名有特殊难题的员工。开始创建安全酒店环境的最佳方法是知道这些难题是什么。

了解酒店职员对安保问题的认识程度也非常重要。你知道每一位员工为酒店工作的时间量是多少吗？确定职员是否接受过酒店安保政策的培训和测试。怎样识别工作人员？除了制服之外，他们有特别的通行证件吗？工作人员有机会去酒店的每一个区域，还是有什么限制？每一位工作人员都有万能钥匙吗？如果是这样的话，为什么？如果不是，为什么有些人会有万能钥匙而其他人没有？对于酒店职员的解雇与离职有什么政策和程序？有没有职员曾被指控盗窃酒店客人，有污点但仍然在为酒店工作？有没有被解雇工作人员的名单？对于为什么这些人被解雇，有没有书面记录？

同样，必须要清楚你拥有什么设备，以及什么设备你需要订购。应该强调的一点是并非每一家酒店都需要所有设备。记住，最好的设备只有当操作设备的人能够胜任时才是最好。记住这一条，完善的安保确实需要优质的设备，因为这些设备可以为你的安保工作人员提供合适的工具，也说明管理层将这些人员视为非常重要的专业人员。在评估你需要什么设备前，首先评估你有什么设备。你是否有：

- 金属探测器？
- X-光扫描仪？
- 俯瞰敏感区域的防弹或上锁的窗户？
- 有警报装置的安全出口？
- 符合你要求的门禁系统？
- 门禁控制系统？
- 没有故障的监控摄像头？

你也应知道：

- 摄像头是实时监控，还是记录事件以备后查？
- 酒店有多大面积受摄像头监控？
- “盲区”在哪里？
- 电梯里是否有摄像头？

酒店的具体安保工作是多方面的，需要处理各种各样的额外问题。比如，何时使用闭路监控摄像头是合适和不合适的？应该使用外部和内部入侵传感器吗？对于警报系统管理、入门监控，以及高级酒店中要员的保护，你会选择采用什么形式进行？你的决定是基于什么？在酒店，即使是简单的安保问题也可能有严重的后果。比如，大多数安保专家认为，照明越多越好，但是照明的数量需要与其他问题进行平衡，比如，酒店希望创造的周围环境的类型，或者甚至是哪一种照明会凸显个人外表的缺陷。

作为安保评估的一部分，你应该知道经营场所有什么，你的挑战是什么，哪些问题区域可以推到以后解决。确定你的优先顺序很重要。表 3.3 有助于在场所评估方面做出一些关键决策。用 1 到 10 的数字填进每一个方框，1 表示最不重要的（在其他区域得到整修之前，至少可保留原样），10 表示最重要的（现在就做 / 整改）。然后将这些数字相加，得出优先计算结果。记住，尽管下表所列的所有事项都很重要，但从来都不会有足够的时间和资金一次做成所有事情。

表 3.3 优先权计算表

项目 / 场所	生命威胁？	法律要求？	成本收益比？	失败所致的宣传	合计
消防出口					
门卫					
餐馆 / 酒吧清洁度					
安全的通风					
安保使用的屋顶入口					
他人使用的屋顶入口					
屋顶安全区					
直升机紧急进入区					
应急供电					
应急照明系统					
消防系统质量					
扩音通信系统					
多语种通信系统					
停车场照明					
停车场安保					
对抗飓风或龙卷风等恶劣天气的防范措施					
停车场非上班时间的安保					
客房保险箱					
网络安全					
安全的废料箱和垃圾桶					
其他					

十二、与他方合作

在安保领域中没有人可以自行包揽一切事情。我们都需要他人在一般知识和专业工作知识方面给予我们帮助。因此，安保专家应知道团体中的哪些人可以依赖，这一点很重要。问一下自己以下这些问题：

- 我有没有定期更新的本城专业人员名单？这一名单应该包含第一响应者、执法官员、法律专家、医疗人员等。你是否有一份最新紧急联络人名单？
- 他们与你的安保团队多长时间开一次会？
- 人们一般多长时间跳槽一次去寻找其他工作？

重要的一点是，你的安保团队中至少有两人应定期与第一响应者会面。这一做法的原因是它与安保中重要的冗余概念有关。

冗余法（The Rule of Redundancy）：冗余是指我们从来都不能只依赖于一个人或一套体系的观点，因此需要使用后备力量或备用人选或备用系统，以确保在紧急状态下有第二人或第二体系来承担同样的工作。

邀请酒店总经理参加某些会议是一个很好的方法。他或她的参加会确保更好的交流，并对安保团队日常必须面对的挑战有更好的理解。

酒店的安保团队也应该与国外代表、医院管理层，以及当地医疗单位成员有一些接触。

变动性原则：无论是酒店职员还是应急管理层都倾向于具有高流动率（turnover rates）。这就意味着机构间的关系需要不断更新。冗余法则也必须得到遵守。这就是说，由于变动性原则，每一项工作至少需要有两个人了解，并知晓如何操作每一件设备。这一点至关重要。

注意：在所有安保人员计划中，永远也不要忽略冗余法则和变动性原则（见下文）。

十三、酒店周边

酒店经常被视为社会系统。酒店的每一个部分都与其他任何一个部分相互作用，牵一发而动全身。

十四、前台和大堂区域

可能一家酒店没有哪一个部分会像前台一样重要。这是迎送客人的地方，并且是酒店的安保前沿。酒店的前台区域和入住登记处是人员聚集的地方，有时行李会无人照看，人们可能会放松警惕。2002 年 11 月肯尼亚两家酒店的炸弹袭击案件敲响了安全警钟，大堂和前台区域可能成为恐怖主义袭击的目标。酒店的这一部分有几个安保难题，其中：

1. 一线工作人员（前台工作人员）对潜在威胁的了解程度：前台工作人员对潜在问题的警惕程度有多高？
2. 大堂区域的人身安全与安保：客人和酒店职员在暴露于外界的这一区域中有无受到保护？一旦有需要，这些人员请求帮助的容易度有多高？
3. 行李寄储区：这一区域经常接近大堂。行李箱包通常未经检查就为客人寄存，因此工作人员不知道其中装有什么物品。

十五、前台工作人员

大多数前台工作人员都进行过微笑培训。然而，观察过前台同事的每一个人都知道，他们所做的工作不简单。即使在大型酒店，这些雇员的工作量也是很大，远不只是为入住的客人提供房间钥匙。经常是同一人既在操作电话，帮助客人办理入住和退房手续，同时还要解决特殊客人的问题，尤其是那些可能在客房里发生的问题。前台工作人员通常非常忙碌，几乎很少注意到客人的出现。使这一状况更困难的是前台工作人员经常工作很长时间。由此，当班结束时，他们简直已筋疲力尽。因此，这些超负荷工作的人员经常是管理酒店一线保卫工作的人员。

从安保视角来看，必须考虑大量问题，最重要的是考虑当值人员的工作时数，尤其要考虑在入住和退房的高峰时段，前台工作人员人数是否充足。

涉及经营场所的保护时，前台工作人员应接受以下各种培训：

- 在客人登记住处时，索要政府颁发的身份证件。
- 对客人的身份证进行复印备份，并在其入住期间保留复印件。
- 在客人离店时，将客人的身份证明粉碎销毁。
- 坚持让客人使用法定姓名。
- 留意可疑行为，设立及时报告可疑行为的制度。

- 除小额现金外，将多余现金及信用卡放置在公众视线之外的安全地点。
- 留意储存区。行李和储存区域是非常明显的潜在危险点。大多数酒店一直规定客人在中午 12 点左右办理退房手续。与这一规定相关的问题是，许多航班在当天的晚些时候才离开。解决方案是允许客人将行李寄存在酒店。然而，这一政策已经造成了几个新的困难，其中有：
- 酒店可能没有办法知道寄存的行李中有什么物品。
- 负责寄存行李的大多数人无法辨别可疑行李和包裹。酒店需要制定政策，规定行李允许寄存多长时间，以及如何处理寄存超时的行李箱包。

至于对客人的保护，前台工作人员应该完成下列任务：

- 永远不要大声说出客人的房间号。
- 永远不要泄露客人的个人信息。
- 注意，如果房间在偏僻的角落里，不要安排单身女性客人入住该房间。
- 如果没有其他房间选择，派一名酒店职员护送客人到其房间。
- 如果职员人数充足，确保客人由专人护送至其房间。酒店职员应该认真检查所有客房，确保电话和照明处于运行状态，并且客房已进行了适当的服务。
- 留意并关照聋哑人等具有特殊身体需求人群。
- 在发生火灾等紧急状况时，有办法告知并保护有特殊需求的客人。
- 在紧急状况时，为客人提供警察、领事馆、医疗服务等当地信息。
- 在客人办理退房手续时，当场粉碎销毁客人的所有信息。
- 在办理退房手续时，询问客人是否留意任何安保问题或安全隐患。

十六、客房和走廊

大多数人认为待在客房是安全的，然而这一想法并不总是正确。因此，安保人员必须小心审视安全与安保问题。从安全方面来看，浴缸和淋浴可能尤其具有挑战性。如果浴室的瓷砖地板很滑，那么客人在离开浴室时很容易滑倒。有些浴缸太高，爬出来可能是一个难题。另一个需要认真进行安全检查的地方是窗户、阳台和窗台。窗户应该双重上锁，其设置应能防止儿童爬上窗台和跌落。阳台一侧墙应该不仅能防止跌落，而且还必须防止入侵者爬上阳台。从一间阳台跨到另一间阳台常常很容易，这就意味着，不锁阳台门为人提供了自由进入房间的机会。在房间内部，电源插座应设置于客人无须爬到家具下面就能使用的地方，照明开关也要很容易够到。

为确保房间安全，所有的门都应该使用插闩锁和长插销。但是，没有哪种锁是撬不开的，或是比撬锁的人更智能。早在 1999 年美国国家广播公司的“日界线”（Dateline）节目报道过，电子锁也可能会被解码。自从那时起，有一系列的报道显示，根本不存在无法破开的锁。《今日美国》（*USA Today*）2012 年 12 月 14 日一期报道，酒店现在非常重视锁的状况：

> 为履行其“注意义务”，处于这一状况中的酒店应该向客户公布这一事实，并鼓励他们采取其他措施，比如使用房间内的保险箱，使用门上的安全门闩，酒店业律师网（HospitalityLawyer. com）总裁巴斯（Barth）如是说。他还说旅行者应该首先检查安全门闩，确保门闩好用。他说：“在此的问题是，使用奥尼特（Onity）电子门锁系统的酒店清楚地知道这一缺陷，那么，酒店是否有义务提醒其客人？迄今为止，大多数酒店的做法是不告诉客人，但是会鼓励客人确保使用安全条。”
>
> （“酒店修补缺陷”，2012 年，《告知旅行者采取预防措施》部分，第 2—3 段）

酒店安保职员也需要制定有关于走廊的规定。走廊进行监控了吗？如是，监控是主动的还是被动的？允许有人进入电梯吗？一旦在电梯和走廊有不幸事件发生，客人有没有寻求帮助的方法？

十七、食品和酒水

酒店提供各种食品和酒水服务。这些服务从仅仅提供售货机到全面的餐厅服务，不一而足。许多酒店提供各式餐厅，也提供客房服务，其中包括一些全天 24 小时的全菜单服务，同时还有展会的餐饮服务。需要说明的是，备餐的问题不在本章进行讨论。安全与安保专业人员也需要知道备餐区与储藏区是安全的。重要的是，要对食品加工者进行背景审核。对于生病时仍然工作的情况，医学检查和政策也需要到位。比如，生病的备餐人员可能不想丢掉一天的薪水，因此带着传染性病毒前来工作。

同样，宴会工作人员不应该有任何传播性疾病，或任何开放性伤口。安保专业人员需要询问是谁雇用的招待和厨房工作人员，以及兼职工作人员在酒店工作前，是否要求他们完成安全意识培训等问题。

十八、外部公共区域

酒店安保不止涉及酒店室内。许多酒店都有花园、步行小路、游泳池、网球场等室外运动区，以及沙滩。这些区域和酒店室内的任何地方一样，都是酒店的一部分。再一次强调，安保专业人员应该考虑客人和雇员的安全，并对酒店场所进行保护。

警官和安保专家使用过各种方法来既保护酒店内的客人，也保护酒店外面的客人。安保经常被细分成合理使用照明等被动方法和定时巡逻等主动方法。一种称为“通过环境设计预防犯罪”（crime prevention through environment design，CPTED）的非侵入性被动方法有其保护人员的优势且同时美化了环境。CPTED 和其他通过美化实现安保的形式，其背后的理论是环境经常会影响我们，以及我们选择要采取的行动。CPTED 通过使用低矮灌木和花木，创造罪犯不友好型环境，使安保护卫对要保护的区域有非常清晰的视野。CPTED 可归纳四条简单原则，这些原则是：

1. 要创造使犯罪分子明白自己妄动就可能会被发现的环境。合理使用照明即是一个佳例。
2. 通过环境设计控制进出。比如，设置引导大家走向安全区域的步行道，同时增加入侵者通过入口进入的难度。
3. 清楚区分公共和私人区域。这种做有助于清晰划分禁入区与欢迎区，防止越界情况发生。
4. 酒店场所的保养和合理维护。长期以来，犯罪学家一直认为，破败的景象会导致更高水平的犯罪。通过修整草坪、修补破旧窗户、清扫树叶，给人一种此地得到妥善管理的印象由此防止犯罪的发生。（“通过环境设计预防犯罪”，2005 年）

CPTED力图将当地环境融入环境安保的策略中。因此，该方法关注以下问题：

- 是否有自然监测？
- 窗户的安装是否具有策略性？
- 通过窗户是否可到达酒店外部？
- 安保专业人员从其窗户能看到和看不到什么？
- 哪些区域可以为伏击人员提供掩护？

十九、泳池与运动安全

游泳池和其他运动区域是客人的乐趣所在，却是风险管理者的噩梦。比如，无论泳池受到的保护多么周全，客人溺亡的担忧一直都存在。然而，为确保最大程度的安全，酒店安全保障人员可以做的有很多。

大多数地区都有关于泳池的规章制度。在制定任何政策之前都应仔细研究涉及泳池各个方面的法律限制与规章，然后实施这些法规。然而这些法律规章并不总是充分的，因此，安保工作人员应知道这一产业的服务标准。最后，每一个地方都有自己特殊的需求和特殊性。任何两个场所都不会完全相似，安保需要围绕具体场所的特殊需求而构建。

无需赘言，酒店必须制定指导原则。比如，救生员何时当值，泳池何时对公众开放，以及泳池不开放时如何限制使用泳池。大多数酒店都有“无成人看护的儿童谢绝入内”的监护政策，但“儿童”这一术语必须要有清晰界定。在人们赤脚行走的地方，总要禁止使用玻璃容器。急救号码是否张贴在所有人都能容易看到的醒目位置？泳池或沙滩是否有联系电话？

其他必须要考虑的事情还包括氯或其他化学品的用量。要记住有些人对氯过敏。同样，公共厕所和浴室是细菌滋生的场所。这些地方多长时间进行一次清洁？酒店使用什么类型的消毒剂？

最后，永远不要忘记我们生活在一个好打官司的社会。完备的安保意味着保护酒店的客人，以及保护酒店免于法律诉讼是我们的责任。重要的是，既要有书面政策，也要有明晰的方法来确保一些状况的安全，如驾驶安全、网球场中暑、针对个人财物的索赔而投保的保险。定期检查设备并确保设备瑕疵不会导致客人受伤或更糟糕的事情发生。熟悉行业谨慎标准并遵守这些标准，是安保人员的责任。

二十、酒店的其他区域

包裹收发处经常是酒店受到忽视的一个地方。这些区域可能是从装运码头到收发室的任何地点。收发区域是酒店物资一路所经过的区域，其中的一些材料可能是食材或是特别的花木等。无论接收区域在何处，均要确保这一地方是安全的。因此，需要随机检查运送货品的交通工具。司机或运输人员应被认定是为这一公司工作，并且酒店的职员应该检查所有进出包裹。安保职员应该有可疑包裹如何处理的政策。如果有酒店人员在运输和收货部门工作，那么这些人员应该在识别与处理可疑包裹方面接受培训。

二十一、外包

许多酒店都有外包的需求。外包服务可能包括雇用专业的承包人，比如电工或管道工，或是专业的干洗服务。重要的一点是要了解这些人员，尤其是他们是否在酒店内部开展工作。有时，这些“外来雇员”要处理敏感设备，他们可能有机会接触计算机存储的资料，或者他们可能是代客泊车的服务员。在任何情况下，重要的事情是酒店安保职员要知道他们是谁，进行服务的人员是否是他或她所说的那个人。同样，不仅要知道这些人员的工作情况，而且更要了解他们有机会进入酒店的什么部分。这一点很重要。比如，代客泊车服务员接受的是什么类型的培训？他们在客人取车时会检查身份吗？如遇可疑人员或包裹，代客泊车服务员知道怎么办吗？在停车场服务员提供停车服务时，是否鼓励其检查车尾后备厢？

至关重要的一点是，安保团队需制定并执行应对每一辅助服务员的政策，这些政策可能涉及酒店餐厅或会议中心的存衣处负责人员，以及酒店失物招领处的管理人员等。对于所有情况，酒店安保职员必须是已经制定了一整套书面指导原则。在这些指导原则框架下培训人员，并进行检查，以确保这些指导原则付诸实施。

二十二、保护酒店职员

酒店不仅应该保护客人免受不诚实雇员或其他施害人员的侵害，而且也要保护雇员免受不诚实客人的侵害。

酒店雇员可能会面临一系列挑战。这些安全与安保挑战可能从仅仅成为谩骂的目标，到遭受身体或性侵害等各种问题。雇员需要受到保护，免受身体上的侵害，以及一系列潜在传染性疾病的伤害，其中包括普通的流行性感冒、重症疾病，或是潜在的流行病。酒店职员也必须与其同事一同工作，因此，工作场所暴力一直都有存在的可能，尤其是像酒店里客户服务等高压力职位更是如此。有时酒店客人可能会非常强势苛刻，因此酒店工作人员在应付难缠人员时，必须要依赖于同事。另外，在酒店从事入门级工作的人员可能初到美国，因此，他们的英语掌握得较差。重要的是，安保人员应为其雇员设置培训课程及政策。比如，客房女服务员绝不应该让任何人进入其正在打扫的客房。允许客房女服务员一次打扫四间客房并让房门开着的做法对雇员或酒店客人来说都是不安全的。

以下是客房女服务员面临的其中几个身体健康问题：

- 细菌感染的客房；
- 血迹留在床单或房间其他地方的可能性；
- 被割伤的可能性；
- 施虐、实施攻击或骚扰的客人。

基于这一原因，所有雇员都应在识别雇员或客人身上的暴力特质方面接受培训。下列清单提供了雇员应该清楚了解的某些基本特质：

- 针对同事或雇员进行的威胁或恫吓行为；
- 不合时宜地炫耀武器；
- 表现出偏执狂的行为（全世界都跟我作对）；
- 自以为义（“我是好人，你们都不是”）；
- 得理不饶人；
- 不善于与他人进行沟通互动；有抑郁和 / 或自我封闭的倾向；
- 业绩毫无缘由地急剧下降；
- 心怀怨恨恶意，尤其是针对那些批评过某人工作的人员；

- 过分投入工作，但工作表现与此不相称；
- 与同事不可取的浪漫妄想；
- 因家庭、财务或个人问题而产生的极度绝望表现；
- 有个人暴力史；
- 不断谈论职场暴力；
- 表现出对使用非狩猎武器，即自动或半自动武器的极端兴趣；
- 无视同事的安全；
- 过分积极 / 迟钝或健忘（同时具有上述某种特质）。

二十三、假设雇员或客人施暴

下文是执法 / 安保部门可能想要对游客产业的工作人员强调的一些观点。

- 尽可能迅速地将施暴者进行隔离。
- 许多负责游客的官员，即使是在“行动”发生时，也不愿意让人知道有执法人员在场。做好本职工作，但对他人的需求保持敏感。
- 每一种状况都是与众不同的，应三思而后行。
- 保持冷静，采取果断行动，保护其他雇员和客人。
- 教会负责游客的雇员如何拉响警报和警示同事。
- 要强调生命第一，财产或金钱第二。财物失去后可以重新获得，但生命只有一次！
- 非安保人员不应该试图解除别人武装。
- 建议为受害者提供心理咨询。
- 询问在暴力事件后的恢复阶段，安保专业部门可以给予哪些帮助。

参考书目

Barber, D. S., Esq. (2004, July). 10 safety mistakes hotel managers make and how to avoid them. Retrieved from http ://www. slideshare. net/palpoelsayed/10-safety-mistakes-hotel-managers-make.

Crime prevention through environmental design. (2005). *CPTED Security*. Retrieved from http:// cptedsecurity. com/cpted_design_guidelines. htm.

Hotels fixing flaw that made room locks vulnerable to hackers. (2012, December 14). *USA today*. Retrieved from http ://www. usatoday. com/story/hotelcheck-in/2012/12/14/hotels-fixing-flaw-that-made-room-locks-vulnerable-to-hackers/1769081/.

Mayock, P. (2012, January 4). 5 pressing hotel security concerns for 2012. *Hotel News Now*. Retrieved from http //www. hotelnewsnow. com/Article/7229/5-pressing-hotel-security-concens-for- 2012.

Tarlow, P. (2007). In J. Fay (Ed.), *Encyclopedia of security Management* (2nd ed.). Boston, MA: Elsevier B. V.

Your hotel room may not be as secure as you think. (2012, December 13). *ITS Tactical*. Retrieved from http://www. itstactical. com/digicom/security/your-hotel-room-may-not-be-as-secure-as-you-think/.

第 4 章　风险与危机管理

一、导语

每年四月的第三个星期一，马萨诸塞州波士顿市会举行传统的马拉松比赛。2013 年 4 月 15 日本来应当是波士顿又一个平常的星期一。这一天破晓时分都没有任何坏征兆，但是在马拉松比赛临近结束的时候，竞赛日突然变成了悲剧日。这次恐怖袭击导致三人失去生命，将近二百人受伤，其中一些人甚至失掉了四肢。袭击中有两枚炸弹被引爆，据称这是两兄弟的作为。那天的事件使得波士顿几乎全城关闭，数十万人的生活受到了影响。波士顿城和马萨诸塞州，在销售和税收方面损失了数百万美元。

2013 年的波士顿马拉松悲剧是旅游风险管理方面的一次重大教训。这一事件让我们知道了风险管理的重要性及其局限。这一悲剧也提醒我们在风险成为现实情况时有应急预案来处理状况的结果，且风险管理计划必须成为危机管理计划。

当然波士顿并不是唯一举办重要体育赛事的城市，而且体育旅游和节事旅游是大生意。比如，巴西里约热内卢市将很快举办一些世界顶尖赛事，最有名的是 2014 年的国际足联世界杯和 2016 年的奥运会。这些赛事将吸引来自世界各地的成千上万人，而数百万人会在家中观看这些赛事。这些赛事过程中在里约所发生的事情会在全球进行转播。然而，风险不仅仅指的是旅游节事。一切旅游元素，从交通到酒店安全，再到酒精饮料的消费，都带有风险要素。

本章讨论的是旅游安全与安保范围内的两大主要话题，即风险管理和危机管理。另外，本章还有一部分特别内容讨论风险 / 危机的各个阶段，及其与恐怖主义和旅游的相关性。

二、风险管理

有关“风险管理”这一术语，一个值得注意的问题是，这一术语缺乏共有定义。这一共性缺乏的一个原因是，“风险”这一术语在不同领域有不同的意义。比如，如果我们仅仅考虑金融领域的风险概念，那么我们很快就会发现，它包括各种不同的子域。诺兹瑞普格鲁曼集团（Northrup Grumann Group）列出了下面的金融风险形式：

- 市场风险：你的投资价值由于市场出现状况将会降低的风险。这类风险主要是与股票联系在一起。你认购的可能是一家未来很有希望的公司或是很成功的公司的股票，结果，由于总体上不断下跌的股票市场，使得这一公司的市值降低。
- 利率风险：由市场利率总体水平的变化造成的风险。这一类风险在债券市场非常明显，因为债券是以具体利率发行的。总的来说，利率的提高会造成现有债券市场价格的降低，而利率的降低趋向于造成债券价格的提高。比如，假设你今天购买了 30 年期的债券，年收益 6%。如果利率提高，新的 30 年期债券可能会以年收益 8% 发行。你的债券价格会降低，因为投资者不愿意为一种收益比当前利率低的债券支付全价。
- 通胀和购买力风险：投资收益的增长速度不会超过通胀发展速度的风险。这类风险大多与现金 / 稳定价值投资紧密相连，因此虽然你可能会认为传统的银行储蓄账户相对没有风险，但是如果该账户利率没有超过当前通胀率，你实际上可能会失去购买力。
- 商业风险：投资招募方可能会陷入财务困境，不能达到市场预期的风险。比如，一家公司的利润可能会由于法律诉讼、管理层的变化或某些其他事件而受损。
- 信用危机：对于债券而言，这是招募方可能因未履行定期支付利息和 / 或偿还本金而引起的风险。对于股票而言，这种风险指公司可能由于财务困难而减少或取消分红。

在进行国际投资的时候，你也可能面对其他额外风险：

- 汇率风险：指收益可能会由于汇率变化而受到负面影响的风险。
- 国别或政治风险：这一风险的发生是与国家政治环境及其经济稳定的不确定性相联系的。这种风险在新兴市场尤其值得重视。（“风险的不同形式是什么？”，2013 年）

在金融领域中，上述每种风险领域都有其具体意义。在大多数领域中，我们都可以这么说。这种意义的多样性在旅游和重大节事管理领域中，也同样存在。

三、旅游风险分析有难度的原因

旅游是一种综合性产业，因此旅游和重大节事可能会面临各种风险，然而却没有一种标准来确定总体风险。相反，旅游是由有一系列子事件或潜在可能性构成，并且每一种都有各自的一套风险。比如，旅游企业必须要面对天气相关的风险与其他半相关风险之间的相互作用。因此，一项室外重大节事可能必须要应对过度炎热的风险，从而造成中暑虚脱的额外医疗风险。以下简要列出了不同旅游产业分支面临的主要风险和次要风险：

- 犯罪
- 火灾
- 对卫生的担忧
- 恐怖主义
- 旅行的两难境况
- 天气

在这些主要风险中，每一类都有许多子风险，每种子风险都可能与另外一种互相作用。在这一视角中，描述风险的纯粹数学公式或量化细分必须与定性分析相平衡。即使是在我们将风险的定性和定量分析结合起来的时候，仍然缺乏清晰的界限划定。例如，生化物质在军事方面的使用或其他恐怖主义形式意味着，医疗卫生问题和安保问题之间会有很强的跨界交叉可能性，从而造成这两种风险形式的互相作用。

在每一种情况中，旅游专业人员必须清楚意识到风险的潜在可能性一直普遍存在。巴西学者盖·桑塔纳（Gui Santana）曾经指出，旅游产业的危机可以呈现为多种模样和形式，从恐怖主义到性骚扰，从白领犯罪到国内骚乱，从飞机失事砸中酒店到资金流动问题，从客人受伤到罢工，从行贿受贿到价格限定，从噪音到恶意破坏，从客人滥用设施到技术变化（Santana & Tarlow，2002）。

旅游风险管理者必须清楚意识到不仅单一的危机，而且还有各种危机的任意结合或交叉。

就像其他所有领域一样，风险管理也是基于一系列的主观假设。风险管理本质上是随机的（概率性的）。下文是支撑这一领域的部分主要假设：

- 没有任何人、地点、物品或事件是100%无风险的。如果人类可以立之，那么也会有个人和人类群体能够毁之或损之。
- 风险管理严重依赖于使用数据分析得来的统计数据。统计数据越完备，失败的机会越少，然而无论数据有多么完备，意外情况和失败的因素从来都是存在的。
- 在旅游风险管理领域，风险管理者必须要非常清楚旅行是不安全的。在当今旅行领域，旅行者知道他或她经常处于无法掌控的状态之中。
- 从社会心理学角度来看，旅游者和游客可以接受的风险有不同等级。这就意味着某些人相比其他人，可以接受更高等级的风险。风险如何进行管控，与风险本身一样，非常依赖于客户。
- 许多游客主观认为，他们可以将自身安全与安保完全交给风险管理者和/或安保人员。
- 随着世界紧张局势不断升级，对于风险管控的需求不断增加。
- 正如在旅游领域中，安保与安全在风险管理中也没有任何区别。正如在本章后面内容将会看到的，这两类当中任何一类的失败，或两类之间的交叉都会导致假期被毁，或是更糟的情况发生。
- 我们离一种危机越远，这种危机就看似越严重。因为我们离危机越远，危机在集体记忆中持续的时间会越长。由此，旅游机构声名的维护至关重要。

四、危机管理

正像风险管理没有统一定义一样，紧急情况和 / 或危机管理也没有统一定义。然而我们可以说这两者相互关联。风险管理总是主动的，危机和紧急状况的管理本质上是被动的，因为是对危机做出反应，而不是提前反应以预防危机。戴维・比尔曼（David Bierman）将旅游危机定义为“要求采取强力管理行动，以此响应超出组织机构内部掌控范围的事件，使市场营销和运营做出紧急改变成为必需，为确保目的地的存续而恢复雇员、相关企业和消费者信心的状况”（2003，第 4 页）。

我们将很快讨论的是，风险管理和危机管理可被界定为同一硬币的两个面。表 4.1 描述了风险管理和危机管理之间一些最重要的差异。

由此，避免危机或紧急状况的最佳方法是做好完备的风险管控工作。正如风险有许多形式一样，危机也有多种类型。

防止危机发生是风险管理者的任务。然而，即使最好的风险管理也不能避免所有危机。因此，风险管理者也应该理解可能发生的危机类型。

与风险（一种随时存在的潜在可能性）不同，危机仅仅是在广为人知和公开时才成其为危机。以下是部分主要旅游危机类型：

- 任何形式的灾难；
- 国际战争和冲突；
- 恐怖主义行动；
- 犯罪浪潮和人们耳熟能详的犯罪；
- 自然灾难；
- 卫生危机；
- 腐败和丑闻。

上述列表远远没有包括所有形式的危机，仅仅意在为风险管理者提供思路。想象可能影响风险管理者特殊状况的潜在危机，以及之后他或她会如何从风险管理者转变成危机管理者，是风险管理者的工作。

危机可以以各种形式出现。请在下列空白处列举出影响你所在的旅游区位的 5 种最容易出现的危机。其中一些例子可以是疾病、暴力行为，或建筑危机。然后列举面对这一危机你已做好准备或应当做好准备的一到两种方法。

1.

2.

3.

4.

5.

表 4.1　危机管理与风险管理的部分基本差异

	风险	危机
事件发生的确定性	使用数据统计系统	是已知事件
管理目标	在事件发生之前予以阻止	一旦事件已经发生，将损失降至最低
对抗风险可以使用的准备方案类型	概率研究 以往事件的经验 跟踪系统 互相学习	医疗、心理或犯罪等具体信息 培养万一--怎样意识
所需培训	假设危机，并寻找阻止危机的方法	假设危机，练习危机应急
被动还是主动	主动	被动，但是对被动可以进行主动培训
受害者种类	任何人，可能是游客或职员	可能是游客或部分职员
宣传	目标是通过采取措施创造无事表象，防止事态扩散	目标是限制可能出现的公共关系损失
某些普遍问题	较差的建筑物维护 较差的餐食质量 较差的灯光 对恐怖主义恐惧 对发生犯罪的恐惧	粗鲁的游客 病人 抢劫案 对职员的威胁 炸弹恐吓 语言技能的缺乏
统计数据的准确性	经常非常低；在很多情况下，旅行和旅游产业为掩盖信息尽其所能	经常非常低；在很多情况中旅行和旅游产业为掩盖信息尽其所能
对地方旅游产业负面影响的时间	大多数情况下是短期的	在大多数情况中是长期的，除非由新的正面形象所取代
恢复策略	· 新市场营销计划，假设旅游人群有短期记忆 · 概率理想状态："希望概率不会发生在你身上" 尽其所能，掩盖信息	· 表示同情 · 需要承认所处状况，并显示掌控力 · 加强安保力量 （在旅游、反恐和顾客服务方面）人员训练有素

五、实施风险管理

风险管理计划依据所收集的数据资料而制订的。无论你是酒店、餐馆、旅游景点还是大型活动的风险管理者，某些统计数据你必须要知道，据此才可以制订风险管理计划。其中有：

- 有多少人处于你的“保护”之下？需要你给予直接关照的人员，当有 1000 人时相对于有 10 或 20 人时，会有某些本质不同。即使是在酒店，也有作为客人住在酒店的人数，以及在餐馆、会展中心、停车场等辅助组成部分参与活动的人员。
- 建筑物的优点和缺陷在哪里？有多少出口和入口？建筑物的建筑结构是什么，能够经受得住地震和飓风等自然灾害吗？
- 你所服务的人员其人口构成是什么？你所服务的人员类型是风险管理的主要部分。一场年长公民的会展相比大学春假，可能会有不同的医疗需求。正因为如此，所服务的人员类型大大影响着你的风险管理计划的每一部分。了解你是否要不断对不同的人群进行服务，这一点也很重要。

风险管理者需要知道什么

人的个性与其所从事的工作几乎是不可分的。因此，了解你自身个性的优点和缺点很重要。什么事情容易激怒你？哪些比较容易处理？哪些问题对于你来说，直接远离是最好的方法？因为旅游风险管理是与人打交道，相比其他个性类型而言，我们能更好地应对某些个性，认识到这一点很重要。作为风险（和 / 或危机）管理者，重要的一点是要了解哪些个性类型会激怒你，或让你用有失专业水准的方式思考？与什么个性类型的人合得来，与哪些类型的人处不好？花点时间评估下列几项内容：

- 你个人的优势和缺点；
- 你的老板、公众及媒体对你的期望是什么；
- 你对职员所做的假设。

六、风险管理模型

风险管理有多种模式，每一个都有其优势和局限性。下文所示的模型是许多模型中的一种。这一模型能起作用是因其简单，可以很容易更新升级。该模型假设了关于风险的三大主要概念：

1.100% 没有风险的环境是不存在的。

2. 风险管理者永远都不可能真正拥有消除风险的足够资源。

3. 风险管理者还必须要确定什么是可以接受的风险，什么不是。

下文是有关如何确定旅游机构风险的五大步骤。在此没有答案的正误之分，只是为你提供确定什么是风险的指导原则，以及风险对你的旅游业务可能产生多深的影响。

步骤 1

在步骤 1 中，列出你的重大活动或场所可能不得不面对的各种可能风险。部分例子如下：

- 汽车盗窃
- 谋杀
- 骚乱
- 团伙暴力
- 采用分散注意力手段实施的犯罪
- 性侵
- 蓄意破坏
- 设局欺诈
- 卖淫或公共场合裸露
- 购买非法毒品
- 自然灾害
- 食物中毒

需要说明的是你可能认为上面某些事项跟你的实际情况毫无关系，但仍然应该将它们列出来。事实上，这些可能比你乍一想的更有相关性。如果确实没有相关性，那么可排除这一问题。

步骤 2

将所列可能发生的风险，也就是可能出问题的事情，归入下面这四大类中：

表 4.2　确定风险类型

风险	1 类	2 类	3 类	4 类
	高风险-高影响	高风险-低影响	低风险-高影响	低风险-低影响

- 1 类：可能发生，后果很严重；
- 2 类：不可能发生，但是一旦风险出现，后果将会很严重；
- 3 类：可能发生，但后果不会很严重；
- 4 类：不可能发生，且一旦风险出现，结果也不会很严重。

你可以将上述风险按照表 4.2 中的类别进行归类。

步骤 3

将最优先考虑的事件列为 1 类，之后是 2 类、3 类，最后是第 4 类。在现实中，4 类是完全可以接受的风险。动用资源保护你的营业场所来应对 4 类风险是一种资源的浪费。

步骤 4

旅游是关于现实的，但也同样是关于感觉的。基于这一原因，旅游风险管理者必须一直将负面宣传视为风险的因素。上面的类别一旦确定，那么就必须根据随时存在的负面宣传风险进行衡量。

将步骤 3 中所说的每种风险按照下列框架进行分类：

- 可能造成大量持续性负面宣传；
- 可能造成大量短期负面宣传；
- 可能造成一定程度的持续负面宣传；
- 可能造成短期最低程度的负面宣传。

步骤 5

负面旅游事件倾向于具有“事后效应”。在某些情况中，良好的市场营销工作对恢复旅游地的声誉卓有成效，由此公众倾向于很快忘掉负面事件。在其他情况中，负面事件本身就具有生命力，成为公众记忆的一部分，由此，旅游中的风险，不仅必须被视为负面事件发生的潜在可能性，也必须要看其在公众记忆中存在的时间。比如，除了受悲剧直接影响的那些人，总体上来说，属于自然性质的负面事件趋向于很快就被忘掉，另一方面，属于故意行为的事件通常会在公众记忆中留存更长时间。

确定某一特定行为会在公众记忆中留存的时间是短还是长。持续时间越长，风险越大。为完成这一任务，指定 1 到 10 的指数，1 是最低，10 是最高，之后将下列每一个示例问题进行排序。

1. 这一悲剧是人为的吗？
2. 旅游悲剧的风险是天气的问题吗？
3. 你所在的区位很容易受到媒体接触吗？
4. 有国内或国际记者常驻你所在区域吗？
5. 你所在的区域是经济活动中心吗？
6. 有多人死亡的风险会被报道吗？
7. 在附近区域有国内和国际标志吗？

将以上各题分数相加，然后除以 7。分数越高，旅游悲剧事后效应的风险就会越高。

另外，威廉·福斯（资料来源：在“Las Vegas International Tourism Safety and Security Conference”会议上的发言，2013 年 5 月）制订了一系列风险分析步骤，其中包括：

步骤 1：确定旅游资产（有形和无形资产）

步骤 2：界定后果影响，确立参照标准，其中有对生命、财产、声誉和法律责任的影响。

步骤 3：评定相对于资产、服务、声誉等风险的影响等级。

步骤 4：认识你的企业的脆弱性。

步骤 5：制定针对威胁的应对措施。

步骤 6：确定伴随威胁的机遇。

步骤 7：从定性视角评估风险。

步骤 8：从安全和安保视角，对风险进行量化评估。

步骤 9：对风险因素进行排序。

步骤 10：根据风险水平或等级应对风险。

七、风险管理指导原则

每一位风险管理者都需要有一整套明确的指导原则。下面的自我分析并非意在全面彻底，而是启发你开始思考你需要自问的问题。如果没有问过自己下列问题，永远不要开始制订风险管理计划：

- 你知道你的脆弱点吗？
- 你有包括危机前、危机中和危机后所做事项的一整套计划吗？
- 你组织团队制订危机计划了吗？
- 你的计划有没有区分自然、刑事犯罪、火灾和恐怖主义危机？
- 你所制订的计划有没有立即行动的步骤，并对如下旅行和旅游危机进行独立的思考呢：
  - 飞机失事？
  - 酒店发生的恐怖主义行动？
  - 生化攻击？
  - 内乱？
  - 地震？
  - 火灾？
  - 洪灾？
  - 明目张胆的绑架？
- 你如何获知危机已发生？
- 你会如何通知他人？
- 有没有迅速采取行动的计划？
- 有没有旅游危机团队到位？
- 有没有计划应对外语问题、通知国外亲友、将遗体运往国外目的地等特殊旅游需求？
- 有没有制定一整套危机指导原则，并与每一位雇员进行讨论？有没有涉及包括安保在内的客人游览每一方面的指导原则？看一下这些细节：

- 在停车场及路边所使用的照明类型；
- 涉及单身女性旅行者和/或需要额外安保的旅行者的政策；
- 雇员背景审查；
- 对于售票处和节庆活动场所入口工作人员的特殊安保指令；
- 一旦犯罪或事故发生，应采取什么措施。

- 定期演练防火安全流程。比如，对所有雇员来说，重要的是要了解火灾发生时应如何行事，其中应该涉及的一些事宜包括：
  - 烟。许多雇员都知道，烟不一定意味着是重大火灾。他们的主要任务应该是疏散场地，或在有烟的最初迹象时隔离火苗。烟会在天花板集聚。如果安全出口标志在天花板，那么发生火情时，这些标志醒目易见吗？雇员是否知道新鲜空气靠近地面？
  - 恐慌。如何应对恐慌，且如何不恐慌？恐慌的人很少可以救得了自己和他人，客人和雇员掌握的信息越多，恐慌的程度就会越小。
  - 安全出口。确保客人和雇员知道出口位于何处。这一点在封闭的游客中心或信息中心区域尤其重要。我们几乎可以肯定，客人在最没有准备时需要安全出口。多语种标示牌应提供疏散说明，这点十分重要。
- 视线内可见保安。与某些旅游专业人员的观点相反的是，专业保安备受青睐，因为他们可以让客人感觉安全。这一安全感对于从国外来的女性客人和游客来说，尤其如此。如果培训得当，专业保安不会对收益产生不利，他们可以使某地的底线收入有所提高。节庆管理者应该不间断对其保安进行定点检查，以确保他们训练有素，不在当值时睡着。
- 对所有雇员的犯罪历史进行全面背景审查，查证是否某些人员有被捕记录。
- 要结识在当地警务部门和医院工作的人员，警察和医务官员经常可以指出错误和修正问题的简易方法。与危机发生之后进行处理相比，预防危机的代价要少得多。
- 对于钥匙的类型及谁保管钥匙，要有清晰的政策。

八、酒精及药品与旅游风险

遍布旅游产业许多部门的旅游风险管理，其领域之一是酒精饮料和非法药品的滥用。这些物质可以导致从性侵到交通事故死亡等其他一系列问题。因此对于风险管理者来说，了解有关酒精和药品使用的当地法律及主管机关的政策很重要。在大多数地方，法律可以处理大多数有关携带药品的政策，但酒精的情况有所不同。下列为制定有关酒精政策时可考虑的一些指导原则。

- 食物是否总是与烈酒一同提供？如果不是，为什么不？
- 供应什么类型的食物？你是否青睐高蛋白食物？
- 如果有人中毒，你会怎么做？
- 如何制止打架或身体暴力？
- 允许使用玻璃物品吗？
- 你的所有酒吧侍者是否有资质并已经过审查？
- 你是否有对酗酒事件一律记录在案的政策？

（一）制定犯罪、黑帮团伙和恐怖主义时代的旅游风险管理计划

旅游风险管理者的工作并不简单，大多数旅游为导向的风险管理者必须要应对安全与安保问题，或是两者的综合问题，其中有火灾和烟的安全问题、食品安全，以及抢劫和攻击等犯罪问题。在恐怖主义抬头的现时代，这两个领域趋向于融合。比如，风险管理者需要了解食物中毒事件是因食品污染还是因恐怖主义行动而发生。毒品销售仅仅是非法行为，还是资助恐怖主义行动的方式？罪犯与政治的结合意味着风险管理者的工作比过去更具有挑战性。尽管存在这些难题，但所有以旅游为导向的风险管理计划仍有某些基本原则，其中有：

- 世界上没有任何事情是完全没有风险的。像大多数公众一样，旅游者、产业领袖、媒体和旅游业利益相关方都愿意相信旅游业可以成为100%无风险的。然而事实是，我们是持续不断地与风险共存，因此，生命无法得到全备的保障。
- 人力和财力再多也不够风险管理者用来防止所有风险的发生。旅游风险管理因此必须被视为概率问题。因为没有任何风险管理计划可以杜

绝所有风险，因此唯一的选择是确定什么是可以接受的风险，什么不是。可以接受的风险是那些被认为是发生概率最小的风险，因此，这些风险不需要投入资源。

- 旅游风险管理者必须应对那些行为举止跟其在家里完全不同的人员。旅游者更有可能恐慌，他们经常有程度更高的焦虑，表现出相对较低的常识水平，趋向于形成心理失范状态。由此，旅游领域的风险管理者在制订总体风险管理计划时，必须考虑不稳定性程度很高的群体。
- 旅游风险管理者必须时刻记住，他们既要应对风险，同时也要提供优质客户服务。旅游仅仅是一种自愿性活动。即使身处恐怖主义事件中，游客仍然是客人，他们也是如此看待自己。这使得风险管理更加困难，因为风险管理者非常清楚地知道，他们采取的预防措施不能。
- 风险管理者必须始终对世界时事有清楚的认识，即使这些事件看似与其工作领域非常不相关。在互联互通的世界中，公众处在 24 小时连续不断的滚动新闻中，世界一个地区的人们可能会感受到世界另一地区的紧张局势。
- 旅游中心没有与社区分离。这就意味着风险管理者必须要为发生在其单位的事情担心，也要为这一旅游机构所处的社区所发生的事情而担心。旅游风险涉及很多方面，并不仅仅是财产的保护。比如，天气问题会影响整个社区，还有从流感到大规模流行病的各种疾病。风险管理者应时刻记住旅游企业的雇员是当地社区的一部分。影响社区的事情也会影响旅游实体的客户和职员。
- 风险管理也事关非意向结果的法则。具体来说，电子设备非常棒，但前提是操作这些电子设备的人要好。随着电子和计算机技术的兴起，某些风险降低了，但同时出现了新的风险。合理化的新形式并不意味着风险减少而仅仅是意味着风险的形式有所不同。

（二）旅游领域中安全与安保互相作用的部分示例

正如上文所说，旅游风险管理者必须面对目的地人口与其客户 / 客人之间的诸多互动这一事实。在 9/11 之后的世界，安全与安保问题之间的清晰界线也融合到新的挑战与难题中。下文仅仅是恐怖主义和旅游年代中许多安保–安全混合挑战中的少数几个，以及部分必要的应对措施。

九、毒品、旅游和恐怖主义

毒品领域已经变成与旅游相关的许多个人的巨大挑战之一。曾几何时，旅游风险管理者和执法部门只需处理非法吸毒和偶尔出现的毒贩。在黑帮团伙参与非法毒品生意并开始地盘争夺战时，这一“相对清白”的时代宣告结束。

在 21 世纪初的前几年，恐怖主义和犯罪之间的界限变得越来越模糊。当地盘争夺战进入旅游领域，以各种方式发生时，这种界限的模糊开始影响旅游业。其中的一些方式是：

- 旅游者寻求毒品。认为自己仅仅是使用违禁物的旅游者，可能也是在帮助并怂恿世界范围内的恐怖主义。
- 由于来源于世界上由贩毒所控制地区的暴力，旅游安保遭到毁灭。这些暴力事件经常会产生次生影响，包括：
  - 垄断卡特尔所控制地区的暴力使其声名丧失；
  - 垄断卡特尔所控制地区的客户服务水平降低。
- 要意识到风险管理者并不了解执法官员和其他第一响应者是否已被毒品黑帮所“收买”。西班牙语中有一种说法“银还是铅”（plata o plomo），意思是给警官一种选择：或者收受毒品黑帮的贿赂而被收买，或者警官本人及其家人沦为暴力的牺牲品。在毒品黑帮逐渐掌控社会的地方，主观认为警官和私人安保旅游专家十分正直并忠诚于法治和秩序，也不再有任何意义。
- 正直的潜在缺失会导致旅游风险管理者认为，与执法部门合作反而会增加风险而不是降低风险。

非法毒品交易对旅游风险管理者构成挑战的方式

非法毒品猖獗的地方一般都有安保问题。下文所列是非法毒品对旅游中心造成的部分负面结果，及其所产生的其他风险：

- 汽车盗窃或偷盗；

- 绑架（尤其是商务旅行者遭绑架勒索赎金）；
- 旅游声名的丧失可能导致失去旅行者的，进而导致较低的入住率及失去外国投资者；
- 很容易在网络和社交媒体上传播负面犯罪形象的潜在可能；
- 对保护服务，甚至对政府自身丧失信心；严重的贪污腐败情况转化成必须进行管理的更高水平的风险。

十、旅游中的食品安全风险

旅游依赖于安全可靠的食品供应。旅游者和游客不能经常去当地市场购买食物，因此他们通常依赖于餐馆或其他公共场所来供应食物。这可能会是世界上没有其他任何产业像旅游一样依赖于食物的原因。餐饮店，无论是路边小摊，还是精致的餐馆，常常是大多数旅行者吃饭的地方。食物不仅是旅行必不可少的部分，而且还是许多娱乐项目中的一项。旅行为游客提供了新的美食机会。食品安全远不止确保没有人中毒那么简单。在这个大众旅行和旅游的时代，食物是总体旅行体验中不可或缺的部分。食物与旅游体验的声誉联系在一起，无论是在航班上，邮轮上，会展中，还是在公共的饮食场所都是如此。

现代世界的食品供应链是非常复杂的系统。拥有如此高的复杂程度，供应链存在食品问题，应该不会让人惊讶。这些问题包括沙门氏杆菌感染的爆发和食品污染等。尽管并不要求旅游风险管理者成为食品安全或展示方面的专家，但他们确实需要清楚意识到，食品安全问题远比确保蛋黄酱已冷藏涉及得更多。美国国会图书馆国会研究服务处（U. S. Congressioinal Reaearch Service,CRS）发表过一篇有关农业恐怖主义的重要论文。国会研究服务处将“农业恐怖主义”定义为：出于制造大众恐慌、人身伤害或死亡，和/或经济损失的明确目的，将疾病引入食物供应过程的生物恐怖主义分支。在今天的全球经济中，旅游实体从世界各地进口食物。这意味着农业恐怖主义对一个大陆的袭击，可以毁灭另一个大陆的旅游产业。

事实上，食品安全和旅游安全几十年来一直相互关联。即使是对食品产业粗浅的研究也显示其在很多层面的脆弱性。从食品加工一直到送上餐桌，供人类和动物消费的食品经历了人手、机器和加工的许多环节。追溯食物可能在哪个环节被污染的难度超乎想象。当我们必须区分偶然性食物污染和为政治目的而进行的恐怖主义污染时，其中的工作量无比巨大。餐馆的脆弱性还有另外一个原因：餐馆是社会的标志。比如，要把比萨饼店与意大利文化分开或者是把牛角面包与法国文化分开，是几乎不可能的。

餐馆与其他餐饮机构成为目标有诸多原因，但在此仅列举几个原因：

- 大多数餐馆的店主并不了解他们的顾客。由此，作为公共场所，餐馆非常方便出入。
- 大多数旅游地区的餐馆对食客离店之后去向哪里根本不知情。这种信息的缺乏意味着很难跟踪食品中毒何时发生的。
- 餐馆就入店客人住在哪里，或在一次聚会中来了多少人，很少进行记录。
- 餐馆销售“美好时光”，这会导致人们降低警觉。
- 大多数餐馆很容易进入，后门/侧门经常是开着的，男招待和女侍者为小费而工作，可能会因害怕失掉收入而不会为难顾客。

因此风险管理者需要清楚知道以下几点：

- 风险管理者应知晓哪些食物可能导致哪些疾病。没有人期望在旅行和旅游领域中的每个人都成为各种不同食品疾病的专家，但是对食品安全有大体的了解是有益的。
- 他们需要花费时间了解他们所在区域主要的食品问题和潜在的危机是什么。世界的每一个区域都有特殊的食品安全需求与挑战。食品安全问题经常取决于所供应的食物种类，以及获得食品的来源地。他们的宾馆、旅游景点或餐馆使用当地农产品，还是从某些其他地方进口这些水果和蔬菜？农田灌溉中使用什么类型的水源？将鱼和肉类运送至目的的冷藏容器状况如何？
- 他们必须要知道谁在厨房工作，他们的健康状况如何。食品安全直接取决于所供食品的备餐人员的健康-状况（既有心理也有生理的健康）。一个生病的大厨和备餐人员，就足以让许多食客生病。另外在恐怖主义时代，食品的准备区可以吸引恐怖主义者，在无人防备的情况下完成他们首要的经济破坏目标。风险管理者必须确保他或她对备餐人员是谁，其背景是什么及其健康状况的不断更新都有完备的记录。

- 同样，男侍者和女招待在旅游食物供应链中是关键的一环。这些服务人员是谁？旅游产业中有太多人选择忽略食品服务业内，围绕这些必不可少的环节而出现的安全与安保问题。因为这些人员的主要收入来源是小费，他常常没有病假日、健康保险或其他社会保障。因此，即使在生病时，他们也会带病上班。这就意味着公众被置于风险之中，因为被病毒感染的人员在处理他们的食物。比如，对于所有食品加工者来说，经常洗手并尽可能保持最高水平的卫生水平是至关重要的。
- 风险管理者需要提高职员对食物过敏的敏锐性。正如上文所说，食物可能会由于疾病或恶劣的行为而受到污染。然而，也有越来越多的人会有食物过敏，或是有特殊的饮食需要。然而，有太多的职员或者根本不关注，或者压根儿就不知道任何错误均可能会致命这一事实。尽管不期望所有职员都尽可能了解食物过敏，但他们应该得到培训，而不要主观假设或猜测，这一点很重要。如果顾客表示他或她对某种调料或食材过敏，餐馆、酒店及其他食物供应商应知道如何获得准确无误的信息，这一点必不可少。
- 风险管理者必须要确保垃圾处理不会破坏环境。食品安全不仅是关于供应食品的质量及如何供应，而且还关于废弃食物的处理方法。食物经常会装进塑料袋放置在外面，产生恶臭气味，很容易引来动物破袋翻找。不当的处理方法可能会造成环境隐患，对社区来说是碍眼的东西，并且会导致健康风险。
- 如果旅游机构使用外包餐饮服务公司，那么风险管理者必须要了解餐饮承办人是谁，如何运行。许多旅游事件都是餐饮事件。然而，旅游业人员经常对谁为餐饮承办人工作，餐饮承办人雇用了谁，或他们的背景是什么都毫不知情。餐饮承办人应该像酒店和餐馆一样受到同样的监管。

十一、消防与旅游安全

对于任何旅游机构，无论是旅游景点、酒店还是餐馆，其中最大的一个威胁是火灾问题和用火安全。游客对火灾和用火规定的态度出了名的宽松，许多旅游者和游客完全不相信一场火灾就会影响到他们的生活。因此对火灾心存侥幸是风险管理者必须面对的最大风险之一。

理查德·费丹斯特（Richard Feenstra）博士是防火安全方面的专家。他强调，风险管理者需要与当地消防部门紧密合作。比如，涉及重大节事的管理，费恩斯特说，当一次重大节事参与人数超过 300 时，在美国许多地区需要有临时集会的许可。烹饪、焰火，甚至仅仅是使用蜡烛，都有可能会要求节事策划者申请许可（资料来源：在 2012 年 6 月第三届半年度加勒比旅游安全大会上的演讲，以及根据 2012 年的个人访谈）。

消防部门的职责不仅仅是灭火。消防部门经常是许可证的颁发机构。因此，在许可方面所犯的一次错误可能将人拒之门外，激起游客愤怒情绪及使资金遭到损失。

风险管理者必须时刻清楚意识到火灾的威胁和不遵守消防部门规章的后果。说到火灾预防，要考虑以下几条：

- 配合地方消防部门进行全面检查，确保符合所有的消防规章、标准和/或法规条例。
- 如果正在筹办一场大型赛事，那么应尽早向主管机关提交许可申请。申请得越早，通过行政程序的机会越大。这样，如果需要变更某些事宜的话，也不会在最后一刻出问题。
- 在消防检查人员到来之前进行一次深入检查。风险管理者可能并不知道消防检查人员来检查的确切时间，所以全程走一遍场所或节事地点检查下列内容是一个比较好的办法：灭火器压力充足，并有检查标签，出口没有被锁住或被堵，出口标志灯醒目，没有任何摔绊危险，或者是否有其他明显的安全隐患存在。
- 获得书面协议。误解或误听消防检查人员的话是非常容易的事。避免火灾风险的最佳办法是，让消防专业人员将一切落实到纸面，然后遵循其指导说明。
- 风险管理者应该敢于承认自己不知道的东西。大多数消防检查员欢迎诚实的问题。虽然风险管理者并不一定必须成为所有事情的专家，他或她却应当与具有某一具体领域专长的人员联络并合作。大多数消防检查员愿意帮助，很愿意解释为什么要制定某一标准或法规。如果风险管理者与专家之间存在着心理上的破裂，那么风险管理者的职责是要找到可以与之建立并发展良好工作关系的人。

- 要知道注意义务的标准是什么，尤其是在消防安全等关乎生命的领域。风险不仅涉及身体，还涉及法律。这就意味着一个好的风险管理者应知道注意义务的标准。好的风险管理者不仅是要针在消防安全等问题的技术层面咨询消防专家，而且还要咨询可以解释所涉法律问题的法律专家。

十二、恐怖主义与旅游

正如上文所述，风险管理是一个很难定义的术语，而且处在恐怖主义时代的风险管理更是几乎超出可定义的范围。“恐怖主义”这一术语很难界定，使这一问题更加复杂的是，“对于谁是恐怖主义者或恐怖主义的定义是什么，总的来说没有一致意见”（Tarlow，2005a；2005b，第 79 页）。直到今天仍然没有人能够创立可以准确预测恐怖主义袭击的数学模型。恐怖主义袭击某种程度上的任意本质意味着，风险管理者必须时刻警惕出乎意料的事情。我们确实知道的是旅游已经成为恐怖主义袭击的磁石。旅游之所以对恐怖主义有吸引力，有许多原因：

- 旅游提供软性目标。比如，很少会有酒店对进入人员进行金探扫描和安检，许多酒店是在人们尚留纯真的年代建立，其建筑目的是方便和/或美观，而不是保障安全。
- 旅游为造成大规模伤亡提供机会。鉴于旅游区一般是人员聚集地点，只有少数人会考虑到安全问题，所以这些地点为图谋以相对容易的方式杀伤大批人员的恐怖主义者提供了绝好的目标。
- 旅游提供地标性设施。地标是在地区、国家或世界范围内具有某种象征性的地点。比如，埃菲尔铁塔不仅仅是巴黎的象征，也是属于世界遗产一部分的建筑结构。任何针对地标事物的攻击，都会获得大量的关注，在许多人心中植入恐惧。
- 旅游是大型产业。恐怖主义者企图伤害或杀害无辜者，图谋毁灭经济。

因为旅游是如此之大的产业，其影响甚至触及经济的各个方面。就 9·11 事件来看，对纽约世贸中心的袭击不仅对纽约市造成了价值数亿美元的损失，而且使全球航空业陷于停滞，损失巨大。恐怖主义者知道航空公司要使用大型航空枢纽；如果枢纽地区被袭击，那么这将会在世界范围内产生反响。

- 对旅游业的攻击可获得大量的宣传，而恐怖主义的目的就是宣传自己。旅游中心是大量新闻报道的对象。任何针对旅游中心的袭击都会立即对这一地区造成影响，从而在人们头脑中留下长期印象。
- 恐怖主义者喜欢出其不意。风险管理者不得不看透对手，并确保每次都正确无误。恐怖主义者有资本屡败屡战，但是即使其失败也会造成负面影响、不便、扰乱商业，被迫增加支出或资源。
- 恐怖分子并不胆小，尽管媒体可能这么说。太多恐怖分子都相信他们是在为正义的事业而战，愿意为自己的信仰而放弃自己的生命。
- 风险管理者必须要应对恐怖主义可能体现为多种形式这一事实，如对食品供应的袭击，大屠杀，或是将毒品引入政治机构。然而在所有这些情况中，恐怖分子的目的是破坏社会的集体凝聚力，以此逐渐瓦解社会。
- 恐怖主义者可能以各种各样的群体为目标。旅游尤其有吸引力，因为一直有这样一种挥之不去的观念，即旅游者是有闲阶层的一部分，工人阶级受其压榨。正因如此，恐怖分子反倒常常将自己视为真正的受害者，而他们袭击的受害者对其自身困境有一定责任。因此，恐怖主义使用牺牲受害者的方式为其行动正名。
- 旅游代表着恐怖主义所蔑视的多种价值观。这些价值观中有：
- 公正平等对待妇女；
- 应该从个人出发来评判个人，而不是由他或她所属群体来对其进行评判；
- 了解其他文化和人民是一种积极的努力尝试，应该受到鼓励；
- 当我们尊重彼此的差异时，世界将变成一个更加美好的地方。旅游事关对他者的尊重；
- 做生意赚钱是无可厚非的。恐怖分子则倾向于认为金钱是“肮脏”的，资本主义是邪恶的。

- 求同存异很重要。恐怖分子的看法与此相反，拒绝妥协和解。

几乎从定义上就可以看出旅游是恐怖主义的对立面。事实上，世界各地的女性在旅游业中身居要职的大有人在。旅游业是基于个人的体验，与蔑视他人而非尊重他人的仇外世界格格不入。

十三、旅游、恐怖主义与媒体

新闻界有一种说法，叫作“只要能见红，就能上头条。”如果媒体喜欢犯罪故事，那么恐怖分子就会向媒体提供从流血到政治的阴谋世界。恐怖主义行径经常看起来是为电视量身定做，恐怖深谙媒体运作之道，让人难以置信，能找到各种方法为镜头提供大量震撼的电视素材。

这些问题在有大量宣传时，甚至会变得更加明显，比如围绕一次重要的体育赛事、娱乐，或政治事件的报道。举例来说，2013 年 4 月，一旅游者在里约热内卢遭受野蛮性侵（“美国学生遭轮奸”，2013 年）。尽管警察立即逮捕了罪犯，这一事件仍然在世界各地上了众多头条新闻，尽管性侵在各地都会发生。这一大肆宣传的原因与里约热内卢主办 2014 年国际足球联盟世界杯足球比赛（FIFA World Cup）及大量新闻记者驻扎在里约有关。一条简单的经验法则是某地新闻工作者的数量越多，负面事件成为重大新闻报道的可能性就会越高。恐怖分子很清楚这一事实，尤其是因为新闻工作者愿意报道负面事件。

这就意味着风险管理者必须阻止恐怖主义行动，同时制订媒体计划，避免新闻工作者不自觉地帮助恐怖分子实现摧毁当地旅游产业的企图。下列是有关事前、事中和事后应对媒体的一些基本建议。

（一）事前

- 与媒体人士发展关系。了解谁值得信赖，谁只是寻求制造轰动效应。
- 拥有一个安全的电话号码，并拥有可以接受媒体采访的地方。发生恐怖主义袭击后，有“安全”的媒体区是必不可少的。
- 形成媒体指令链。知道谁会发言，谁应该将新闻工作者引荐给他人。

保持对外口径的一致性。

- 准备好若干新闻通稿，确保这些新闻通稿容易阅读。如果媒体人无法读懂你写的是什么，那么他或她很可能会忽略这些稿件。使用清晰的字体，避免使用行业术语和 / 或技术语言，并加下划线或着重号强调要点。

（二）事中

在现实情况中，这个阶段是最短的，但可能是最重要的。这是风险管理者必须展示领导能力而非恐慌的时刻。他或她应该展现统筹规划能力，还有专业上的灵活性。在事件过程中，要确保：

- 认真留心。记者和管理层无论是现在还是之后，都会询问具体问题。风险管理者所掌握的事实越准确，在事件了结之后他或她的日子就会越好过。不要让混乱时刻蒙住双眼，影响需要做的事情。
- 对新闻记者要客气，但是也要坚决。如果风险 / 危机管理者不能在事件过程中通告媒体，那么他或她应该解释，一得知人员的情况就会告知媒体。在事件过程中，风险 / 危机管理者优先考虑的事情是客人的安全。
- 对于风险 / 危机管理者来说，在被采访时，明智的做法是为新闻记者提供饮品，因为他们工作时间很长，很辛苦。具有讽刺意味的是在酒店服务业，我们经常忘记为那些报道我们工作的人员提供服务。记者怀有敌意的情况非常少见。即便如此，一点人情味通常就会软化他们对你的态度。
- 要简洁。在大多数情况中，冗长的解释可以简化为一个话语片段。比如，政治候选人将其信息压缩为 90 秒钟，而用其中一句或两句作为一个 10 秒钟的话语片段。
- 信息量不宜过大。新闻记者很少有时间整理大量信息。大多数新闻记者都有截稿时间。你的新闻发布应简短并切中要害。
- 要诚实。对于每个人来说，最糟糕的事情莫过于撒谎。你说你不知道，这完全可以接受，但无论何时都要愿意去“搞清楚”，而非一味“不知道”。在恐怖主义行动发生时，“无可奉告”的说法听起来就好像你是在掩盖事实。

- 配合工作并面带微笑。永远不要忘记新闻记者最后说了算。在应对充满敌意的记者时，尽力争取他或她，化敌为友。永远不要将新闻记者推给你的上司。他或她很可能对你的态度不满，从而使用他或她已经得到的材料。
- 要清晰具体。假设新闻记者和公众对于他们正在询问的事情几乎或根本不了解。永远不要使用旅游行业术语或缩略语，比如会游局（会展与游客管理局，convention and visitors bureau，CVB）。要使用全称。使用清晰准确的名词，确保你的回答不会使人望文生义。
- 要给所有媒体来电回电。即时你不希望跟某个新闻记者通话，但最终你会不得不跟这个人说话，因为新闻记者仍然需要写新闻报道，即使没有听到你的立场观点。
- 不要向新闻记者提出由你来审读报道内容的要求。即使他或她答应你的要求，“节外生枝”的事情也很可能会发生。因此，在报道付印之前，你永远都看不到真实的报道。新闻记者可能会心生抵触或生气，这将会使本已不好的局面变得更糟糕。

（三）事后跟进

风险/危机管理者总是陷于两难境地中。如果相安无事，那么他们的上级就会想知道这钱。然而如果确实出事了，那么这些领导就会想知道为什么这一体系失效。如果出事，那么风险管理者应认识到对出了什么问题将会进行调查。在现实中，100%的安全是不切实际的想法。管理层希望风险管理者的报告目的是指出体系之内的漏洞，而不是寻找替罪羊。然而，风险管理者应该做好保护自己的准备，免于成为替罪羊。因此，他或她需要重新审视所有记录；努力获得尽可能多的完备答案，并展示出非抵抗性的合作态度。

- 阅读新闻记者所写的报道。你可能不喜欢你所读的东西，但是你仍然需要这么做。就算负面报道也使得大家知道你不害怕其他人怎么看你。
- 对每一篇刊印的文章和/或每条新闻广播的视频光盘，要保留软硬备份。

这些媒体档案可以为你提供一个数据库，也说明你对媒体是认真的。

- 时机合适时，给予赞扬。真诚地告诉新闻记者，他或她的报道做得很棒。记者也是人，就像你一样，他们也会给正面反馈以更好的回应。
- 准备好修正可能存在的错误信息。即使最棒的记者也会犯错误。让记者知道你非常清楚信息的准确度如何，以此向新闻记者显示你是如何看重他或她，希望他们在新闻报道中能够保持准确性。
- 邀请新闻记者回来，向他们展示你的事后恢复策略已经起作用（或正在起作用）。总之，要积极主动。每一位风险管理者的一部分工作，就是为下一次降低风险。

十四、从风险管理到危机管理

即使风险管理可以非常成功，完全不需要进行危机管理，但现实是每一个人、每一件事或每一家企业最终都不得不面临这样那样的危机。因此，风险管理者也必须是危机管理者。一直存在的风险是风险管理者不能进行从风险管理到危机管理的转换。为使这一转换更为容易，风险–当前–危机管理者（risk-now-crisis manager）必须转变思路。参与风险管理的人员对预测和防止危机的需求非常关注。正因如此，风险管理领域总是以未来为导向。另一方面，危机管理是有关当前正在发生的事情，以及如何应对一直持续的状况。这两个领域在进行危机后分析时融合在一起，对过去所发生的事情进行分析，从而可以采取预防措施，避免（或至少降低）未来负面事件的影响。由此，风险管理与危机管理之间总是存在着一贯的融合，之后回到风险管理。风险–危机连续统因此有三个阶段：

1. 预防负面事件（风险管理）；
2. 应对负面事件（危机管理）；
3. 分析负面事件并从中学习经验教训（危机管理）。

第 2 阶段最短，但是最至关重要。这是没有时间改正错误的一个阶段，危机管理者可能只有一次成功的机会。

转变过程一开始，风险管理者必须意识到危机是存在的。认识与接受危机并不容易。人类在心理上趋向于否认负面事件。这称作“这不可能发生”

综合征。风险/危机管理者对新的不断展开的现实反应得越快，他或她就能够越快地开始采取必要措施，掌控并战胜危机。风险管理者必须要能够即刻从风险管理向危机管理转变。

一旦危机管理者意识到他或她处在危机之中，则必须对现实进行评估，确定危机的程度。在现实中一定要始终从实际情况出发，这一点很重要，因为人类总是趋向于对正在发生的危机反应过度或反应不够。风险/危机管理者也是人，在危机过程中，排斥和恐慌机制经常会对人的心理产生重要的影响。在危机之前，风险管理者应该组建危机管理团队。危机向他和她袭来时，就是启动团队之时。因此，危机管理者应该知道某些基本事实：

- 团队成员有哪些？
- 他或她如何与团队成员进行沟通？
- 各个队员是否有替补人员？
- 地址、电话号码、电邮地址有多少备份，以便不可能进入旅游景点的团队成员可以方便地获得信息？

由于在某一时点可能有不止一次危机发生，所以专业危机管理者手头必须要有各类人员。危机团队可包括下列专业人员：

- 来自媒体和公关部门的人员；
- 市场营销团队的成员；
- 旅行行业的其他人员；
- 本州和国家旅游业领导（如有）；
- 地方旅游和酒店业领导；
- 受害者援助机构。

十五、危机观念

我们在前面谈到过理解并将危机观念加以考虑是有多么重要，因为所有危机都会有滞后期（after-lives）。在危机管理中，我们将危机的滞后期定义为媒体对特定事件给予关注的时间长度。一次危机可能会有短期和长期的媒体关注度。通常，危机成为媒体焦点的时间越长，对地方旅游部门的损害就会越大。危机也有“扩大”的能力。比如，媒体不会说哪个地方发生了火灾，而是将危机“扩大”到整个社区。这一危机的扩大意味着，虽然社区的其他部分并未处于危机状态中，媒体术语的不准确可能会造成间接损失，成为新的风险危机。永远不要忘记在危机过程中，可能会发生地理位置混淆的情况。比如，如果媒体报道在某州或省某地有森林火灾，那么公众可能会认为整个州或省都发生了火灾。游客在认识危机的地理界限方面格外差劲。相反，恐慌和地理位置混淆经常会扩大危机，使危机比实际情况更糟。

在此有一些应对危机的普遍原则：

- 永远不要认为危机不会临到自己。危机恢复计划可能最重要的是，在危机前已有一个计划。尽管我们在危机发生之前从来都不能预测危机的确切本质，但是灵活的计划使我们有着手恢复的切入点。最糟糕的情况是发现自己身处危机当中却没有如何应对危机的任何计划。
- 总是从游客的视角看危机。人们经常倾向于认为，外地人与当地人有着相同的信息基础。在外人眼中，危机经常比本地人看起来更糟，持续时间更长。
- 不要只是往危机中砸钱。人们经常仅仅是通过花钱来解决危机，尤其是在设备方面。好设备固然有用，但如果没有人管理，设备只会导致其他危机。永远不要忘记解决危机的是人而不是机器。
- 永远不要将市场营销 / 广告宣传用作幌子或借口。危机中最糟糕的事情就是失去公众的信心。要诚实并努力解决问题，而不是甩开问题。除了找借口的人之外，托词不会让任何人高兴。
- 没有人必须得游览你们的旅游场所。因此，一旦媒体开始报道有危机发生，游客可能迅速恐慌并开始取消旅游行程。经常这样来定义危机的是媒体。要制订计划将正确的信息尽快地提供给媒体。

十六、危机的恢复

危机后的恢复方案永远不能只基于一个因素，最好是同时考虑一系列并行的步骤。永远不要只依赖于一种补救方法来实现危机后的恢复，而是要将广告与市场营销活动和刺激计划，连同服务的改善协调进行[①]。在此有几个应对危机后余波的可能性策略：

- 忽略危机，希望别人也不知道发生了危机。这一策略认为谈论越少越好。在非重大危机中，这经常是一条很成功的策略，或者如果媒体愿意帮助旅游产业而不报道这一事件。在危机成为媒体新闻，并且危机管理团队允许信息真空出现的时候，这一策略会失败。
- 如所涉面积大，危机管理团队可能应当弱化一个地区，而将其营销工作重点放在一个未受影响的地区。这一策略的问题是，在大区中受影响的区域会损失两次，一次是来自于危机事件，之后是游客会流失到这一地区或国家的其他部分。
- 找到可能愿意与涉事社区或地区合作的产业，从而可以鼓励人们回归。你可以跟酒店交通或会议和会展产业商谈，设立刺激性项目，以此来帮助你们地区较为容易地度过危机后时期。比如，航空产业也可能会愿意与你们共同合作，利用特殊票价，鼓励人们回到你们地区。
- 诉诸人们的善良本性："我们现在需要你！"乔治·W. 布什总统在 9/11 之后成功使用了这一策略，呼吁人们重新开始旅行，以此作为爱国的表现。然而，这一做法只有在涉事地点和某一部分公众之间存在感情纽带时才可能奏效。
- 制定危机后的刺激策略。一旦意识到危机已经发生，要确定何时会重新开业，并开始以优惠政策吸引人们前来游览。你可以强调在恢复阶段会有很大折扣，因此正是很好地利用这些优惠措施的时候。强调旅游雇员既要维护尊严也要提供良好的服务。度假客最不想听到的事就是生意有多糟糕。相反，要强调积极的一面；要表明你们很高兴有游客来到你们的社区或地区。危机之后不要皱眉，而是要微笑！
- 邀请杂志和其他媒体人员，撰写关于危机后恢复情况的文章。确保向这些人员提供准确和最新的信息。安排媒体代表与当地官员见面，为他们提供在涉事区域旅游的机会。然后寻求各种方法对当地旅游地区

---

① 以下这部分内容受以色列海法大学艾利·科恩教授的著作启发而作。

进行报道。根据媒体安排上电视，做广播节目，邀请媒体来采访。在危机后与媒体的交流中，要始终保持正面主动、积极乐观和礼貌客气的形象。

- 对于独立行政区划，为其提供税收刺激政策及其他经济方面的优惠，使当地餐馆、酒店及景区开始恢复进程。

表 4.3　危机类型及其后果

由谁犯罪	针对谁	部分犯罪类型	犯罪目的
旅游者	其他游客或当地人，或旅游工作人员	抢劫，扒窃	通常为经济或社会所得
当地人	游客	攻击，小偷小摸，诈骗，通过吸引注意力实施的犯罪	通常是经济所得
旅游业	游客	诈骗，商业上的误导	经济目的

资料来源：Tarlow（2005a；2005b，第 96 页）。

一定要弄明白对于不同种类的危机，应该使用哪些方法。危机与医疗或卫生相关吗？是自然力的结果吗？危机是由暴力造成的吗？危机是持续性的还是一次性事件？这次危机是媒体的造势，还是在相对短的时间中就会逐渐消散成为历史？对于这些问题的答案常常有助于体现我们希望采用何种危机应对行动，以及危机后的恢复计划。比如，鉴于危机可能与暴力相关，故了解当今世界上的这些差异（见表 4.3）会很有价值。

参考书目

American student was gang-raped for six hours in mini-bus by attackers in Rio as her helpless handcuffed boyfriend was forced to watch. (2013, April 3). *Mail Online*. Retrieved from http:// www. dailymail. co. uk/news/article-2303255/Rio-gang-rape-American-tourist-attacked-3-men-SIX-HOURS-handcuffed-boyfriend-watched-on. html.

Beirman, D. (2003). *Restoring tourism destination in crisis*. Okon, UK: Cabi Publishing.

Santana, G., & Tarlow, P. E. (2002). Providing safety for tourists: A study of a selected sample of tourisın destinations in the Uinited States and Brazil. *Journal of Travel Research*, *40* (4), 424—431.

Tarlow, P. E. (2005a). Terrorism and tourism. In J. Wilks, D. Pendergast, & P. Leggat (Eds.), *Tourism in turbulerıt times* (pp. 79—92). Oxford, UK: Elsevier Inc.

Tadow, P. E. (2005b). Crime and tourism. In J. Wilks, D. Pendergast, & P. Leggat (Eds.), *Tourism in turbulent times* (pp. 93—105). Oxford, UK: Elsevier Inc.

What are the difterent types of risks? (2013). *Northrop Grumman*. Retrieved from http://benefits. Northropgrumman. com/_layouts/NG. Ben/Pages/AnnouncementReader. aspx?w=B9F17B39-24B3-4958-A0EA-FE0C7835F43 E&l=489D0D55-D3E7-4BB9-A8AD-FA1 CC3D56EF1&i=31.

第 5 章　公共场所

一、导语

弗兰克·辛纳特（Frank Sinatra）最有名的一首歌里唱到一个男人准备去赌场，于是他乞求“幸运女神”在他进入博彩的魔幻世界时对他好一点。赌场背后是技巧加运气就会得到金钱回报的观点。没有人能够确切地知道如何掌控“幸运女神”，或者她什么时候会垂顾一个人的生活。然而我们确实知道的是，赌场安保跟运气无关，而是跟辛苦工作和周密计划有关。赌场安保比眼睛所见的表面现象要复杂得多。赌场和博彩（合法赌博的赌场术语）世界各地皆有，过去只在少数地点存在，现在是需求很高的一种成人娱乐形式。因为数百万人频繁出入赌场，数十亿美元不断易手，故需要训练有素的赌场安保专家，以保护赌博场所及其主顾。

赌场吸引犯罪，这对赌场安保人员来说是一种惯常的挑战。赌场中，大量金钱摆在大庭广众之下，有人炫耀权力，有人在门口扔掉常识后来此找乐子。并且，还有整个阶层的人在赌场寻找偷窃机会，仅仅是因为这对他们来说是一种刺激的挑战，或者他们认为偷窃也是“博彩”的一部分。赌场曾是世界上某些重大丑闻和严重犯罪活动的“老巢”。即使有大量的安保职员（旅游领域中安保人员最多的一些地方），犯罪仍然在发生。有趣的是在所报道的犯罪中，有大约百分之五十是盗窃案。拉斯维加斯警察署（Las Vegas Metro）指出，赌场中暴力犯罪数量相对较少；相反，赌场犯罪趋向于以扰乱治安行为和娱乐性偷窃（寻找刺激者）为主。赌场倾向于吸引顾忌程度低和道德水平较低的人群，某些玩家可能不会一直盯着自己的财物。这一混乱行为加上欢乐的气氛，意味着正常行为经常变成“我捡到了东西，你失去了东西，算你倒霉！”的想法。基于同一原因，赌场需要常设失物招领部门。

赌场的主要犯罪形式是无差别犯罪。这些犯罪常常包括扒窃和顺手牵羊拿走别人的包或无人看管的财物。赌场也吸引那些有着严重赌瘾的人群，或是想从事其他“不道德行为”的个人。有些人认为，赌场犯罪不仅仅是与赌场内所发生的事情相关，而且还与赌场所在的社区环境中发生的事情相关。后一观点引起了大量的学术争论，质疑有多少犯罪资料得到过分析。

有关赌场进入大众的溢出效应也有全国性的争论。无数学术研究对这一问题进行了讨论。然而，研究没有得出最后结论。比如，斯蒂特、吉阿考帕斯和尼克尔斯（Stitt，Giacopassi，& Nichols，2000）进行的题为“赌场赌博对新赌场司法管辖区犯罪的影响”研究指出：

> 围绕着赌场赌博展开的全国争论的一部分是，这一地区赌场的出现是否造成了犯罪率的上升。赌场支持者认为，赌场为当地带来了经济收益，并以世界赌物“麦加”拉斯维加斯作为这方面的首要实例。自从1980年以来，拉斯维加斯比美国其他任何城市发展得都快……而且在这一时期，拉斯维加斯多年名列美国最安全的城市之一……赌场的批评者则以大西洋城（Atlantic City）为例，指出这座城市未能如愿重振经济，而且在1978年赌场开始运营之后，该市犯罪率大幅上升。
>
> （Stitt，Giacopassi，& Nichols，2000，第 1 页）

这一方面的数据资料非常广泛，因为辩论双方的数据均十分充分，因此赌场对于当地经济的重大影响可能纯粹是由地方决定的，而不是由赌场造成的。详情请参看《康科德箴言报》（*Concord Monitor*）2013 年 3 月 22 日期：

> 尽管有研究显示，赌场对一个地区犯罪率的影响有限，但这不是新罕布什尔州博彩研究委员会（New Hampshire Gaming Study Commission）的结论。其结论测算，在罗金厄姆公园（Rockingham Park）开设赌场会导致萨勒姆（Salem）及其周边地区每年额外增加1200起严重犯罪。库伯的论点（Cooper's contention）也不为到目前为止所进行的赌场与犯罪关系研究中最广泛全面的分析所支持，即对联邦调查局数据研究了19年，并于2006年发表在《经济学与统计学评论》上的一项研究。

该研究发现，尽管在赌场开设之后的几年间犯罪实际上可能降低，但是几年之后，伴随赌博问题的犯罪和社会病灶的增加，犯罪也会显著增加。该研究得出结论，“总的来说，在有赌场的各个郡县，8.6% 的财物犯罪和 12.6% 的暴力犯罪是由赌场造成的。”

（“赌场与犯罪确实相关”，2013 年）

另一方面，缅因州自由调查记者兰斯·泰普雷（Lance Tapley）在《犯罪报告》（*Crime Report*）中如下写道：

支持赌博的力量认为，从统计数据上来看，见诸报端的赌场周围犯罪的增加是错误数据处理的结果。在计算一个赌城的犯罪率时，他们说到赌场的游客数量应该与当地居民数量相加，而格里诺尔斯（Ginols）和玛斯特德（Mustard）没有这么做。但是，如果这么做，犯罪率，即某一特定区域犯罪的数量除以总人口（通常表示为每 10 万人的犯罪数量）得到的结果通常会大大降低。这一方法准确地测定了双方群体的“受害的风险”，查尔斯顿大学（College of Charleston）经济学家道格拉斯·沃克尔（Douglas Walker）如是说。

然而，某些学者从博彩业拿了钱（如沃克尔），还有些带着其宗教视角与他们对峙（如，格里诺尔斯和玛斯特德在基督教经济学家协会，即 Association of Christian Economists 中非常活跃），这使得这一争论的专业部分更加复杂化，并且引发了对各执偏见的指摘。

因此，就犯罪整体来说，选择赌场单独作为其中一个因素是有难度的，比如，在班戈市，执法机构与城市官员将不断提高的犯罪率归咎于美沙酮诊所数量的增加，以及不断恶化的经济形势，而不是当地的赌场。

（Tapley，2009，每年总赌注部分，第 8—10 段）

《多伦多太阳报》（*Toronto Sun*）似乎认为犯罪是一种多面的现象；赌场可能或不可能由于当地各种社会现象，造成更高的犯罪率。因此，《多伦多太阳报》在将多伦多与新加坡进行比较当时解释说，“非常有意思的是，《华尔街日报》（WSJ）显示，‘据警方数据，2011 年新加坡犯罪率比 2010 年降低了 5.3%，创 20 年最低，而主要是盗窃、诈骗、伪造案件的赌场相关犯罪保持稳定，在 2010 年和 2011 年占总犯罪数量的不足 2%’”。（Kent，2013，第 9 段）

上面对学术讨论的简单回顾显示，确定任何形式的旅游犯罪率均是如此困难。不仅必须计算受害人数与人口比，而且还要计算游客类型和停留时长。比如，儿童游乐园的犯罪率想必要比赌场犯罪率低。另外，去购物中心购物比在赌场的时间要短得多（因此，对个人实施攻击的时间会更少）。犯罪数据资料经常被人为操纵，体现研究者有意或无意的目的。

赌场安保官员在很多方面与警官相似。像警官一样，他们佩戴徽章，着制服，巡视有关场所，应对赌场的安全和安保问题，主要是与可能在赌场酒店住宿的客人打交道。另外，赌场安保官员必须遵守博彩规则和法律。他们要有出庭作证的思想意识，以及写详细的情况汇报。事实上，赌场安保官员与执法官员的一个不同点是，安保官员可以控制嫌疑人，但不能发出逮捕令。

由此，赌场是旅游安保如何反映塔尔科特·帕森斯理想的一个佳例，因为安保的每一方面都互相作用，并依赖于安保体系的其他部分。正因如此，我们可以在很大程度上将赌场安保视为整个旅游安保的象征。

赌场安保专业人员应留意“出老千”的人，并且他们必须要应对许多其他问题。除这一现象之外，赌场还包括大量现金，诱惑或怂恿一些人—想尽办法去非法获得这些现金。赌场安保专业人员必须应对无数安保问题，其中有：

- 扒窃；
- 员工安全；
- 职务盗窃；
- 密闭区域的食品与卫生问题；
- 抢劫与恐怖主义问题；
- 身份信息偷窃；
- 非法算牌及其他非法赌博玩法；
- 愤怒管理；
- 潜在和实际自杀；
- 持枪抢劫。

因为各政府高度监管博彩业，因此赌场安保专业人员必须要与各地方、各州和联邦等各级执法机构密切合作。赌场安保人员不仅必须执行赌场规则，而且还应明白违反地方、各州和联邦法规可能会对赌场造成可怕后果。在

9/11 之后的世界中，对于赌场来说，紧迫的事情是要考虑恐怖主义行动和潜在的黑帮团伙或有组织犯罪对合法博彩领域造成的不利影响。

赌场专业人员应与政府机构合作，而且对于他们来说，至关重要的是要清楚了解国土安全问题，金融犯罪和卖淫嫖娼等社会犯罪。

尽管赌场安保人员面临各种各样的挑战，赌场仍是一个不断发展的产业。例如，美国劳工统计局（Bureau of Labor Statistics）预测，到 2016 年赌场安保工作岗位将增长 34%。这一增长反映了不仅在内华达和新泽西等地，而且在美国大多数地方，赌场已成为大型商业企业的现实。

事实上，赌场安保是自下而上进行的。艾德·格雷比安诺斯基（Ed Grabianowski）说："安保始于赌场内，在此，赌场雇员眼睛盯着赌局和赌场的主顾，以确保一切正常"（Grabianowski，2007，赌场安保部分，第 2 段）。然而，安保体系呈多层同心圆结构。安保人员并不是密切关注赌博玩家的唯一人员，还有发现企图在场内出老千的训练有素的发牌人。除了这一层之外，还有赌场管理者及闭路监控摄像头（CCTV）。另外，格雷比安诺斯基还说："每一个在赌场（工作）的人，也有其"上级"在监督和掌握他们工作时的行踪，关注他们并记录其赌桌上金钱的赢输情况"。（赌场安保部分，第 2 段）

二、赌场内外的监控摄像头

证明闭路监控摄像头极其有用的最佳地方可能就是赌场的博彩世界。闭路监控摄像头使安保人员可以确定谁在作弊。另外，如果抢劫案发生，那么他们可以迅速关掉赌场，同时获得谁是罪犯的确凿证据。这些摄像头可以捕捉实时发生的事情；使赌场人员可以全方位监控赌场正在发生的事情。在赌场中，摄像头可以协助阻止抢劫案及其他骗局，并且使赌场安保人员确定谁可能在或不在赌场里出老千或企图如此。

从赌场开始，闭路监控摄像头已经增加许多其他用途。它们既用于一些内部空间也用于户外，记录室外空间发生的事情。

然而，闭路监控摄像头在非赌场环境中的使用并非没有争议。其使用激发了安保专业人员、自由主义者、政客及法律部门热烈的讨论。争论的焦点历来集中在安保的需求与保护隐私的矛盾，以及如何平衡这二者。毋庸置疑，许多旅游地点严重依赖于闭路监控摄像头。比如，机场、停车场、酒店大堂和游乐园都使用这些视频记录装置。然而，它们不能安装在衣帽间或酒店客房等许多私人区域，并且某些安保人员认为摄像头只是被动装置，起不到主动防御的作用。用具体事例来说明，世界上没有任何城市的监控摄像头比英格兰伦敦的多。然而尽管监控摄像头遍布城市各个角落，它们却未能阻止该城的恐怖主义炸弹袭击。

现实中，至少有两种不同形式的闭路监控摄像头。一种是监控摄像头仅仅进行记录，没有人监看这些摄像头，一旦事件发生，可提供事件的记录和犯罪证据。第二种监控摄像头用于赌场。这些摄像头一直都有人监看，这样如果有事发生，安保人员就能立刻响应。尽管如此，闭路监控摄像头仍然有其利弊。以下是这种安保设施的几个优缺点。

（一）优点

闭路监控摄像头：

- 使人更有安全感。摄像头表明旅游供应商足够关心客户，愿意为他们安全投入资金。游客如果知道旅游景点、酒店和交通运输中心有监控录像一般会感觉更好。
- 摄像头可能起到威慑犯罪分子的作用。尽管没有摄像头可以成为完全的威慑手段，但犯罪分子不知道摄像头是否会记录下他或她的所作所为，因此可能会避而远之。
- 可以在防止监守自盗和小偷小摸方面成为主要的威慑手段。商店经常会因为小偷小摸、监守自盗行为损失大量资金。监控摄像头可以成为限制这些问题的高度有效的工具。
- 提供有关犯罪分子的确凿证据。如果犯罪分子位置合适，这些摄像头在定罪方面可能非常有帮助。

（二）缺点

在安装监控摄像头前，旅游单位应考虑以下几点：

- 闭路监控摄像头的安装与维护费用高昂。即使摄像头只是被动设备且无人监看，其维护费用也必须要与其他费用进行平衡。比如，增加一名保安是否更有效和提供更大程度的保护？
- 有可能涉及隐私权。在大多数情况下，公共场所可以完全开放进行视频录像，但必须向律师和法务团队证实这一点。另外，让市场营销人员阻止任何无法预料的宣传后果。
- 闭路监控摄像头可能使人产生漠不关心的感觉，人们会认为摄像头会应对所有安保需求。至少有一种理论上的可能性存在，那就是看到这些摄像头的人万一碰到发生，事件他们可能会选择远避之。

为了帮助你确定是否需要安装闭路监控摄像头及哪一种最适合你的实际情况，请考虑以下几点：

- 如果打算使用监控摄像头，那么你应清楚自己的目的是什么。监控摄像头是一笔大投资；要确保自己有清晰明确的目标。你应当明确知道在重点位置安装这些摄像头想达到什么目的。
- 要确保自己了解监控摄像头的局限性。比如，如果犯罪发生在监控摄像头没有记录的区位，那么摄像头基本上来说是没有用处的。某些摄像头拍摄的图像更为清晰。如果图像无法辨识，那么摄像头带来的还是安全的假象。
- 不要使用假摄像头。可能最坏的事情就是在建筑物周围设置未开机的摄像头。这些摄像头制造出安全的假象，最终要么导致市场营销的灾难，要么导致潜在的法律问题。
- 安装摄像头时要确保既要满足当前需要也要考虑未来之需。这些摄像头更新升级的难易度如何？如果需要改变摄像头的位置和使用方式，你有计划方案吗？同样，询问是否可以调整摄像头，或者完全“卸除”摄像头，需要做什么？
- 确保你了解更换和维修摄像头的成本。从某种意义上来说，世界上的一切均需要更换或替换。如果你是跟声誉良好的摄录器材经销商打交道，那么这些问题应该在购买摄像头之前加以考虑。

三、赌场安保专业人员

很多人有一种错误观念，认为在赌场从事安保不是一项复杂的工作，或者对学历的要求很低。然而，这与事实相差太远。赌场安保是高度专业化的职业，要求掌握非常多的技能。

一个优秀的安保专业人员首先且最重要的是要熟悉旅游安保的基础知识，以及他或她所供职的单位的政策。这就意味着，安保专业人员必须有能力应对各种类型的客户，其中很多可能有时表现出无法让人接受的社会行为。沟通技巧与客户服务技能必须在各种多元文化和道德行为背景中使用。

拥有客户服务的经验是必不可少的，但这非安保人员的全部工作内容。他或她必须搞懂赌场主顾的心理及其社会学形态。同时，他或她也必须知道如何使用各种设备、工具，甚至是武器。

最后，但是同样重要的一点是，我们生活在一个好打官司的社会。由此，对于赌场安保专员来说，重要的是要非常清楚他或她依法能做和不能做的事情，以及如何书面记录事件。此举是回顾事件的一个重要方法，在万一发生诉讼时可能非常有用。

（一）背景审查

如前所述，赌场人员非常接近大笔钱款，以及可以容易趁势占便宜的人。因此，对于那些在赌场工作，尤其是受雇在赌场从事安保工作的人员来说，最重要的是要有至高无上的道德品质。

其实，没有能完全了解他人，但是个人历史（即背景审查）对于了解此人过去做过什么能提供大量信息。因为背景审查既耗时花费也高，因此最好先试查一下。使用下文所列建议，给自己做一次贝塔测试。这样，在对别人进行背景审查时，在投入大量时间和金钱之前，你会对缺漏了什么，以及你需要做什么调整有一些了解。

步骤 1：他或她说的这个人是他或她自己吗?

在背景审查开始之前，有必要确保被审查人对其个人历史讲实话。换言之，先确保此人身份没有造假，然后开始背景审查。如今，不太诚实的人可能伪造驾驶证、社会保障卡、出生证明和学生身份证件等假文件，以此来窃取他人身份信息。甚至有一些网站专门帮助这些人伪造身份证件。以下几点是在了解一个人时需要做的事情：

1. 确认此人的地址；
2. 调阅公共档案记录；
3. 对自己进行一次背景审查；
4. 查阅提供背景审查的多个网站，向他人征求意见，选择最适合自己需要的那个网站。

步骤2：做好准备工作

确保此人签署信息发布表。他或她应知道你将审查关于他或她的公共记录文件。了解待检索的数据库是如何组织的。最好在与被调查人见面之前掌握这些信息。这样你就不会遗漏掉重要信息。

步骤3：获取关键信息

要确保你掌握被审查人的全名及他或她的化名或外号。如果由于婚姻或领养而改名，那么也应确保获得这些名字。注意，不同名字并不一定意味着有什么不对的地方。比如，很多人使用中间名而不是自己出生时所起的名字，但是这可能会造成时间和资源的浪费。要确保你掌握此人的相关细节。其中包括：

- 出生日期；
- 出生地点；
- 家乡；
- 小学和高中学校的名称；
- 高中后教育机构的名称；
- 免除服兵役义务文件；
- 社会保障号码；
- 护照号码；

- 驾驶证；
- 电话号码；
- 传真号码；
- 所有电子邮箱地址；
- 直系家庭成员名字；
- 当前和过去十年的住址。

步骤 4：做好备份

尽可能多地将你能够得到的有关此人的文件进行备份。记住归还原件，并且书面保证在调查完成时，所有备份文件都会归还，并且 / 或者销毁。

步骤 5：确认关键信息

要确保所有信息都是准确的。有两种不准确的信息：简单的文书错误（即编号颠倒）和刻意制造的错误。后者很明显要引起，因此要去征信局、邮局和大学档案馆等。所有资料都应该与被调查人提供的资料相匹配。被调查人向你提供的信息正确与否，能在很大程度上暴露其真实面目。

步骤 6：开始调查

启动背景调查最好最简单的方法是获取公共档案记录。公共档案向我们提供一些关键信息，如出生地和出生日期，结婚和离婚情况，当事人仍在世还是死亡。最后一点也许看似多余，然而，没有道德底线的人使用亡者身份的情况并非没听说过。在公共档案调查完成时，要确保此人的身份属实。反复核对申请表上给出的信息与公共档案记录中显示的信息，然后对此人的财务记录进行调查。财务记录调查必不可少的原因是有经济问题的人可能会成为赌场或此人应聘的其他机构的一大难题。要寻求有关下列几点的信息：

- 信用等级；
- 过往破产情况；
- 不动产的所有权；
- 大额汽车支付等贷款记录；

- 税赋留置权；
- 因未付租金而被收回房产的历史；
- 有关财务结算或问题的法律文件。

虽然一个人的驾驶记录可能看似并不必要，但事实上这些记录可以让调查者了解很多情况。比如，如果被调查人有超速或酒驾的历史，那么可能会发现新问题。

最后，我们居住在一个社交媒体的世界；仅仅通过在脸书、领英和推特上关注此人就可以得到大量信息。这些社交媒体渠道向我们提供大量个人信息，揭示当事人品格的很多方面。

步骤 7：刑事调查

遗憾的是，有犯罪前科的人申请安保职位或其他敏感职位并非是不常见的。要审查是否此人有犯罪前科和 / 或性侵之类的记录。要认识到很多在旅游业工作的人有机会接触大量现金和客房。应该留意可能审查不只一套档案的必要性。比如，审查国家、州、郡及城市的数据库。要记住查既往历史，不要只查到当事人最后的居住地点。下面是可以审察一个人犯罪前科的部分地点：

- 市级刑事部门；
- 郡县刑事部门；
- 州刑事法庭（大多数州）；
- 州重罪、轻罪和性犯罪刑事调查；
- 州级劳改部门（50 个州中的 47 个州）；
- 国家逮捕令与法庭令状；
- 国家劳改部门；
- 美国财政部海外资产控制办公室（OFAC）《爱国者法案》调查；
- 联邦调查局头号通缉犯；
- 联邦调查局头号通缉恐怖分子；
- 国际刑警头号通缉犯；
- 性犯罪者档案。

（Hoover，2012，刑事档案调查部分，第 5 段）

（二）面试技巧

面试可以告诉我们有关某个人的很多情况。面试要求调查人知道如何面试，并且他或她应该能够解读语调和身体语言。

招聘过程中最难的部分之一是人员面试。艾钦杰（Eichinger）在其专著《管理者和人力资源最佳用人实践：应知应会百件事》（2004年）中指出："有多少面试，就有多少面试结构，但有关研究侧重于结构性面试技巧。结构性面试技巧意味着面试人经过调研后确定了某一项职位需要什么具体的资格，然后有一系列问题，去探查候选人在之前的各项任务当中是否表现过这些能力及表现程度。在多个面试者对同一个候选人使用同一结构性面试模式时，对候选人的技能情况就会了解得更为全面和准确"（2004年，第226页）。

从安保视角来看，面试是对背景审查不可缺少的补充。面试是非常复杂的过程，不应被看作仅仅是一种谈话。面试最好由专业面试官进行，如果条件允许，可对这面试过程录音录像，以备之后参考。下文所列是进行面试时需要考虑的一些面试指导原则。

- 确保在一个安静的可以集中精力的地方面试应聘人员。
- 确保所有电话保持静音。如果面试对象是异性，应确保屋内有两个人，其中一人应与职位申请者性别相同。
- 咨询律师是否可以对面试录音录像。如果你确实对面试录音录像，应如实告知职位申请者。
- 总是以一些轻松话题 / 闲聊开始面试。这种热场阶段会使被面试者心情放松，给面试官时间去判断肢体语言。
- 在面试应聘人员时，应使用封闭式和开放式问题相结合的方式。封闭式问题可以以简单的是或不是来回答，而开放式问题需要解释。许多面试官更喜欢交替使用提问方式。封闭式问题应该以坚定和确定的方式来回答；开放式问题应该显示应聘者深度思考的一面。

从他或她的举动，面试官可以得知此人的很多信息。在此列出避免常见面试错误的一些窍门：

- 确保按时开始和结束面试。
- 关注面试对象，不要在面试中间接打电话。

- 着装得体。着装非常重要。如果你以后可能是应聘者的老板，应确保自己表现得像个老板。
- 面试对象是否在看他或她的手机，而非专注于面试？
- 要保持正面而非负面态度。如果你不考虑雇用此人，那么为什么要面试他或她？如果你在考虑雇用此人，那么你的语调和风格应在应聘者面前体现商务特点。
- 永远不要对被面试对象粗鲁。你不必非得雇用此人，但是即使你不喜欢他或她，礼貌总是正确的，并且更具商务风范。
- 允许面试对象提问。问题其实是带问号的答案。我们通过应聘者提出的问题所了解的东西，与从其答案了解的一样多。

四、人员密集的其他场所

赌场不是人员密集的唯一场所。下面这一部分讨论的是其他三种公共场所：会展中心、贸易展览、节庆活动。下一章将讨论游行和体育赛事等其他场所。

会展中心

许多赌场既有酒店也有会展中心。基于这一原因，我们将注意力从赌场区域转向会展中心。

会展是大型商业活动。内华达州的拉斯维加斯或佛罗里达州的奥兰多等地的某些大型会展中心能举办数万参加者的会展。其他城市的会展中心规模可能较小，但是其经济仍然受会展和会议产业的影响。不管是哪种情况，参会人员和/或参展人员参加会展可能需支付注册费，同时还在住宿、饮食、娱乐、汽油和交通服务，以及当地纪念品方面花费金钱。

会展和会议不仅是人员密集场所，而且还是一个地区展示自己的机会。因此，这些地区争相发展会展产业。

五、会议和会展历史

贸易展销会和博览会可能是会展和会议的一些早期形式。事实上，贸易博览会代表了资本主义的一种最早形式。自从人们开始交流和收集信息，就总是有一种与他人进行贸易的趋势。从人类远古时期开始，人类就有聚集在一起的需求，交流思想，寻找呈现产品、服务或思想的方式。比如，早在圣经时代，人们就已经认识到光有好东西不一定卖得好，他们还得让自己的产品好看易销。早期的参展者认为，位置可能意味着成功与失败的不同结果。因此，他们在当地贸易展销售会上互相竞争最好的位置。经历了千年之后，博览会和贸易展销已经演变。今天，贸易展销仍然很好地保留下来，对大型产业及对于当地经济来说都是极端重要的形式。贸易展销也产生了会展和会议产业。会展和贸易展销是相似的，因为人们分享资料和“产品”。然而，贸易展销提供的是真正的实物展品，而会展更加抽象。会展提供销售理念或市场集体“智慧”的机会，可能是人们聚集起来学习、交流思想和产品并/或创造未来个人或业务提升的人脉网络机会的大型活动。许多会展贸易展销与实际会展结合在一起，或反之亦然 。这使得人们有机会谈论某些概念，并思考如何将这些概念转化成实际产品，满足当前和未来的需求。

贸易展销、会议和会展的影响范围常常超越实际的代表和参展商。代表和参展商不仅参会参展，他们也经常趁“商业之旅”的机会去度假。现在，对于会展代表或那些在贸易展销会上参展的人来说，携家带口，既做生意又娱乐的理念并非不常见。

从旅行和旅游业的视角看，贸易展销和会展为主办地区提供了重要的经济推动力。正如上文所说，那些在会展或贸易展销会上工作的人员，或是参观会展和贸易展销会的人需要酒店、电工、餐馆、交通等大量服务。另外，参展商可能需要货运服务、展会协调人及服务人员来布展和撤展。贸易展销和会展不是存在于一个完美的世界。这些大型活动吸引了无数靠不正当手段谋生的人。比如，贸易展销会为盗窃和抢劫提供充足的机会，各种会议包含了本书第一章中提到的所有社会学力量。在今天的世界中，会展需要大量安保，不仅是要阻止盗窃，还要保护展会上的展商和观众。

安保和会展互为相关。没有会展就没有会展安保的需求；没有扎实的安保，一个地区的会展业务可能很快萎缩。贸易展销和会展安保比乍眼一看更复杂。从会展中心的角度来看，其安保队伍应对会展中心内所发生的事情负责。然而，从会议策划者的视角来看，会展中心或展览区域之外发生的事情也可能大大影响展销会的安全。

由此存在一种控制回路，即安保官员需要会展为其提供工作岗位，会展（或贸易展销）需要安全的区域和社区。对于一个地区来说，为吸引会展，这一地区需要对自身情况有一些了解。因此，对于会展和会议策划者来说，至关重要的是他们应与私人和公共安保专业人员合作。这其中涉及的所有群体必须意识到下列问题：

- 这一地区适合举办会展吗？在力图吸引会展之前，安保人员必须了解这一地区的特殊之处是什么，这一点很重要。安保人员需要清楚某些问题，如：这一地区的人口特点对某一个特定会展是有利还是有损？这一地区的地理特征是否不适合某些年龄群或者有特殊身体需求的人群？
- 会展中心所在的邻近地区安全情况如何？一个会展城市的声誉只需要一次广为传闻的事件就可轻松毁掉。与当地警察部门认真合作，确保及时得体地提供安保。同样，去做有可能改善和美化会展中心邻近地区景观和环境的任何事情。记住，围绕会展中心的邻近地区是给游客留下最深印象的地方。
- 哪些当地企业、服务机构和市民愿意将此地区转变成以会展为导向的地区？会展为导向的社区在代表离开会展中心走入社区时可以赚钱。如果这一地区客户服务差，或完全对旅游没有好感，那么参加会展的人员会对这一地区而不是对会展本身提出负面看法。喜欢一个社区的会议代表更可能作为休闲游客回到此地，或将其推荐给他们的家人和朋友。
- 了解其他具有竞争力的社区正在提供什么。同样，安保专业人员需要了解他或她所在地区的竞争情况。比如，如果某社区认为其处于中心区位，那么要确定是在哪个领域。事实上，相对于其他东西来说，所有地区都处于中心位置。是什么让这一区位更加特别？交通干线有多完善，当地执法部门在协助有需求的旅行者方面，是否愿意配合？记住，很多城市广而告知其市民非常特别，按照传统来接待客人。大部分会议策划者会将这些说法理解为这一地区没有独特的东西可以提供。
- 某个特定地区可以举办多大规模的会展？一些地区经常不会周密考虑

会展的后勤管理。如果你要吸引会展，那么一定要了解你们能够提供什么类型的酒店，餐馆距离会展中心有多近，以及会展中心有什么服务设施。乍一看，这些问题可能并不会影响会展中心的安保工作人员，但事实上确实会影响。会议代表和贸易展销会的参展商不住在会展中心；在会展中心区外所发生的事情会影响会展中心里的一切。

- 会展中心做何承诺？这些承诺可以实现吗？提醒会展招商人员确保他们的承诺是真实可行的。会议策划者十分明白真实承诺和空头许诺的区别。现实是你可能永远都不会知道什么会让你赢得（或失掉）会展业务。安保专业人员是会展中心营销团队中非常重要的一部分。客户服务对于安保人员，与对于营销部门的人员一样，都是必不可少的。
- 当地酒店和旅游景点的安保水平如何？许多安保人员错误地认为他们对会展中心之外发生的事情不负责任。从理论上来说，他们没错，但大多数游客并不会区分会展中心与当地社区。虽然不可能区别哪个场所孰好孰坏，但设法引导人们去那些问题最少的地方不失为一个好主意。脸部表情和肢体语言可以传达用语言无法传达的东西。

六、会展中心或贸易展销会中的犯罪

鲜有关于会展和贸易展销中心犯罪的信息。文献综述表明，会展中心犯罪一般局限于有关会展中心附近犯罪的文章和媒体报道，或会展中心的一些犯罪机会，如，偷盗、扒窃，或顺手牵羊偷走无人看管的私人物品（如手提包、公文箱和笔记本电脑等）。会展中心的实际犯罪率看似很低，其原因很多，其中有：

1. 大多数会展中心拥有训练有素的充足安保力量。
2. 会展中心规范程度很高；有具体的指导方针，无论是展商还是观众都必须遵守。比如大多数会议和贸易展销都要验明身份后才允许参会、参展者入场。并且在入场之前都要求检查手提包、衣服和其他随身物品。
3. 会展中心倾向于综合使用高科技和低科技技术，由此预防重大犯罪的发生。
4. 对于会展中心来说，一次重大犯罪的负面影响和代价非常之高。因此会展中心应随时保持预警状态。

然而，会议 / 贸易展销中心自身可能需要准备好，应对不断变化的各种挑战。许多大型会展中心既有安保也有安全部门，而小型会展中心趋向于将这两个部门合并在一起。为方便行文，本章将安保和安全合在一起，将两者视为一个部门。

由于会展 / 贸易展销中心会吸引大批人群，所以不可能对所有参观者进行背景审查。在恐怖主义抬头的时代，新的挑战等待着这些展览中心，其中包括：

- 网络犯罪问题。大多数会展 / 贸易展销中心如今都依赖于电脑。每天都会有从许多流氓国家针对西方国家及其经济和工业基地发动的网络攻击。虽然在撰写本书时尚未听说针对大型会展中心的重大网络攻击的报道，但这并不意味着这样的攻击不可能发生。会展 / 贸易展销中心必须准备好应对停电、电脑控制的喷淋系统被启动等各种情况。在所有情况中，由于展览的物品数量之大及会展和贸易展销时间短（通常少于 8 天），网络破坏会产生重大的经济和声誉影响。
- 身份盗窃问题。身份盗窃是一个普遍的问题，并不局限于会展中心或贸易展销会。然而会议和贸易展销会在某种程度上对个人资料的管理有些宽松。这些场合为信用卡信息的盗窃或个人文件的丢失提供了充足的机会，由此造成身份失窃。
- 手机遥控引爆炸弹的问题。大多数会议 / 贸易展销中心对入口控制十分严格，然而衣帽间和储存间却是另外一番状况。这些房间可能成为炸弹进入会展或贸易展销区域的入口。即使不是，在如此敏感的区位，炸弹也会制造伤亡事故及大量负面宣传。
- 针对大型建筑物通风和供水系统的袭击。因为会展中心一般是大型建筑，完全依赖于通风和供水系统。许多建筑，尤其是中等大小的建筑，都有可以轻松进入的通风系统。通风系统提供了悄无声息实施攻击的可能性，使受害者意识不到他们正在慢慢中毒或受害。
- 空气传播疾病和有预谋致染的问题。与适当的通风保护问题密切相关的是可能无法察觉的空气传播疾病的问题。传染性疾病患者可以被送入会展中心，仅仅通过“有计划地打喷嚏”就可以制造恐怖。大多数会展中心无法知道谁有传染病，以及谁可能是这种预谋传染的罪魁。

- 火灾与火灾预防问题。会展 / 贸易展销中心的规范与保护等级高。这些大型建筑物定期进行消防检查，每一次“展览”都被视为不同的实体。从公众的角度来看，这可能不足为虑。然而，并不是所有消防检查人员都一样，一些人比另外一些人的工作做得更细致一些。主观认为会展中心不可能发生火灾是一个错误。而且，如果疏散流程安排不到位，发生火灾时可能就会造成恐慌。因此，消防安全与人群控制之间的相互关系至关重要。
- 食物中毒问题。会展 / 贸易展销中心通常有某种类型的餐馆或食品特许经销商，而且对这些营业单位的监督程度很高。很多摊位经常提供试尝食品和纪念品。虽然会展 / 贸易展销中心的安保工作人员会检查提供给公众的大多数食品，但仍有很多不受监管的产品可能会悄悄流出。

上述挑战仅仅是现代贸易展销和会展中心所面临挑战的一些代表。许多贸易展销会为其参展商提供安保和安全工作手册。这些工作手册经常是针对具体贸易展销会的需求定制的。下文是贸易展销会采用的部分安保指导原则的综述。

七、部分贸易展销 / 会展安保程序

- 贸易展销会的入口经常有保安检查入场人员的胸牌。在很多情况中，在展览开幕之前，未经许可，任何人不得入场。
- 贸易展销会的安保通常要求所有现场工作人员（包括布展和撤展人员）使用官方标识身份的胸牌。所有在展览大厅的人员必须佩戴胸牌，这一胸牌必须由贸易展销会主办方发放，不能以业务名片作为替代。
- 展览会晚上关门之后，保安要确保不允许任何人进入展销区域。
- 提醒参展者，偷盗行窃在摊位无人照看时最容易发生。这就意味着参展商必须要有适当措施，使单人摊位免除个人方便之忧。
- 如果有大量昂贵物品参展，如珠宝展览，那么参展商为其摊位雇用保安是有益处的。主观认为贸易展销会主办方可以提供全方位保护是错

误的想法。

- 不要将贵重物品留在展览区。明智的做法是将贵重物品存放在保险柜里过夜。
- 参展者永远不应该将贵重物品留在展览区过夜，而是应该收拾、储存或盖好展览物品。
- 参展商应编制全部在展物品的清单。这一清单应包括带来参展的是哪些物品，哪些在展览结束之后可以处理掉。
- 参展商永远不应相信任何对其商品进行安保工作的人。安保始于参展商自己。

贸易展销会意在揽客。这是某些人在贸易展销会上花钱租展位的主要原因。然而，揽客有其限制。大多数贸易展销会要求其参展商将揽客行为限制在自己摊位的范围内。使用性暗示，到甬道上揽客，或在他人摊位前揽客是不被允许的行为。大多数管理公司不允许未经授权的人员到展览区揽客。因此，揽客只限于那些已经购买展位的人员和公司。同样，通常的原则是参展商与贸易展销会的主题有一定相关。贸易展销会以集群原则为运作基础，这就意味着类似产品集中起来可形成有益于各方的合力。同一原则在赌场和书店等其他业务中也成立。

建筑标准和限制条件

大多数贸易展销会都有特别具体的摊位搭建规则。这些要求考虑的是一致性，并允许安保和安全人员必要时有权进入展览大厅。并且，大多数贸易展销会也有非常具体的消防规则，也有关于使用易燃燃料、缆线和电子设备的特别限制规定。

八、危险材料

无论是在室内还是室外，贸易展销会都有非常具体的危险材料规定与规范。常见的禁令包括标明“危险”、“警告”、“有毒”、“禁止吸入”等字样的物品。如果参展商不确定是否准许某一产品，则需要咨询。当地消防部门对是否允许危险材料进入有潜在大量人员在场的封闭环境非常谨慎。

九、贸易和会展中心的动物（宠物）

除了宠物展或竞技动物展，大多数贸易展销会只允许导盲犬等与特殊人员相关的动物进入。其他动物可能带有巨大的卫生和安全隐患。如果这些动物未经训练，那么他们可能会造成意外伤害。

我们生活在一个好打官司的社会，当今的大多数贸易展销会都已在法律顾问的帮助下制定了自己的规则，并且要求某种形式的责任限制。对于参展商来说，在签订任何协议之前，与其法律顾问讨论规则和法规总是明智的做法。

十、会议 / 会展中心安保与安全计划

会议中心与会展中心一样，经常会针对地区和中心的具体需求制定其安保流程。位于拉斯维加斯和奥兰多的大型会展中心，安全与安保需求的区分方面得到了非常认真细致的关注。在小型会展中心，这两个部门经常合并为一个综合部门。

会展中心安保的一个好例子详见由洛杉矶会展中心（Los Angeles Convention Center，LACC）[①] 网站。该网站表明，洛杉矶会展中心对“公共区域和非特许空间的人身安全和流程安全”负责。洛杉矶会展中心也向重大活动安保指挥提供面谈时间和与后者协调工作。洛杉矶会展中心拥有一整套应急程序、疏散路线及潜在危险说明。洛杉矶会展中心明确地将安保视为与重大活动主办方共同承担的责任。因此其网站说：“重大活动安保承包商对所有许可区域的安保负责，其中包括安保运行、在使用期间为所有许可区域大门开锁、行动数据自动化系统（ADA）合规与支持、危险控制、应急程序、减少并报告盗窃案或损失，并将刑事诉讼转报当地警察。”因此在此列出责任三角，如图 5.1。

再一次说明，由于我们生活在一个好诉讼的社会，该网站上列出了保险要求。其中包括：

a. 一般责任险，保额为 100 万美元。

---

① http：//www. lacclink. com/lacclink/security. aspx.

b. 工人的赔偿险，在洛杉矶会展中心重大节事服务部门存档。

c. 洛杉矶会展中心和洛杉矶市应在上述两种保单中作为追加受保人。

d. 请将保险背书表转发给你们的保险公司或代理公司完成投保手续。这些表格应交回洛杉矶会展中心重大节事服务部门。

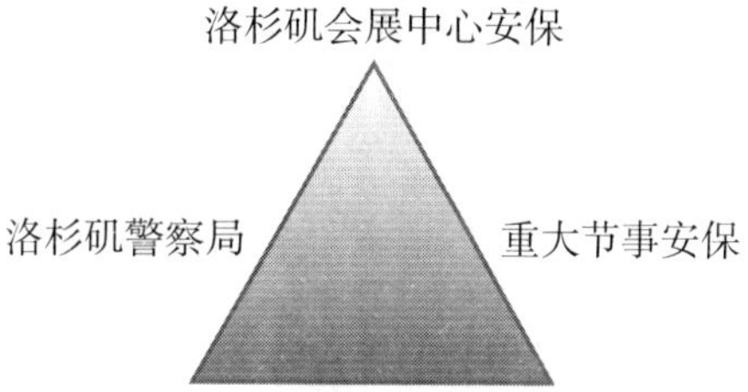

图 5.1　重大节事安保的一个内容是制订重大节事安保计划、人群控制计划、队列控制计划及建筑物安保计划

十一、重大节事安保计划

重大节事安保计划可以非常简单或极其复杂。在很大程度上，计划取决于节事类型、参加人员、节事区位及节事的时间安排。有关节事总体策划的网页，详见美国司法部网站[①]。

无论节事的规模是大还是小，都会有某些特点是所有节事共有的。这些原则对小到婚礼大到国家会议等所有活动都适用，其中包括：

- 事前策划和风险管理计划；
- 知晓谁负责节事活动及指挥层级是什么；
- 有关这一节事活动的隐患和风险；
- 了解谁拥有对于这一节事活动成功所必需的什么信息；
- 节事主办方及其安保负责人可使用的通信方式；
- 应对内部和外部交通问题的方法；
- 确定谁应 / 不应参与节事活动工作的体系；
- 确定谁负责安保与安全的计划；
- 确保疏散路线清晰，以备不时之需。

① http：//www. coos. usdoj. gov/Publications/e07071299_web. pdf.

户外节事活动

旅游业务和商业不仅在赌场和会展 / 贸易展销中心举行，还有大量商业活动经常是户外节事活动。由此，本章探讨的是涉及旅游和节事活动产业这两个领域的部分安保问题。

在世界很多地区，夏秋两季满满安排了节庆和户外活动。这些活动是展示一个地区和增加收入的好机会。然而，节庆活动需要做大量工作，以确保安全和安保。没有与当地执法机构的合作，任何节事管理委员会都不应批准举办节庆活动。常见的做法是，执法部门是“被告知”有节庆活动而不是向其“咨询磋商”。其负面影响可能是从对无秩序行为的投诉到严重的悲剧等各种事情。从节事活动委员会确定其日期的时刻起，非常重要的一件事就是委员会要联络执法部门并参与执法部门的工作。具体的规定和指导原则需要与当地主管部门共同研究产生。因为节事活动各种各样，五花八门，下文是针对节事活动制定的一系列基本通行指导原则。

- 在活动预策划阶段，要记住成功的活动是从完善的活动策划开始的。许多重大节事的策划者和组织者对他们希望举办的大型活动的类型及举办场所胸有成竹，但同样是这些人，有时却可能忽略其他重要的因素。节事策划者应该至少在活动举行一年之前，制定重大活动的时间表。最重要的是他们要在筹备阶段的会议中纳入所有的重大利益相关方。利益相关方包括监督节事活动的城市管理机构、执法部门、交通管制部门、地方企业、市场营销机构，当然还有地方会展和旅游管理局 / 旅游办公室。
- 确定节庆活动类型和举行地点。无论是节庆风格还是活动的地点，都对安保有非常重大的影响。比如，对于因天气状况不稳定而取消或推延活动一事，谁最后说了算？停车地点有多近？这一地区有蛇出没吗？该节庆活动是供应酒精饮料还是完全“禁酒”？活动所在位置周边地区有什么地理问题？有没有黑帮或可能扰乱活动的其他人，或是成为活动安全隐患的人口问题？
- 在活动策划阶段，做好充分的危险和风险评估。这是节庆和重大活动策划经常忽略的一个方面，尤其是在街头暴力和恐怖主义横行的时代。

回顾有关风险评估的章节，确定主要风险是什么。比如，节事活动的人口特征是什么？如果该活动主要吸引老年人，则可能具有一系列风险。家庭成员会制造其他风险，年轻人和十几岁的孩子会导致完全不同类型的风险。同样，重大活动举行的地形，活动举办的季节，以及无论在室内还是在室外，都会大大影响你必须准备应对的风险类型。要确保重大活动策划者知道谁会在节庆活动中工作。如果涉及现金交易，应如何保证现金安全，以及进行什么样的背景审查？

- 要在重大活动之前细致审查所有关键因素，其中包括：活动主办方组织活动的目的和经验如何？该活动是否旨在推动某些文化、政治和社会议题？该活动的历史是什么？过去什么方面出过差错吗？当地社区对该活动有多欢迎或多不欢迎？如果该活动在居住区街道举行，那么其中涉及的问题可能会与同一活动在空地举行产生的问题完全不同。天气会如何影响这一活动？不要仅仅考虑下雨。比如，如果这是一次夏季户外活动，人们会中暑吗？他们如何得到饮用水？活动提供多少公共厕所？
- 区分不同种类的风险，因为并不是所有风险都是一样的。自然环境风险对应可能发生在人和地点的事情。这些是有形风险，其结果可以测量。声誉风险指的是因某方面的差错而对一个地区的声誉所造成的代价。大多数人认为媒体不公正，因为媒体喜欢断章取义。在很多情况中，这是事实，但是依赖于旅游的地区需要有应对媒体的计划。另外一种形式的风险是在某些事情出差错时，工作人员及当地人所付出的情感代价。情感风险意味着一次重大活动必须要有后备人员到位，这样第一响应者才会以良好的状态完成其工作而没有后顾之忧。最后，任何重大活动都有财政风险。如果人们不到场，或者如果发生气象灾害，那么活动策划者需要考虑从严重的经济损失中恢复的可能性。
- 确定节事活动可以接受的风险水平是什么。研究降低风险的方法，将风险分散到活动各个环节，而不是使其集中在一个地方。你也可以通过与合作机构分担责任、参加联合培训，以及在整个活动过程中持续监控意外和非计划变化来降低风险。你需要寻求降低风险的方法，但是对于某些情况，由于不可预见的风险，取消活动可能才是非常明智的。在这些情况中，不作为可能会导致重大的风险。

- 切记不能没有完善的组织（应急指挥）结构就举办节事活动。失败的原因常常是活动各部分之间缺乏沟通。在举行活动之前，所有利益相关者必须统一思想，并且互相理解。因此，重要的是要有交流和进行协调的体系。良好的应急指挥结构可降低风险；一旦事件发生，这些指挥结构在保护生命和财产方面会起到至关重要的作用。
- 制订酒精饮料消费计划。酒精饮料的销售（提供）一直是一个问题。不供应酒精饮料是上策，尽管经常不可能实现。如果提供酒精饮料，那么要为这些引人关注的安保挑战制定预案，比如：醉酒规定，未成年人饮酒问题和酒精饮料从一人到另一人的传递。这些规定应引出下面的问题：有关小醉或大醉的驾车人离开节庆地点，由此造成交通事故，节庆活动主办者对此有什么政策？节庆活动之前，应在执法部门的帮助下，处理酒精饮料消费的问题。
- 节庆活动安保策划者必须知道谁会有何种进入活动现场及展位的授权。就像贸易展销会一样，节庆安保策划者必须知道谁可以进入节庆活动区域，何时必须清场，以及谁有接触展位和现金的机会。运作节庆活动最困难的一个部分是确定各人的许可权限，如何辨识拥有正当权限的人。节庆活动管理者需要考虑手中的现金及其储存地点，还有酒类、艺术品和手工艺品、商品及设备等棘手的物品。如果节庆活动是在户外且持续数日，那么必须找到安全的储存地点，以防止物品因犯罪和/或天气而受损。记住，节庆活动的客人也可能参与抢劫，同样的问题也会在展位工作人员的身上发生。
- 节庆活动安保人员必须确定什么类型的安保与安全最适合节事活动的需要。安保和安全对于任何节庆活动的成功来说都至关重要。安保警察、消防人员、急救分队，还有公共卫生官员。由于警察的预算和人力有限，要考虑对专业第一响应者辅以私人安保人员。在这些情况中，要确保两个团队互相协调，共同合作。要进行联合疏散或沙盘模拟演练，以此确保每个人清楚其角色。

- 要考虑人群控制的所有问题。虽然每一次节事活动都有不同的人群控制问题，但是在考虑人群控制时，所有节事活动都有一些共通的情况。具体来说，如果是室外活动且不提供座位，那么人群控制的最佳做法之一是安保人员骑马。然而马匹极端昂贵，而且经常涉及卫生问题。对于马匹的一个相对廉价的替代做法是想办法让安保团队中的一些人高于人群，如使用塔楼、乌鸦的巢穴，或者甚至是屋顶。
- 人群倾向于自保性命。为了确保人群有序，让人群一直保持低速稳定的步调前行。人群在移动过快、处于静止，并且没有简洁明了的疏散机制时，容易陷入混乱。记住，大多数人对口头语言比对书面语言的响应更佳。
- 节事活动及其安保计划是当地接待产业的组成部分。南卡罗来纳州查尔斯顿警察部门的格雷格·穆伦警长强调了认真对待节事活动安保，并将其与整体旅游规划很好地结合在一起的重要性。穆伦对其警官强调说，节事活动是某种形式的旅游，这些活动与其他旅游形式一样，也受到同样社会学问题的影响。因此，节事活动发生负面事件时，可能会有不良的宣传影响，并且损害整个当地产业。对于所有形式的风险管理，应对风险比应对已经发生的损失更有成本效益。
- 一次节事活动安保的成功，可以通过安保职员是如何很好地降低风险，公众在活动中感受到的安全度，阻止犯罪的数量，以及由于活动让人“感到”安全，公众再次回来的意愿等方面来衡量。节事活动风险的关键领域包括卫生和安全问题（尤其有食品售卖时）；人群管理、酒类的销售和消费；交通管理，其中包括来程、停车和离开节庆活动的去程；以及一旦打斗爆发，抢劫案发生或者甚至是大规模杀戮发生时的个人安保问题。
- 评估，评估，评估！节事活动风险管理中的一个重大错误是事后未能进行评估。要确保进行彻底的事后回顾。这一回顾既包括正面的也包括负面的结果，进行得顺畅的地方，由于幸运没有发生之事，以及所犯的错误。列出可以改进的地方。事后评估时永远不要辩护，而是在书面报告中分析各种计划，并记录有效和无效的策略。报告应该在节事活动结束后 30 天之内写完，确保不遗忘和不美化。

参考书目

Editorial Casino-crime link is well established. (2013). *Concord Monitor.* Retrieved from http://www. concordmonitor. com/home/5253146-95/editorial-casino-crime-link-is-well-established.

Eichinger, R. W. (2004). *100 thiings you need Io know: Best practices for managers and HR*. Minneapolis, MN. : Lominger Ltd.

Grabianowski, E. (2007). How casinos work. *How Stuff Works.* Retrieved from http :// entertain-ment. howstuffworks. com/casino. htm.

Hoover, J. (2012). How to conduct a background check? *How to Invetigate*. Retrieved from http//www. howtoinvestigate. com/articles/basic_background_check. htm#. UmB2phaNBvz.

Kent, S. (2013). Singapore proof a casino won't spike Toronto crime. *Toronto Sun*. Retrieved from http//www. Torontosun. com/2013/01/21/singapore-proof-a-casino-wont-spike-toronto-crime.

Stitt, B. G., Giacopassi, D., & Nichols, M. (2000). The effect of casino gambling on crime in new casino jurisdiction. *Journal of Crime and Justice*, *23*(1), 1—23.

Tapley, L. (2009). Do casinos cause crime? *The Crime Report*. Retrieved from http // www. Thecri-mereport. org/archive/do-casinos-cause-crime.

第 6 章　水上旅游：海滨、河流、湖泊和公海安保

一、导语

图 6.1　欢迎光临巴拿马运河

从古至今，河流、湖泊和海洋一直吸引着人们。早在旧约《约拿书》的时代，人们就已经认识到世界上的海洋既是食物的来源，也是交通的源起，同时还是神秘和危险的源头。这些水体创造了自然的屏障，同时河流和海港

是国家通向世界的门户。大型水体也在海滨、邮轮、垂钓和水上运动等多种形式的旅游中扮演着非常重要的角色。水上旅游常常（但并不总是）划归“阳光、沙滩和海洋”类旅游。

水上公园的现象也可以视为水上旅游的一部分。以前，水上旅游主要必须应对的安全问题是防止人们溺亡、鲨鱼或水母等海洋动物的袭击、潜水安全和在太阳下过度曝晒。随着许多大学生将海滩变为春假派对场地，许多间接安全问题随之出现。这些问题当中有很多不是在水上发生，但是没法与水上旅游分开。其中的一些问题包括：

- 盗窃和失窃；
- 性骚扰；
- 粗暴和/或不符合社会规范的行为；
- 裸露；
- 非法入室。

过去十年，水上旅游还必须应对海盗和/或潜在的恐怖主义威胁。因为这一主题太广泛，本章侧重两种主要的水上旅游形式：海滨旅游和邮轮旅游。

二、海滨/海上/江河旅游

几乎每个人都喜欢在海边呆上一天。海滨旅游经常称为“太阳和沙滩”旅游，可能称为“海岸旅游”会更好，因为这一术语包括的范围更广，超过仅仅游览湖泊或海边的沙质海岸。这一个广义的水上旅游形式包括：

- 海滨旅游既包括大洋和大海，也包括河流、湖泊，甚至游泳俱乐部。
- 在水里（比如，滑水、深海垂钓、漂流）和水边开展的水上体育，比如飞钓（fly fishing）。
- 日光浴。
- 陆上活动，比如沙滩排球。
- 水下活动，比如水肺潜水和浅滩浮潜。

这些活动中的每一种都是某种水上体验，每一种都可能产生自在悠闲的气氛，且在每一种情况中，缺乏常识可能都是非常危险甚至致命。因为水上旅游既有趣也危险，很多地方都有非常清楚的标示牌，无论游览者或参与者说何种语言都可以理解。这些标示通常以三种方式呈现，即：

（1）许可活动，（2）禁止活动，（3）信息牌。许可活动常常体现为某种活动的图像或图示，以绿色表示。比如，“允许游泳”的标志由一个游泳者被绿色圆圈围绕来表示，并把文字“允许游泳”写在图示下方。标示语经常会使用当地语言和英语等国际通用语言。表示禁止活动的标示牌使用红色，外圈是红色而不是绿色，这些图示所代表的活动上用一条线穿过圆圈，表示这一活动是危险的和 / 或禁止的。同样，图示下方使用当地语言和国际语言双语标示。信息性标示牌一般为方形而不是圆形，可以使用各种颜色，一般在图示下方使用一个词或短语作为说明文字。信息标示牌还可以表示救生员的当值时间，可以烧烤的地点或是水深。

大多数情况下，水上旅游在安全问题上而不是在安保问题上花费了更多时间。尽管在拥挤的海滩存在恐怖袭击的可能性，但这些类型的袭击迄今为止很少发生。目前，水上旅游的主要问题是：

- 人身侵害和性侵害；
- 盗窃；
- 破车而入；
- 小偷小摸；

安全问题包括：

- 溺水；
- 食品变质；
- 晒伤和严重灼伤。

（一）安全预警

许多海滩和公共游泳区至少会有某种形式的标示牌警告公众海洋条件的变化，以及是否救生员在当值。然而海滩沿线的救生保护十分不足或根本不存在，酒店的重点在于避免受到起诉，而不是重视个人安全。由此，最普遍的酒店游泳池标示语是“无救生员当值，游泳风险自行承担”。

世界各地有许多指示海滩安全的国际性标示语，但会有一些差异，不同的海滩也可能会使用不同颜色。传统做法是使用不同颜色的旗子来表示海滩的安全状态。

游泳者还会见到其他标示牌，如请他们带上自己的手机到海滩，并且在紧急情况时拨打 911 等当地急救号码。然而这种自助式安全会引发其他问题，其中包括：手机机主在水中时，手机必须有人看管；在水中出现紧急状况时，受害者可能在救援到达前已经溺亡。

（二）防止晒伤

海滩和水上体育运动还有其他安全问题，其中包括需要对太阳有害射线进行防护。尽管阳光不是一个安保问题，但确实是一个安全问题。许多假期都是由于过度暴露于阳光而被毁掉。五十年以前，人们相信阳光是有益的，皮肤晒黑是健康的标志。如今，医学专家不再持有这一观点。太阳和太阳灼伤不仅可以造成诸多不适和痛苦，还可能引发癌症。

儿童需要特殊防晒措施，而许多人忘了阳光强度和环境温度不一定有关系。比如，热带地区的高山天气凉爽，但是阳光仍然是热带的阳光！ 阳光不仅在陆地非常强，在水上也很强。钓鱼和参加其他水上体育活动的人同那些在沙滩上进行日光浴的人需要同样多的防护措施。在参加任何形式的水上活动之前，沙滩和水上运动爱好者应该咨询外科医生。应张贴标示牌提醒人们大海危险，阳光也同样危险，并且多云的天气也不是疾病和皮肤损伤的防护措施。

（三）驾船安全

很多著作所写的另外一个领域是驾船安全，无论是在公海还是在湖上驾船。这两种情况的任意一种情况都存在驾船事故和溺水的可能性。在考虑驾船安保和安全时应该考虑以下几点：

- 驾船在美国是很受欢迎的运动项目。
- 船的尺寸大小不等，小到独木舟或皮筏船，大到可以穿越海洋的大型游艇。
- 驾船经常与竞技钓鱼结合在一起。

另外，“钓鱼”这一术语可以包括从深海竞技钓鱼到河边垂钓等任何形式。然而，在所有这些情况中，都需要采取一定的防护措施：

- 适当的穿着和护肤液能提供足够的防晒保护。
- 使用救生工具等适当的安全设备。
- 要明白水的危险性。

对于公海的情况，要意识到海洋是变化无常和危险的，情况会瞬息万变。鱼类和其他形式的海洋生物不是为了人类的快乐而存在。切记，大海是海洋生物的家，人类仅仅是大海的客人。对于大型水体，美国海岸警卫队在其网站上提供了大量的信息。比较明智的做法是在进行海洋探险之前咨询一下海岸警卫队和其他警务机构。

三、水域犯罪问题和恐怖主义问题

正如上文所说，水上旅游领域并非没有其问题。这些问题包括机会犯罪、性侵和人身攻击等。前面章节所讨论的许多关键原则在水上旅游领域也非常普遍。比如说，人们可能会将值钱的财物放于鞋中或是浴巾下面。留在海滩无人照看的物品会招致盗窃。这一问题在不为财物储存提供安全场所的海滩和游泳池尤其严重。犯罪分子知道，很多游客至少会带一些现金，以备不时之需，比如买饮料或简餐。游客经常希望用相机记录他们的假期，以及 / 或者不想与世界断开联系，所会把智能手机带到海滩等地方。在那儿，这些物品在主人享受水上项目时无人看管。一旦留在海滩，这些物品就成为偷盗的目标。顾名思义，水上区域就是指人们在这些地方穿得最少的区域。在这些地方受到性侵犯的可能性很大，尤其是在隔离区或夜晚。性侵犯可能来自于当地人，因为他们认为游客不可能起诉，也可能来自于其他游客。在某些情况中，这些攻击是蓄意的；在另外一些情况中，这些攻击可能是因为大家错误地认为在春假等派对的气氛中可以无须再压抑自己。在这两种情况中，攻击就是攻击，借口无法为行为开脱。

在任何水上区域，另一种威胁是针对儿童的。这些威胁可以分作两大类：（1）确保儿童是安全的，以及（2）防范绑架等非法行为。儿童是一个特殊问题，因为他们一会儿就会不见踪影，而且在一个暴力的世界中，他们总是绑架者的潜在目标。

闭路监控摄像头在减少海滩和游泳池突发事件中可能有一些帮助，但完全依赖于摄像头，将其作为安保措施是一个错误。监控摄像头不能代替救生员和安保人员。

四、邮轮旅游

人类既迷恋大海又害怕大海。正因如此，船舶才会让人们到达世界的遥远角落，并被用作探险、商业和贸易的平台。水上漫游可能跟人类文明本身一样古老。圣经在几处提及“漫游”一词，比如，挪亚的故事原文是希伯来语，讲述的似乎是有关“不去任何目的地”的航行。如果我们不把这个故事当作“历史”来读，而是作为对水上航游社会学的深入理解，那么这些乘客的希伯来名字代表了各种邮轮航线上的乘客，让我们理解有关邮轮航行的社会学知识。我们可以将希伯来语名字挪亚翻译成“休息或放松”。因此，这个希伯来名字给我们提供了邮轮旅游定义的线索。邮轮旅游不只是指从一地到另一地的航行，其目标不是“彼地”而是“到达彼地”的过程。在邮轮旅游领域，航行是旅程，邮轮就像挪亚例子中他的方舟，是一座全包式的漂浮型酒店，而不仅是一种交通运输工具。

挪亚的三个儿子也和他一起进行“不去任何目的地的水上漫游”，他们也代表了邮轮安保社会学意义中最难理解的一些部分。我们可以将他三个儿子的名字——闪（Shem）、雅弗（Japheth）和含（Ham）理解为相信自己是很了不起、很英俊或花花公子一样的人，以及确信世界是围着他或她转的人。圣经文本暗示了乘坐邮轮的人可能是安保人员的挑战，自我伤害和缺乏常识对于邮轮安保官员和专业人员可能一直是个难题。邮轮安保人员常常必须非常努力，才能防止乘客做出可能伤害自己的事情。

另一个圣经故事讲述的是有关一个人与大海的爱恨关系的让人恐惧的故事。读者从《约拿书》中可以了解到，约拿将大海视为逃避现实的一个途径。然而，约拿很快就意识到，大海是朋友也是敌人，是一个安静的地方，同时也受制于自然力量。如果我们仍然选择这段圣经故事，不是作为历史而是作为海洋旅行的范式来阅读，许多海上常见的安保问题在这个圣经小故事中都已提到。

《约拿书》为旅游安保专业的学生提供了一系列道德伦理和现实问题。实际上这段文本可以用作在邮轮上工作的所有人的训练手册。比如，圣经文本迫使现代安全专业人员提出一些问题，如，船员对约拿的职责是什么？保护乘客是船员的职责吗？船员对保护船只有更大的责任吗？船员有权利让乘客实施有害行为吗？如果不是，那么在约拿的故事中，这起据信为自杀行为的事件是否是船员串通的结果？深入解读这段圣经文本，并从恐怖主义时代的视角来理解，现代安保专员需要问以下问题：

- 应该允许约拿上船吗？他的突然离开会引发怀疑吗？
- 我们如何确定乘客是否是安全威胁？

五、从圣经文本到现代世界

从约拿时代一直到 20 世纪后半期，海洋旅行要么是一种非常不舒适的交通方式，要么是与海洋浪漫交织在一起的终极奢华的尝试。“泰坦尼克号”是这一时期的标志。这艘巨轮极尽奢华，被包装成安全的旅行。它被认为是永不沉没的。我们可以将泰坦尼克号的沉没和生命的损失看作邮轮纯真时代的终结。

现代邮轮产业力求转变这一局面，并在此过程中，至少在一定程度上征服大海。在第二次世界大战之后，我们才注意到海洋旅行的新时代。现代邮轮产业基于没有任何目的地的漫游，侧重体验大海基于沿途停靠港口。事实上我们可以认为，这些停靠港口仅仅是邮轮体验的“借口”。邮轮旅行是为旅行而旅行，犹如一座座现代酒店浮游大海，游览港口不为别的，只为休息和放松。

（一）邮轮简史

19 世纪末 20 世纪初，目的地旅行与上层社会享乐融合在一起。这些半邮轮性质的船只使得人们能以时髦的方式出行，尤其是穿越北大西洋。尽管这些船只的目的是在港口之间进行运输，但是这种船只力图提供所有想象得到的奢华，使旅行既安全又愉悦。白星航运公司（White Star）宣称，1912年4月14日的泰坦尼克号灾难不会影响其业务。《纽约时报》1912年4月16日的一篇文章写道："大多数轮船界人士说，没有理由认为'永不沉没'轮船的沉没会影响夏季交通运输。"（"泰坦尼克号撞上冰山4小时之后沉没"，1912年）。关于泰坦尼克号的沉没对北大西洋客运航线业务所造成的影响，可能有过争论，但几乎毋庸置疑的是，两次世界大战非常干脆地为海上休闲旅行画上了句号。随着第二次世界大战的结束，海上旅行不得不面对新兴航空旅行的竞争，并且要正视欧洲与北美洲之间的旅行时间现在可以小时而不是以天数来计这一事实。我们可以认为，随着海上旅行作为一种运输形式而非放松方式而让位，现代邮轮业诞生了。

虽然乘船旅行一直是人类历史的一部分，但休闲邮轮的概念相对较新。凯莉·安·威廷（Kelly Ann Witting，2010）解释说，现代邮轮业可以追溯到20世纪80年代，它推动了旅行是为娱乐而不是为目的的观点。（Witting，2010）。

2010年，纳西姆·尼古拉斯·泰勒布（Nassim Nicholas Taleb）出版了有关不可能理论的专著，名为《黑天鹅》（*Black Swan*），这本专著是其2001年专著《被随机所愚弄》（*Fooled by Randomness*）观点的延伸。泰勒布认为，有时意外事件确实会影响商业和历史。美国邮轮业可能是黑天鹅现象的一个例子。1977年首演（并且1986年之前一直在出品）的电视连续剧《爱之船》，深得美国电视观众和世界各地观众的喜爱，其主题是没有目的地的航海旅行，将邮轮旅行浪漫化，并似乎体现了邮轮是爱情之花怒放和美好时光常现的地方。这一电视节目的影响力巨大，比如，约什·戴尔（Josh Dale，1997）曾经在其题为"巡游爱之船：美国旅游和后现代主义的升华"的学术文章中写道："'爱之船'推动邮轮旅行成为令人兴奋的、富有魅力的体验；突然间，乘坐邮轮就像是参加一场移动的、永不停止的派对"（第166页）。戴尔继续说："在嘉年华邮轮（Carnival Cruises）也开始积极推动派对游船概念时，为邮轮产业的复兴及美国旅游业的革命提供了舞台。今天，邮轮仅在美国就是70亿美元的产业，而其游客绝大多数是美国人"。（第166页）

（二）邮轮乘客作为旅游者的社会学

“爱之船”所描绘的完美静谧的大海，并不总是现实。首先，邮轮乘客是旅游者。虽然他们有特殊需求，但他们的基本行为和需求和其他旅游者一样。然而，邮轮有其特殊需求。这些船只犹如在国际水域中漂流的酒店，其船员一般来自各个国家；所有人必须遵循邮轮上的规定，但是其文化背景并非一样。游客和邮轮船务人员来自于各个国家和文化背景，共同占有着同一片有限的空间里，并且经常对什么是或不是可接受的行为有不同的认知。这些文化差异在与邮轮拥挤的空间，以及船员与游客都相对极少的独处时间等状况相结合在一起时，可能会造成特殊的问题。在海上缺乏人身分隔措施，这些个性的不和谐声音会转换成心理和生理问题。在这样一种密闭的社会环境中，我们可以从完全不同的视角审视盗窃等行为。

邮轮在很大程度上是公海上包罗万象的酒店。正因如此，大多数适用于住宿安保的情况也适用于邮轮。然而，邮轮乘客的组成可能不尽相同。应该注意的是，邮轮经常会迎合 50 岁以上人群和同性恋旅游者等特殊小众市场。这些群体中的每一个可能都有特殊的安全与安保需求。

因为这些乘客远离自己的家，他们的家也因此变得更脆弱。比如，美国有线电视新闻网（CNN）曾报道：

> 本周末的热门新闻涉及一名皇家加勒比邮轮的前雇员，他被指控使用客户信息在客户乘邮轮外出度假时，入室盗窃。
>
> CNN. com 报道说，38 岁的伯兹塞德·桑德瓦尔（Bethsaida Sandoval）已被拘捕，并被控在棕榈湾郡（Palm Beach County）实施了 24 起入室盗窃；桑德瓦尔承认她和丈夫涉案，依据合理根据的供词，她利用在邮轮公司的职位之便，获得了受害者的家庭地址。
>
> （“皇家加勒比号雇员被捕”，2010 年，第 2—3 段）

（三）邮轮安保与安全问题

尽管现代历史中发生过一些知名的船只失事事故，邮轮不仅没被视为危险的，而且公众对邮轮的感觉是，邮轮是豪华、安全的出行方式。这一安全感是基于许多主观假设或知识欠缺，其中包括：

- 媒体将船舶灾难描绘成罕见现象，是例外而不是常规。由此，尽管1956年“斯德哥尔摩号”（*MV Stockholm*）与“安德莉亚·多利亚号”（*Andrea Doria*）的相撞导致其沉没在马萨诸塞海岸附近，大多数人倾向于将这些事件看作例外。
- 航海比航空使人在心理上感到更踏实。
- 邮轮上的犯罪鲜有报道，由此增加了从抢劫到性侵等犯罪即使发生也是非常少的感觉。
- 隐私被认为是浪漫过去的一部分。
- 尽管1985年针对“阿西尔洛路号”（*Achille Louro*）邮轮的恐怖主义行动导致利昂·克林霍弗 (Leon Klinghoffer) 被杀，但是恐怖主义并没有被认为是对邮轮产业的严重威胁。
- 船上的疾病很少有报道。

21世纪第二个十年，公众开始强烈意识到邮轮安保比最初认为的复杂得多。比如，嘉年华邮轮“斯普兰德号”（*Splendor*）2010年成为新闻，因为这艘邮轮要应对一场重大的船上火灾。火灾将这艘邮轮的供电系统摧毁，迫使乘客在不舒服，甚至不太卫生的条件下生活。火灾也是严重的市场营销噩梦，导致“拖船将不幸的乘客拖回，邮轮有多安全？”（Elliott,2010）等新闻头条的出现。“斯普兰德号”火灾导致了下列结果：

- 给嘉年华邮轮船运公司造成重大的收益损失。
- 给数以千计的乘客带来不便和不幸，也给嘉年华公司造成了数额极大的成本损失，因为公司不得不向乘客全额退款。
- 美国不得不派海岸警卫队船只营救乘客。这一事实提出了一个未决的问题，即谁必须为营救工作买单。
- 嘉年华公司在世界媒体上受到了大量负面宣传。

“斯普兰德号”的悲剧是旅游保障各个组成部分之间相互关系的一个实例。这些组成部分包括安保、安全、声誉，以及经济或财务责任。在以上情况中，安全 / 安保灾难转化成了名誉的彻底惨败和经济损失。

如果“斯普兰德号”的麻烦还不够的话，邮轮乘客在上岸游览过程中还不得不面对各种犯罪。比如在东加勒比圣基茨岛（St. Kitts）上，多达 17 名邮轮乘客在旅游大巴上遭遇持枪抢劫（Askin, 2010）。虽然邮轮公司不能因为离船所发生的事情而受到谴责，但其乘客中 17 名是在计划安排好的上岸旅行过程中被抢劫的。这一事实表明，邮轮不仅仅是阳光下的爱之船，邮轮安保和陆上安保经常互相交织，并且船上所发生的事情可以大大影响邮轮停靠码头，反之亦然。

（四）旅游安全、安保及保障

毋庸置疑，这些邮轮旅行过程中的不幸事件对这一产业的声誉有巨大的影响。2013 年 6 月，据美国有线电视新闻网报道："将近 20% 的邮轮（乘客）报告过邮轮的问题"（Ebrahimji, 2013）。这些问题当中有许多不一定是安保或安全问题，但事实仍然如美国有线电视新闻网报道，大约 18% 的邮轮乘客曾报有过某些问题。在同一报道文章中，美国有线电视新闻网列出下列问题：

- 没有为愉快的旅行设计应急系统；
- 行程变化没有通知，并且邮轮公司可能在中途改变航线；
- 乘客经常得不到赔偿；
- 船与船之间及国家与国家之间的邮轮审查各不相同；
- 乘客可能有案底。

（Hunter，2013 年）

然而应该注意的是，虽然邮轮存在问题，但大多数乘客仍表达了再次乘坐另一艘邮轮的意愿。尽管有负面宣传，但大多数邮轮乘客在旅行中没有出现事故，根据再次乘坐邮轮的乘客数量，可以看出他们对邮轮的体验还是满意的。

正如前几章所说，安保可以分为安全和安保问题。正像在其他旅游形式中，这两个方面可以纳入本书称之为旅游保障的范畴中。塔洛曾广泛写过关于旅游保障的问题。指出虽然许多专业将安保和安全进行了清晰的划分，但旅游科学家与专业人员并未这么做。安全和安保没有标准的划分方法。本书将安全定义为保护人们免受非主动本质意外结果伤害的行为。安保在本书中的定义为：防止蓄意伤害的人或事物对他人或事物造成伤害的行为。比如，自发火灾是一种安全问题，但火灾是人故意引起时，就变成了纵火，就成为安保问题了。因为旅游安全/安保在旅行和旅游产业中是由客户所驱动，所以安全和安保不幸事件不仅可以毁掉假期，而且还可能毁掉当地的旅行和旅游产业。另一个使用“保障”（从保险业借用的术语）这一术语的原因是，保障指的是降低负面事件的发生概率。旅游保障不仅必须要考虑健康风险等已知潜在问题，而且还必须总是清楚地知道“黑天鹅事件”的潜在可能性。保障专家给出完美承诺是愚蠢的做法，他们充其量只能改善安保情况之外，而且必须时刻提醒公众，活着就是冒险。

就像其他旅游形式一样，邮轮对许多问题也是非常敏感脆弱。邮轮风险管理者必须将许多现实情况加以考虑，其中包括：

- 公众要求绝对的安全/安保，但生活中没有100%的安全和安保这回事。
- 任何船上发生的事情都会成为媒体的爆料。
- 邮轮提供的是封闭的环境，这就意味着，健康问题可能迅速蔓延。
- 风险管理者和安保工作人员必须要应对许多同时发生的旅游安全和安保问题，因为在大多数情况中，乘客不仅航行在海上，而且还要游览停靠港口。
- 在邮轮航行过程中，涉及许多层面的法律执行问题。这就意味着，随着邮轮的位置变化，船只、船员及乘客所要遵守的法规与法律也随之变化。
- 邮轮旅游必须考虑到这一漂浮的酒店很容易受到人为灾难和自然灾难的影响。
- 人为灾难既有犯罪性质，也有恐怖主义性质。
- 海上恢复比陆上恢复要用更长的时间并且更加困难。另外，在陆地上，许多地区已建立特殊警察部门来帮助旅游产业，但是，关于在海上与在服务于航空和航海运输的港口应如何实施旅游安保，仍然存在着很多的问题。

（五）旅游保障的组成部分

在前几章我们已经将旅游保障领域分为六大组成部分或挑战：

1. 客户 / 旅行者并不总是运用常识；

2. 社会失范问题；

3. 限制减少；

4. 压力增加；

5. 冒险和恐惧增加；

6. 对时间重要性的认识提高。

虽然这些现象在旅游各个领域都有所发生，但这 6 种现象在水上旅游领域中会有其特殊情况。因此，对于邮轮保障来说，这些挑战仍然存在，但是变得更难解决。表 6.1 列举了陆地和邮轮保障组成部分的部分相同点及挑战。

表 6.1　陆上旅游与水上旅游的比较

现象	与陆上旅游的共性	与陆上旅游的差异
常识的较低水平	正如陆上旅游的情况，人们经常趋向于被动反应而不是主动思考，并容易犯不度假时不会犯的错误。	海洋还有其他危险，如汹涌海浪、疾病问题，以及坠海。
失范行为	自我表现出较高程度的失范行为。	每一个停靠港口的语言、法律和习俗均可能不同，这意味着在一个地方是对的东西，在令一个地方可能就不对。
限制程度较低	限制程度经常由一同旅行的人决定。年轻人或独自出行的人，以及在匿名场合可能会降低限制水平。	海上旅行者经常误以为自己很安全。这一感觉与严重酗酒、深夜派对和文化差异混合在一起，可能会导致性侵或其他反社会行为。人们会认为在水上发生的事情不是真的。
压力增大	陆上旅行经常造成压力，尤其涉及航空旅行时。	一旦登船，大多数人压力水平都会降低，但停靠港不一定如此。
风险和恐惧水平提高	具有讽刺意味的是，人类面临未知事物时的恐惧机制与旅行时的否定机制存在心理差异。	许多人都有对风险和恐惧的二分态度。一方面，他们害怕大海；另一方面，他们愿意承担与那些不甚了解的人打交道可能产生的风险。
时间问题与时间管理	时间是关键，时间问题可能导致巨大压力与愤怒。	邮轮是自给自足的时间机器。当某些事情出现差错时，就会有一种不仅损失了时间，而且失去了联系和掌控的感觉。

陆地和邮轮旅游之间的其他不同和进一步的难题包括：

- 对旅行者的保护。旅游保障假设安保专业人员和警察应知道如何保护游客免受可能蓄意伤害他们的当地人、怀着犯罪目的的其他游客，以及不诚实的工作人员的伤害。旅游保障也力图保护游客不上行骗、销售质量有缺陷产品的旅游从业人员的当。在邮轮旅游领域，这一任务尤其具有挑战性，必须细分为几个部分。由于邮轮是移动的旅馆，是陆上和海上旅行的结合。这就意味着邮轮旅行中涉及多个执法机构和多项法律，也存在保护邮轮乘客免受工作职员和其他乘客伤害的需求。另外一个问题是邮轮必须遵守日程安排，如果乘客无法回到船上，或是在登陆后成为犯罪事件的受害者，就可能产生许多混乱。这种混乱局面包括：犯罪起诉如何进行？船只仍然停靠港口吗？坏人会不会趁机利用有限的上岸时间，以及警察可能会由于上岸时间太短而无法做任何事情来保护受害者等实际情况？
- 对职员的保护。邮轮产业不关心其职员（工人）就不可能长期生存。旅游保障项目的第二个方面是想办法确保正直的职员可以在没有犯罪、没有敌意的环境中工作。在邮轮上工作是一种高压力行业，工作人员十分容易受到指责或是坏脾气的人发火，从而导致不友善的工作状况。职员们必须经常与不同文化背景的人合住。共用一个房间从来都不容易也不简单，但是在有潜在的文化或价值观差异时，一点不同就可能变成安保问题。工作人员可能也会不得不应对将常识与矜持抛之脑后的不守规矩的乘客（参见表 6.1）。
- 对船只的保护。防止船只受到不必要损坏是邮轮安保团队的职责。船只的保护可包括从仅仅应对因酗酒而行为失控的人，到恐怖主义行动和 / 或海盗抢劫等各种情况。邮轮乘客经常完全忘记爱护家具、电器或设备。船只保障也要考虑清洁人员及工程师的需要，力图确保环境尽可能具有吸引力和安全。
- 生态管理。与局部安保密切相关，但又存在差别的是区域生态的保护。在邮轮领域中，生态管理尤其重要，因为全世界都在担心海洋的“健康”和不断减少的海洋生物数量。然而，邮轮生态应该不仅局限于自然生态，也涉及文化生态。旅游保障专员理应保护游览地区的文化生态。停靠港口经常会抱怨“暂时的入侵”，数千乘客下船几个小时，给这一城市造成交通难题，然后突然离开。强大的文化一般会创造安全的地方。另一方面，当文化趋于消亡，犯罪率可能会趋于提高。保护一个地方的文化生态和自然生态，是旅游保障专业人员为降低犯罪率并确保拥有更加安全稳定的环境所能采取的重要预防措施。

- 港口保护。虽然在停靠码头时，旅游安保专员主要将精力集中在保护乘客的需要上，但是也必须注意硬币的另一面。并不是所有的游客都是友好的，或会遵守当地的风俗和法律。游客可能会购买非法产品，进行非法性交易，或是破坏当地环境。这些问题会变得非常复杂，因为职能交叉的各个机构之间会产生法律争议。
- 对经济的保护。邮轮产业是船只母港和邮轮乘客游览地经济收入的重要来源。正因如此，邮轮业面临来自各个方面的袭击。比如，恐怖主义者可能将旅游地视为制造经济破坏的理想机会。犯罪分子不希望毁灭旅游地，而是将这一地点视为理想的“钓鱼”场所，从中获取大量财富。正因如此，执法机构和邮轮安保专业人员在保护每一个地方的经济活力方面扮演特殊的角色。安保专业人员如何行动和他们使用的方法，既可加强也可削弱市场营销部门传递的信息。
- 对声誉的保护。我们只需打开报纸就可以看到针对邮轮的犯罪与恐怖主义行动会得到大量媒体的关注。矢口否认存在问题的做法已经不再有效，在新闻全天候轮播的世界中，这种做法只会适得其反。邮轮安保有疏漏时，其影响会是长期的。对邮轮声誉的部分影响包括：邮轮从高级客户转向低端客户，需要降价，所提供邮轮产品的总体恶化，以及为挽回负面声誉努力进行重点市场营销的需求。

（六）一般关注点和邮轮关注点

邮轮乘客与其他形式的休闲旅行者拥有许多共同的社会学特点。在《动荡时代的旅游》（*Tourism in Turbulent Times*）中，塔洛（Tarlow，2005a，2005b）曾经写过有关旅游者社会学的内容。下文是对适用于邮轮旅行者一些原则的总结。

- 旅行者常常将常识抛诸脑后。大多数度假者趋向于认为，他们去旅行的地方是安全的。邮轮乘客当然也是这样。他们当中许多人都认为自己是在一个封闭的和受到保护的环境中。因此，他们会将自己的担心留在家中，主观认为会有人照顾在外旅行的人，什么事也不会发生。塔洛解释说，“假期”一词让我们深入探究这一现象。“假期（vacation）”一词来自于法语词“vacances”，意思是“空的”。所以，假期是大脑空白的时间，是人们放松和懈于思考的一段时间。
- 在停靠港口很容易辨认邮轮旅行者。这些旅行者经常不能融入当地文化。他们可能既不穿戴当地服装，也不说当地的语言。不像其他形式的旅游者，邮轮旅行者的时间安排要大大短于其他形式的旅行，因此，他们适应当地的时间更少。陆上旅行基于作为目的地的一个地方（或一组地方）；在邮轮旅游领域中，邮轮就是目的地。
- 旅行者经常处于反常状态。旅行就是混乱不知所措。这种反常状态有许多原因。邮轮旅行者常常仅仅因为狭窄的住处而感到不舒服，或是他们会喝太多酒。法国社会学家戴维·埃米利·都肯（David Emile Dukheim）是第一个认识到这一反常社会学状态，并对其进行命名的。都肯（Dukheim，1893）将这种反常状态称为“社会失范”。不仅反常的邮轮旅行者容易犯非常愚蠢的旅行错误，放下他们的警惕，或仅仅是粗心大意，而且那些将他们作为“猎物”的人也非常清楚这一状态。
- 游客在出行时经常放下顾忌。人们可能会在路上做他们在家里不会尝试的事情。这些限制标准的降低可能会导致人们尝试新东西，无论是对于毒品还是性，还是仅仅比平常更加粗鲁无礼都是如此。对于很多人来说，在邮轮上放肆设计什么大不了的。
- 旅行就是去体验压力。邮轮承诺无压假期，但是寻求快乐经常会导致压力。在邮轮安保中与压力相关的问题，意味着人们可能处于更高水平的反常状态，趋向于以更不理性的方式进行思考，并经常易怒。
- 与压力密切相关的是时间问题。邮轮乘客像其他形式的旅游者一样，似乎可以容忍除了时间之外的任何事情。我们只需要观察一下人们是如何排队等候甲板活动，如何在活动推迟开始时变得沮丧的。在这些情况中，经常会看到乘客脸上的愤怒、失望、沮丧和压力，由此可以理解时间在旅行中的力量是多么强大。

（七）邮轮的安保与安全问题

无论是旅游安保专业人员还是执法机构，均担心邮轮会成为坐以待毙的目标？由于其规模和船体结构，邮轮航速低，运载人员和个人财富数量大，并强调娱乐而不是安全。另外，邮轮位置经常远离警察或军事单位，不能迅速得到其救助。这些恐惧首先是在地中海上产生的。1985 年 10 月 7 日，毫无武装的意大利邮轮“阿西尔洛路号”遭到巴勒斯坦恐怖分子的袭击。在劫持这艘邮轮之后，恐怖分子杀害了一位名叫利昂・克林霍弗（Leon Kling-Hoffer）的 69 岁美国残疾人，并将他扔进了大海。克林霍弗的悲剧在于他是美籍犹太人，在错误的时间出现在错误的地点。

在利昂・克林霍弗事件之后有很长一段安静的时间。在 21 世纪头十年后半期，邮轮不得不应对日渐抬头的海盗袭击。这一现象在非洲沿岸的印度洋上尤其明显。海盗活动和 20 世纪 80 年代巴勒斯坦恐怖分子对邮轮的袭击，意味着邮轮在至少五种类型的保障问题上非常脆弱：

1. 乘客针对其他乘客或工作人员进行的犯罪活动；
2. 工作人员针对乘客和其他工作人员进行的犯罪活动；
3. 卫生安全问题；
4. 港口安保遭到破坏的可能性；
5，恐怖分子在公海发动袭击的可能性。

在撰写本书时，加勒比地区还没有邮轮遭到袭击的案例，但海盗袭击了小型船只，并且发生了许多起针对停泊在加勒比港口船只的事件。

为了简化邮轮安全和安保问题，本章涉及几个子项，每一子项是一个相对独立的整体。然而，读者要小心，为可读性原因而做的学术简化并不等于现实世界中的现实，其中许多情况可能会同时发生。

由于安全和安保问题，邮轮业已采纳下文的《邮轮乘客权利法案》。这一权利法案主张：

国际邮轮协会（Cruise Lines International Association）成员致力于对世界各地远洋航行邮轮上的所有乘客提供服务与关照。为履行这一承诺，我们的成员同意采纳下列乘客权利：

1. 根据船东对乘客安全和安保的关注，以及港口海关和移民的规定，若船上无法提供足够的食物、饮水、洗手间设施和医疗救助等关键供给，则乘客有权下船。
2. 对由于机械故障而取消的旅行享有得到全额退款的权利，或对由于这些故障而提早结束的旅行享有得到部分退款的权利。
3. 有权要求在河流和离岸水域之外运行的船只上提供全天候的专业医疗急救服务，直至医疗服务。
4. 发生机械故障或紧急情况时，对船只行程的任何调整最新进展的知情权，以及对机械故障排除进度的及时知情权。
5. 有权要求船员已接受有关紧急状况和疏散程序的培训。
6. 在主发电机发生故障时使用应急供电的权利。
7. 如果由于机械故障导致邮轮行程提早终止，乘客享有运送到船只计划停靠港或乘客原居住城市的权利。
8. 如果由于机械故障导致邮轮行程提早终止，需要上岸及在非计划港口过夜时，乘客享有住宿的权利。
9. 乘客享有使用各邮轮公司网站提供的免费电话号码来咨询有关船只运行的任何问题或信息。
10. 有权要求将此《邮轮乘客权利法案》在每家邮轮公司网站上公布。

（Parrotta & Peikin，2013，乘客权利法案部分）

（八）邮轮安保问题

下列原则也是非常具体的旅游保障挑战：

- 与一般大众相比，邮轮度假客要么可能更为内敛，要么可能更愿意找“乐子”。这就意味着，邮轮上的工作人员必须区分希望被宠爱的一类人和在海上比在陆地上更爱追求刺激的一类人。
- 邮轮客趋向于携带大量行李，从而使得行李的监管成为难题。

- 对工作人员的责难和粗鲁显示出邮轮客比平时更无顾忌。
- 脱离实际，尤其是在上岸时脱离实际可能会非常危险。
- 许多地区对邮轮的感觉很复杂，并且经常没有足够的警力。
- 邮轮乘客经常将一切形式的不适转化为愤怒。
- 就像在飞机上一样，乘客的愤怒很容易转嫁给工作人员。

与邮轮安全相关的其他原因：

- 适用于住宿地的大多数因素，也适用于邮轮。
- 邮轮经常在国际水域，处于政府保护之外，对袭击没有任何防御能力。
- 邮轮为恐怖主义提供了发动袭击的四种潜在理由，正如本书恐怖主义章节所述。
- 邮轮可能被某些宗教狂热分子视为堕落西方文化的象征。
- 邮轮是开放性的，从历史上来看很容易渗入。
- 在邮轮上，着装与语言的巨大差异并不太会让人感到惊讶。
- 在邮轮上，隐瞒身份是司空见惯的事情。
- 在邮轮上，人们常常无所顾忌。

六、邮轮特有的其他安保问题

邮轮是活动的旅店，乘客不断上船下船，来来往往，潜在的安保挑战从来不曾停止过。基于这一原因，邮轮安保不能只遵循一个模式。以下是邮轮安保必须灵活的几个原因：

- 保护必须多层面。乘客在三个地点会很脆弱：

  1. 在公海上；
  2. 港口上 / 附近；
  3. 离船 / 上岸。

- 乘客的身份特点可能会吸引恐怖分子。
- 乘客可能很富有；
- 乘客可能是多国籍的；
- 乘客可能不会说英语；
- 乘客可能不会报告可疑行为；

- 船员可能是多国籍的，反应方式各不相同。
- 邮轮航线可能会使得邮轮接近容易遭袭的地点。
- 恐怖分子可能混在乘客中，或可能选择从另一艘船或另一架飞机发起攻击。
- 由于一旦袭击发生，危机管理必定难以及时到位，因此被动的保护方法必不可少。
- 疏散可能会很困难，也可能很快成为重大新闻报道。
- 恐怖主义的形式包括传播疾病或造成食物中毒等。
- 即使只是感觉疾病和食物中毒事件可能是由恐怖主义引发就可能毁掉这一产业。

（一）邮轮与卫生问题

在很大程度上，邮轮假期是关于饮食的假期。邮轮脆弱性的一个例子是2010年11月“斯普兰德号”邮轮上发生的事情。在其航程中，“斯普兰德号”意外停电造成其制冷系统停摆，导致船上损失大量食物。“邮轮乘客忍受腐败冰冷食物”等头条新闻恰恰显示了食品安全及生存问题的挑战是有多么巨大（Spagat & Watson,2010）。

食物不仅在维护人们健康方面起到至关重要的生理作用，还常常在人们判断假期好坏方面起到重要的经济和情感作用。这一社会现象对陆上假期很重要，但是对于邮轮旅行来说更加重要。在邮轮上，乘客期待着“大快朵颐”的美食就餐体验。这就意味着就餐体验不仅是一个安全问题，还是邮轮公司向乘客推销时着重抓住的心理的一部分。邮轮公司不仅必须尽可能提供安全等级最高的食品，而且还必须在有限的空间里做到这点，而且还必须提升邮轮体验。

（二）邮轮卫生问题

大约从2006年开始，媒体报道了当时一些人所认为的邮轮业遭受的食品恐怖主义问题。事实上，这种事情根本没有发生；事实是员工没有认真洗手导致的问题。表6.2列出了2007年和2008年的某些重大事件，作为因卫生问题对邮轮造成重大影响的例子。

邮轮和其他旅游形式一样应遵循日常卫生检查制度。尽管官员们提出邮轮船只的卫生条件超出平均水平，但即使是邮轮最轻微的不合规事件的暴发也会引发媒体的关注。

表 6.2　海上疫情

暴发日期	发生的邮轮船只	受感染 / 受困人数
2006 年 12 月	海洋自由号	400 人
2007 年 1 月	伊丽莎白女王号	300 人
2007 年 5 月	挪威之星号	130 人
2007 年 12 月	维多利亚女王号	133 人
2008 年 1 月	假日号	143 人

数据来源：萨尔多恩（Sardone，2014）。

七、其他卫生问题

诺瓦克（Norwalk）病毒等病毒问题总会占据新闻头条，但还有其他众多卫生问题须在邮轮上加以考虑。假设邮轮船员很健康，邮轮上仍是一个封闭环境，客舱尺寸很小，停靠港口可能包括卫生状态极佳的地方和卫生标准低于平均水平的地方，情况各不相同。尽管由于个人的暴饮暴食或是性出轨行为指责邮轮公司很不公平，但是邮轮是乘客经常降低自己的道德和伦理标准的地方，由此导致暴饮暴食、酗酒，以及性接触，从而会导致一系列社会问题。还有一个问题可能是“海上死亡”，即由于先期存在的病症，乘客突然死亡。发生这种情况后，尸体必须得到保管，并且必须通过医疗和法律方面的安排将尸体运送回家。

最近发生的恐怖主义袭击恐慌显示了港口安保的重要性。邮轮和飞机旅行者有巨大区别。比如，没有人会在飞机上度假。下文是这些旅行形式各自的某些社会表现，之后是关于港口安保的部分。

（一）邮轮上的犯罪

邮轮上的犯罪与针对邮轮的犯罪是不一样的。总体上来说，邮轮业在低调处理有关船上犯罪的媒体关注度方面已经做了大量的工作。然而，邮轮只是一个在公海上漂浮的小村庄。乔伊斯·格利森-阿德密迪斯（Joyce Gleeson-Adamidis,2010）在讨论邮轮上的犯罪状况时说："犯罪在邮轮上存在吗？是的。是经常发生的事情吗？不是。有人关心你在邮轮上发生的事情吗？当然有。到位的保护机制影响着每位乘客在邮轮上的所有时间"（第1段）。格利森-阿德密迪斯还解释说：

- 邮轮承载着数千人，所以必定会发生各种事件。
- 邮轮配备了全面持续的监视系统，包括监控摄像头、安保人员、船员，以及志愿守望的队伍。
- 邮轮须遵守所有停靠港口法律规定。发生问题时，应联系当地权力部门，并遵守其法律。
- 她还进一步指出，在美国乘客涉事（邮轮乘客中多数是美国人）时，联系联邦调查局是标准程序。

（2010，海上犯罪部分）

与格利森-阿德密迪斯的观点相反的是很多相反的媒体报道。比如，波士顿电视台（WCVB-TV）2010年5月26日播出了题为"调查：邮轮上的犯罪经常未被报道"的一档节目电视节目披露说："陆地上出事时，会牵涉警察，"波士顿海事律师卡罗琳·拉蒂（Carolyn Latti）如是说，他曾经代理过数百位邮轮犯罪受害人的案子。她说，"当你在邮轮上时，当你离开港口时，你基本上是脱离了你的权利。"

当前，邮轮公司没有受到必须将犯罪情况上报给任何美国执法部门的要求。联邦调查局对波士顿电视新闻节目"第五组"（Team 5）说，我们无从知道多少度假者沦为受害者。许多人认为，因为他们是美国公民，一旦他们踏上邮轮甲板，他们可以行使同样的权利。然而，根本不是这么回事儿。支持这一观点的是世界上最大的邮轮公司"嘉年华"发生的事件。1999年法庭审判时，嘉年华不愿承认其船员既侵犯乘客，也侵犯其同船工作人员，从1993年到1998年累计108次，几乎是每个月两次。一档CNN电视节目甚至报道了如下内容：

"旅行者有这样一种观念，认为他们是处在一个特殊的保护层中，出

> 不了任何坏事，”佛罗里达州迈阿密市的首席海事律师查尔斯·利普肯（Charles Lipcon）说道。据悉，他正代表“珊瑚公主号”（Coral Princess）邮轮上的受害者出庭，并且在最近 10 年处理过一百多起邮轮袭击案件。但是他说，“这种想法不对。”
>
> 随着 220 亿美元规模的邮轮产业激增，应对邮轮暴力已经成为立法者最重要的问题之一。据国际邮轮协会预测，今年大约 1200 万北美人会乘坐邮轮旅行，该协会是代表这一产业的行业组织。
>
> 邮轮犯罪近些年屡上头条新闻，如 2005 年康涅狄格州一个新婚新郎从皇家加勒比号蜜月邮轮上离奇失踪。上周二，美国海岸警卫队开始搜寻嘉年华号邮轮上失踪的一名乘客。
>
> 尽管邮轮公司并不向公众公布犯罪数据，但是要求它们向联邦调查局和美国海岸警卫队报告涉及美国公民的严重事件。2007 年，联邦调查局代理副主任萨尔瓦多·赫南迪斯（Salvador Hernandez）向立法部门陈述：“联邦调查局调查了 2002 年到 2007 年年初发生在邮轮上的 184 起犯罪案件。”
>
> （Chen，2009，第 4—7 段）

现实到底是什么很难确认。邮轮上有犯罪发生吗？对这一问题的答案是肯定的，但是犯罪率比陆地上要更严重吗？答案似乎是否定的，因为这些犯罪成为了新闻，如果这些犯罪是每天发生的事情，那么事件成为新闻的概率就会很有限。下表是确实存在的其他部分犯罪形式。然而，我们应注意，关于这些犯罪发生的数量、频率或地点，没有明确的统计数据资料。

乘客犯罪的某些形式是：

- 抢劫
- 偷盗
- 性侵犯
- 酗酒和猥琐行为

在文献中没有提及但仍然是问题的是，职员对职员的暴力、乘客行窃，以及针对工作人员的潜在暴力问题。

（二）恐怖主义和海盗问题

海盗活动死灰复燃，尤其是在非洲东海岸，意味着邮轮公司现在必须做的是不仅要将保护乘客不受酗酒和潜在性侵等造成的安全问题的伤害，还要将针对船只的外来袭击纳入其风险管理规划。旅游安保和风险管理者非常清楚地意识到他们在船上面临的多种问题。尽管邮轮乘客表现出陆基旅游者的所有社会学特点，但还有其他复杂的状况会在海上发生，其中有国际法的问题：船员可能会由来自各国的职员组成，邮轮船只的封闭空间，海洋可能会带来其他安全挑战，以及当前的海盗问题。尽管在撰写本书时，海盗还未成功劫持一艘邮轮，但是安保官员非常清楚存在这一可能性，以及紧接而来的媒体噩梦。

比如，2005 年 11 月 5 日星期六，CNN 报道：

> 周六早些时候，海盗试图袭击一艘船之后，某豪华邮轮公司决定重新评估是否在未来继续推出经索马里海岸的邮轮项目。这些海盗乘两艘小船，携带机枪和榴弹发射器，于当地时间约周六早上 5:35 企图袭击西伯恩邮轮公司（Seabourn Cruise Lines）的“斯普瑞特号”（*Spirit*）邮轮。该邮轮公司总裁德伯瑞·那坦索恩（Deborah Natansohn）对 CNN 广播如是说。
>
> （Cherry & Moyer, 2005, 第 1—2 段）

非洲并不是给邮轮风险管理者造成许多忧虑的唯一地方。“CruiseBruise”网站报道：2009 年，下列地区易于受到潜在海盗问题的威胁，其中有：

非洲和红海

- 亚丁湾 / 红海南部
- 索马里海域——东部和东北部海岸是遭受劫持的高危地区。在这些地区没有停靠计划的船只应远离这一海岸。
- 西非
- 阿比让
- 科纳克里
- 达喀尔
- 杜阿拉

- 弗里敦
- 拉各斯
- 特马
- 瓦里

中南美洲及加勒比地区

- 巴西——格兰德河（Rio Grande）
- 委内瑞拉
- 海地——太子港（Port au Prince）
- 多米尼加共和国——海娜河（Rio Haina）
- 牙买加——金斯敦
- 秘鲁——卡里亚奥

（“公海上的海盗袭击”，2010 年）

加勒比地区针对旅游者的一些海盗苗头已见诸媒体。比如，根据首次出现在《洛杉矶时报》（*Los Angeles Times*）上的一篇文章，“随着在富庶岛屿间航行的船只数量逐年增长，加勒比海周围地区袭击游艇驾驶者，破坏豪华邮轮旅行生活的频率日益增高，随之而来的是，航行者的贵重物品对于这一地区的盗贼和毒贩构成诱惑”（Williams，2008，第 5 段）。该文章继续阐述另一个旅游安保问题，即检控罪犯能力不足，说：“即使已对游艇罪犯实施逮捕，受害人也很少能回来指认袭击者并作证，”加勒比邮轮旅游指南作者克里斯·多伊尔（Chris Doyle）说（Williams，2008，第 18 段）。

以政治为目的的恐怖主义行为与以经济为目的的海盗活动之间是否有交互作用，尚不清晰。使这种困难状况雪上加霜的是，即使袭击在某种程度上遭到挫败，邮轮业在媒体战中也已输掉一个回合。

（三）港口安保

要将港口安全与邮轮安全分开是不可能的。尽管在公海上会发生针对邮轮的恐怖主义袭击，在港口发生这种袭击的概率却高得多。造成这种高概率的原因很多，其中包括：

- 靠港船只停泊在较浅的水域。
- 对停靠港口邮轮的袭击，可能不仅会毁坏船只本身，还有可能对港口周围建筑物及邻近地区造成巨大的破坏。
- 对停靠港口邮轮进行的恐怖主义袭击，很可能会让其他国家因为担心在其领土上发生类似状况而禁止邮轮停靠。

正像在酒店和旅游景点，港口也是游客经常需要保护的核心地区。忙乱的旅行者经常是冲向大门或者从大门内冲出，可能对其行李的掌控力非常之小，并且经常根本不知道手续放在何处。港口，尤其是海港，可能是卖淫嫖娼及地下交易的中心，安保必须要时刻意识到，破坏这一场所不仅是击垮陆上基础设施（航站楼或码头），还可能造成货物和客运的中断。就邮轮业来看，对港口的袭击可能不仅造成伤亡，还会对这一产业的经济活力造成严重打击。

因此，邮轮的保护及其停靠港口的保护之间关联度非常高。邮轮公司必须与世界各国的港口安保进行合作。这一跨国方法对邮轮官员来说是另外一个难题。不同国家不仅拥有不同标准，而且还必须考虑不同的政治理念。为了确保邮轮安保，必许还要有港口安保。下文是港口 / 邮轮安保管理者必须考虑的部分事项：

- 港口官员必须要有这样的观念，即港口无论是海港还是空港，都可能是恐怖主义的目标。这并非意味着每一个港口都会受到袭击，但确实是意味着任何港口都有可能会受到攻击或成为攻击的通道。港口是运输系统的门户。因此，恐怖主义者可能会利用一个港口进入另一港口的审查区域。
- 当今媒体对港口安保非常敏感。对任何空港和海港的袭击（或是从港口发起袭击），都有可能在长时间内导致大量负面宣传和经济损失。
- 港口是游客进出经由之地。因此，如果一个国家的机场被认为是不安全的，那么当地整个旅游产业都可能会体会到声誉损失所产生的影响。

在为了毁灭而毁灭的当今世界，下列建议有助于港口去适应这一世界：

- 要认识到并接受旅行产业中存在根本的范式变化。旧观念将不复存在。从商业视角来看，这些旧观念非常危险。强调安全的那些旅行和旅游产业领域将有很好的生存机会。那些提供良好安保和良好客户服务的场所会蓬勃发展。仍然坚持旧思维方式的旅行和旅游产业领域将会衰落。

- 邮轮和港口安保官员需邀请专家协助培训人员，并主动去适应范式的变化。最糟糕的事情莫过于引入的人员在安保及旅行和旅游方面都不是专家。记住，这不是稍纵即逝的紧急情况，而是人们进行思考的新方式。港口安保官员必须不仅考虑安保，还需要考虑这种安保是如何对某一区域经济的影响及其行动的市场营销潜力。
- 港口安保和邮轮安保专员必须要小心，永远都不要造成一种安保的假象。在生化袭击中，防毒面具不会起到任何作用，而密闭的房间可能会很有用处。不要使人惊惶失措，而是要以尽可能专业的方式应对安全问题。人们不是在你以专业方式采取预防措施时，而是在你未能采取预防措施时，才开始感到恐慌。
- 与各个社会团体结成安保联盟。港口不是自我存在的社区；而是实实在在社区的一个组成部分。要确保港口安保 / 警察部门训练有素，理解旅游，并且确保当地旅游产业理解需要如何与港口安保官员进行合作。在很多情况下，港口安保人员和旅游工作人员甚至互不知晓对方的名字。

八、乘客如何应对邮轮紧急事件

当今世界，大多数邮轮乘客均会携带某种形式的录制设备。邮轮公司及其工作人员应意识到，在船上发生紧急事件的过程中，这些设备常常会立即开启来录制紧急事件的各个方面，以及船上人员如何处理紧急事件。游客经常会在事件发生数小时之内将事件图片上传到网络，随后新闻机构可能会在世界范围内传播这些图片。乘客们经常会说，船上工作人员似乎并不知道要做什么。然而在大多数情况中，事实完全不是这样。海事安全解决方案（Marine Safety Solutions）公司所有人及总裁约翰・弗朗西斯奇（John Franceschi）解释说，船上工作人员训练有素，当我们知道邮轮应急组织结构时，我们才会理解工作人员的行动。

弗朗西斯奇说，所有船只都有船员应急职责的指示性文件。这一文件被称为《急救站法案》(*Emergency Station Bill*)。所有船员在其正常的本职工作之外，都会得到一份与急救站法案相一致的紧急事件职责书。共同的邮轮急救职责包括灭火和损失控制、乘客疏散、救生船操作，以及与紧急事件过程中保护乘客和船员生命具体相关的许多其他职责。

船员会接受与其具体急救职责相关的培训。无论工作人员接受多么良好的培训，开始的不知所措都是紧急事件的重要部分。初期困惑的原因可能有：

- 缺乏初始信息。工作人员可能一开始对具体紧急状况并不会比乘客知道得多。
- 缺乏可信信息。确切的紧急状况必须通过判断确定。
- 应对来自乘客的可能的恐慌。

然而，工作人员与乘客的区别是，一旦工作人员明白紧急情况后，他们就能够专业地各就各位。工作人员从培训和实战演练中会得知，他们指定的急救站位置在哪，应急职责是什么。乘客经常看到工作人员似乎很混乱的景象，其实他们看到的是工作人员正奔向处于船只各个部分的不同急救站。

这些应急流程经常会让乘客感到沮丧。根据本章先前所说的基本社会学原则，乘客会进入反常状态。在紧急事件的初始阶段，工作人员可能并没有时间和信息回答乘客的问题，让乘客满意。比如，如果一个工作人员的职责是控制整个紧急事件过程中的损失，其培训没有包括乘客疏散和救生船的操作，那么他可能无法指导乘客去指定的救生船位置。在通常的邮轮紧急事件中，工作人员一般响应时间是 5 到 8 分钟。到那时，大多数工作人员会在其急救站点就位，并能够对乘客进行必要的指导。在这段时间中，驾驶台会定时广播，告知乘客到底发生了什么紧急事件。

邮轮紧急事件中要求乘客在救生船站点集合的情况很少。要求乘客登上救生船，这样的情形会更少。邮轮旅游是度假旅行最安全的一种形式。紧急事件经媒体大肆渲染，并没有真实反映行业安全标准。[①]

---

① “海事安全解决方案公司”向邮轮业提供安全评估和培训。如需更多信息，请访问 www.marinesafetyso lutions. com。

参考书目

Askin, D. (2010, November 15). Update: 17 Celebrity Cruises Passengers Robbed at Gunpoint in St. Kitts. *cruisecritic. co. uk*. Retrieved from http://www. cruisecritic. co. uk/news/news. cfm?ID=4232&sr=us,%20Nov%2015,%202010.

Chen,S. (2009, June22). Sexual assaults on the high seas come under scrutiny. *CNN Travel*. Retrieved from http://edition. cnn. com/2009/TRAVEL/06/22/cruise. sexual. assualt/.

Cerry,M. & Moyer, A. (2005, November 5). Cruise liner outruns armed pirate boats. *CNN World*. Retrieved from http://www. cnn. com/2005/WORLD/africa/11/05/somalia. pirates/.

Dale, J. (1997). Cruising the Love Boat: American Tourism and the Postmodern Subline. *The Japanese Journal of American Studies*, 8, 165—190. Retrieved from http:// www. academia. edu/ 430628/Cruising_the_Love_Boat_American_Tourism_and_the_Postmodern_Sublime.

Ebrahimji, A. (2013, June 29). Nearly 20%report problems on cruises. *CNN Travel*. Retrieved from http://www. cnn. com/2013/06/28/travel/cruise-customer-staisfaction-survey/index. html.

Elliot, C. (2010, November 14). As tugboats haul in unhappy passengers, how safe is a cruise? *Courier-Post*. Retrieved from http://www. courierpostonline. com/article/20101114/LIFE/111403 11/As-tugboats-haul-in-unhappy-passengers-how-safe-is-a-cruise. ?nclick_check=1.

Gleeson-Adamidis, J. (2010, November 7). Crime at sea. *Cruise Critic*. Retrieved from http://www. cruisecritic. com/articles. cfm?ID=240.

Hunter, M. (2013, February 15). Five things we've learned about cruising. *CNN Travel*. Retrieved from http://www. cnn. com/2013/02/14/travel/cruises-five-things/index. html?iref=allsearch.

Parrotta, L., & Peikin, D. (2013, May 12). Cruise industry adopts passenger bill of rights. *Cruise Lines International Association*. Retrieved from http:www. cruising. org/news/press_release/ 2013/05/cruise-industry-adopts-passenger-bill-rights.

Pirate attacks on the high seas. (2010). *Cruise Bruise*. Retrieved from http://222. cruisebruise. com/Pirate_Attacks/Pirate_Attacks-Main_Menu. html.

Royal Caribbean employee arrested for burglarizing cruise travelers. (2010, June 13). *eTN Global Travel Indurstry News*. Retrieved from http://www. etrubonews. com/16676/royal-caribbean–em ployee-arrested-burglarizing-cruise-travelers.

Sardone, S. B. (2014, January). Sea sick: The Norwalk Virus strikes. *About. com*. Retrieved from http://honeymoons. about. com/od/cruising/a/seasick. htm.

Spagat, E., & Watson, J. (2010, November 12). Cruise passengers endured stench, cold food, *Associated Press*. Retrieved from http://www. today. com/id/40150294/ns/today-today_travel/t/c ruise-passengers-endured-stench-cold-food/#. UrCw-Xnn00Z.

Tarlow, P. E. (2005a). Terrorism and tourism. InJ. Wilks, D. Pendergast, & P. Leggat (Eds.), *Tourism in Turbulent Times* (pp. 79—92). Oxford, UK: Elsevier. Inc.

Tarlow, P. E. (2005b). A social theory of terrorism and tourism. In Y. Mansfeld, & A. Pizam (Eds.), *Tourism Security and safety* (pp. 33—47). Oxford, UK: Elsevier Inc.

Titanic sinks four hours after hitting iceberg; 866 rescued by Carpathia, probably 1250 perish: Ismay safe. Mrs. Astor maybe, noted names missing. (1912, April 16). *The New York Times*. Retrieved from http://timesmachine. nytimes. com/browser/1912/04/16/P1.

Williams,C. J. (2008, June 1). Caribbean's lush isles are a pirates'paradise. *Los Angeles Times*. Retrieved from http://articles. Latimes. com/2008/jun/01/world/fg-pirates1.

Witting, K. (2010). How has the cruise industry evolved. *cruisehipguides. com*. Retrieved from http:www. crusiehipsguide. com/Articl-CruiseIndustryEvolves. html.

第 7 章　交通运输：航空、汽车和火车旅行

一、导语

2013 年 7 月 6 日，从韩国首尔飞往旧金山的韩亚航空 214 号航班坠毁，机上乘客 307 人，伤 182 人，死亡 2 人。这一事件占据了美国新闻版面，新闻主播和媒体记者对坠毁的每一分钟，以及造成坠毁的重大事件进行了分析。在至少两天的时间里，世界上好像没有发生任何其他事情一样。事实上，从叙利亚血腥的内战，到欧洲的严重经济危机，再到芝加哥的团伙谋杀案，期间发生了许多事情。在美国媒体紧盯韩亚 214 航班坠毁这一事件时，其他新闻简直是不存在的状态。美国媒体将大量注意力集中在了人为错误的问题上。

本章不涉及飞机坠毁的技术细节，然而确实审视了公众对航空危险的感知，以及这些感知是如何进入旅游保障领域的。“保障”在此是一个关键词，其背后的原因很多。就像古代世界依赖于水路运输一样，现代西方世界在旅行和经济方面依赖于航空运输。以前，对海洋和河流的控制意味着不仅控制着经济，还是军事实力的体现。在当今世界，对于经济或军事的成功来说，航海仍是必不可少的，但是自从 1948 年柏林空运以来，公众开始理解航空作为军事和政治工具的重要性。到 20 世纪 60 年代，商业逐渐国际化，开始跨过边界，在许多不同的国家运行。这一国际化意味着，许多商人开始依赖于高效安全的空中旅行，以此进行世界范围内的商业贸易。航空业也将航空旅行作为奢华的体验进行推广。因此，人们现在可以休闲舒适地飞行，到达其度假地点，或者将航空和轿车旅行结合起来，形成我们所知的“空陆联游度假”。在所有这些领域中，公众主观认为，尽管人们处于地表数千千米之上，

空中旅行仍是安全高效的。航空安全成为至关重要的一环，尤其是在航空领域进入到大型喷气式客机时代。

二、安保与安全的区别

如果我们要区别安保与安全，几十年前，安保在航空领域完全是另一码事。20 世纪 60 年代，飞往古巴的多架次航班被劫持，这在当时却常被大家认为没什么大不了的。在大多数情况中，飞机受劫持的时间很短，乘客和飞机很快会被归还。2012 年 10 月，航空安保和劫机方面的专家帕特里克·韦丁杰（Patrick Weidinger）将 1958 年到 1970 年称为“劫机黄金时代”。1969 年，有 82 架从美国飞往古巴的飞机遭到劫持。在这一阶段中，对于应该对劫机者采取什么行动，或是如何防止劫持都还不清楚。尽管这些劫持事件相对比较温和，但是他们对公众敲响了警钟，航空旅行者不仅要担心航班的安全，还要担心航班的安保。让这一情况更加复杂的是，没有人非常确定这些事件是政治行为、刑事犯罪行为、模仿犯罪行为，还是恶作剧。劫机者不仅毁掉了人们的出行安排，而且没有人知道这些不计后果的劫机者会将他们带到哪里。这一所谓的黄金时代在 1973 年得以结束，因为就在这一年，古巴和美国达成协议，劫机者将会被遣返回美国，接受刑事诉讼，并且美国推出了金属探测仪，加强机场安检。

表 7.1 显示，美国的劫机事件可能是以政治动机开始的，但很快成为抢劫和敲诈勒索的手段。他们最早偏爱的武器是枪，但是宣称机上有炸弹成为一种重要的新型武器。劫机事件以不方便开始，很快成为截然不同且更加致命的体验。到 20 世纪 80 年代，劫持事件（或称为“空中劫持事件”，并逐渐为人所知）不再仅仅是滋扰生事，而是成为致命的政治武器。几次事件显示劫持事件已经达到多么致命的程度。

三、值得关注的劫持事件

（一）1976 年 6 月 27 日安德培劫持事件

1976 年 6 月 27 日，巴勒斯坦和德国恐怖分子劫持了法国航空公司（Air

France）从特拉维夫途经雅典飞往巴黎的航班，机上有 250 名乘客。他们将飞机劫持至乌干达的安德培（Entebbe），受到乌干达总统埃迪·阿明（Idi Amin）的保护。他为劫机者提供了军队和武器支持。劫机者将犹太和以色列乘客挑出来，并于 1976 年 7 月 1 日将非犹太乘客释放，这些乘客之后飞往巴黎。机组人员获许可以选择离开，但是他们选择与剩下的乘客一起留在飞机上。所有这些人之后被转移到机场的航站楼。1976 年 7 月 4 日，以色列突击队突袭安德陪机场，营救出大多数乘客。这次突然袭中的死亡人数包括 3 名乘客、20 名乌干达士兵、所有 7 名劫机者，以及 1 名以色列士兵。以色列突击队还摧毁了 11 架俄罗斯米格战斗机。其余 97 名乘客飞往特拉维夫。

表 7.1　美国最轰动的部分劫机事件

劫机事件	日期和预期目的地	劫机者姓名	所用武器
美国航空康维尔 #440	1961 年 5 月 1 日 / 古巴	安图里奥·拉梅瑞兹·奥提兹	刀和枪
泛美航空 #281	1968 年 11 月 24 日 / 古巴	三个人，其中一人名为卡斯特罗	枪
东部航空 #1320	1970 年 3 月 17 日 / 波士顿	约翰·迪瓦沃	枪
环球航空 #727	1971 年 11 月 / 非洲（计划）古巴（实际）	查尔斯·希尔，拉尔夫·劳伦斯和阿尔伯特·芬尼	枪
西北航空 #305	1971 年 11 月 24 日	戴尔·库柏	手提箱中的炸弹
布朗尼夫航空 #39	1972 年 1 月 12 日 / 劫机至南美未遂	小比利·吉恩·赫斯特	枪
环球航空 #2	1972 年 1 月 28 日 / 洛杉矶飞往纽约城	盖瑞特·特瑞普内尔	威胁撞毁飞机
美联航 #119	1972 年 6 月 23 日 / 圣路易斯到塔尔萨	马丁·J. 麦克纳利	模仿戴尔·库柏 1971 年的做法
达美航空 #841	1972 年 7 月 31 日 / 阿尔及利亚	三个人，其中一名女性	枪
南方航空 #49	1972 年 11 月 10 日 / 在美国领空盘旋，最终降落在古巴	麦尔文·凯尔，路易斯·莫尔，亨利·D. 杰克逊（小）	威胁用飞机撞大楼或市区

（二）环球航空公司 847 号航班（1985 年 6 月 14 日）

黎巴嫩真主党（Hezbollah）和伊斯兰圣战者组织成员（Islamic Jihad）

将从罗马飞往雅典途中的环球航空公司 87 号航班劫持到约旦阿曼。在杀害了一名美军潜水员之后，飞机在阿尔及尔和贝鲁特等其他阿拉伯国家首都之间辗转。许多乘客直到 6 月底才被释放。环球航空公司航班被劫证明了劫持是作为政治和宣传工具的非常强有力手段。这一手段吸引了大量媒体，并成为说服以色列政府释放多达 700 名囚犯的成功手段。劫机还会降低航空乘客的安全感。乘客不仅会感觉不安，还会被扣留数周，并且人们可能会由于其国籍和宗教信仰，就像在纳粹时代那样被杀害。

（三）印度航空 IC-814 号航班（1999 年 12 月 24 日）

五名巴基斯坦劫机者控制了印度航空公司从加德满都飞往德里的 IC-814 号航班，机上乘客 180 人。恐怖分子杀害了许多乘客，并将飞机首先劫往巴基斯坦，然后再飞往迪拜，在那里释放了 27 名人质和交出鲁本·卡迪艾尔（Rupen Katyal）的尸体。被劫飞机之后飞往阿富汗坎大哈。另一部分乘客在印度被释放，印度为此释放了三名恐怖分子。该事件再次证明劫机是有效的恐怖主义手段。

（四）2001 年 9 月 11 日

2001 年 9 月 11 日发生的劫持事件可能是世界上最有名的飞机劫持案件。这次劫机案中同一时间进行的多个行动，改变了航空安保的发展轨迹，并清楚地向世界显示，民用航空可能会被用作大规模杀伤性武器。在“9·11”袭击之前，大多数劫持事件仅限于一定的范围之内，并且尽管有安德培袭击等行动，大多数人不会必然将这些恐怖行动与他们的私人生活联系起来。“9·11”袭击不仅表明世界上最重要的超级大国在出于军事目的而针对平民目标实施的有组织劫机事件面前是多么的脆弱，而且还导致了巨大的经济冲击波，大大影响了美国和世界经济。这几起袭击表明，旅游现在处在非传统战争的前沿，后方公民非常脆弱易遭袭，并且在经济互相交织的世界中，类似的袭击可能会在世界范围内破坏各国经济。这些袭击不仅导致数千无辜受害者死亡，而且进一步显示在最近几十年中，美国和国际商贸变得多么依赖于空运体系。

四、劫持事件中的共性问题

大多数劫机者在计划劫持时，头脑中都有某些目标。其中包括：

- 媒体的关注。大多数劫持者并不图财，而是为了某种事业，寻求公共宣传或政治的成功。“任何宣传都是好宣传”这句老话对于劫机来说很合适。劫持飞机获得广泛的媒体报道。媒体报道意味着，这一群体的事业和名字将为公众所知。从劫机者的视角来看，事件持续时间越长，他们的事业所得到的宣传机会就越多。
- 航空产业不仅是运输业，而且还是旅游业的重要部分。事实上，任何损害旅游产业的事情也会有损一个国家的总体经济。在恐怖分子劫持飞机时，他们不仅要获得媒体的报道，还要造成直接和长期的经济损失。恐怖主义劫持可能也会造成生命的损失。即使袭击失败了，也会对出行的公众造成大量的不安。理查德·瑞德（Richard Reid）有名的“鞋子炸弹”案例，就是一个很好的例子。2001 年 12 月 22 日，瑞德企图炸掉美联航从巴黎飞往迈阿密的 63 号航班。公众仍然处在对当年稍早时发生的“9·11”袭击的震惊中，于是瑞德被空乘人员和其他乘客抓住。尽管瑞德被逮捕，但是他进一步成功破坏了航空产业，由此导致新政策的实施。美国等国乘客如今在登机前需要脱掉鞋子接受安检。这一措施意在加大保护力度，但是许多航空乘客质疑是否脱掉鞋子只是一种官僚的反应过头行为？是否脱鞋安检就可以让航空旅行更加安全尚不清楚。

有些学者试图从成本-收益角度来衡量航空安保。在斯图尔特（Stewart）和穆勒（Mueller）的一篇题为“评估美国航空安保措施的风险、成本和收益”的论文中，作者指出，尽管加固驾驶舱门证明是有成本效益的，但是，空警的使用却并非如此。他们的分析将劫机事件用统计数据来描述。这种数据从保险精算的视角来看可能会有巨大价值，但是，旅游并不仅仅是关于数字，它是一种具有很长后续生命的产业，事实和人们的感知持续多长，其生命力也有多长。由此，旅行公众尤其是休闲旅行公众经常会感到恐慌。如果事件受到媒体足够关注，这种恐慌的感觉可能会持续许多年（Mueller & Stewart，2008）。

劫持事件因此至少会呈现三个不同方面。首先，在国家层面，劫机可能成为一国范围内的政治和经济记事。许多国家已经制定预防性法律政策，以应对国内的劫机事件。第二，在国际层面，劫机事件可能会成为更加复杂的问题。比如，劫机者会将飞机劫至与始发国家没有任何外交关系的国家，或与后者国家交战的国家。美国已经颁布许多国际公约和议定书，以应对劫机事件，并将之认定为非法行为。然而，这些行动并不意味着所有国家都会选择尊重敌国的议定书或是保护其公民。由此，无辜平民就会有被当作人质或被扣押的可能。第三，劫机事件可能会对一个国家的旅游业、声誉及其整体经济健康造成巨大的损失。

五、反劫持措施

基于上述所有原因，旅游业、航空公司和政府已联手防范航空劫持事件。但是最初大多数人并没有意识到劫持事件的严重性。（对于这一说法有几个例外，比如，以色列航空公司。实际上以色列航空公司已经建立起了安全航空的声誉，并经常能够由于航空公司被认为是安全的而收取更高的票价。）在“9·11”之后，大多数人明白劫机是不对等的战争。一旦这种认知进入公众、政府和商业意识，就制定出新规定，并很快就确定仅仅检查驾驶执照和询问乘客是否是自己打的包并不够。

当前的反劫机措施呈一系列同心圆结构。其中包括：

- 鼓励乘客尽快熟悉周围环境及同行乘客。
- 加强机场防范，创造“清空”区域。
- 加大行李安检力度。
- 让飞机本身更加安全。

这些步骤中的每一个步骤之下都有一系列子步骤。乘客经常会去大众喜欢的网站查找攻略。下文是为其读者提供的一个受大众欢迎的网络资源和信息的例子。网上新闻服务“维基知道”（wikiHow）为乘客提供了防恐六步骤，这些步骤包括：

1. 登机前要警惕周围发生的事情。周围应不能有任何无人照管的行李。

乘客应对自己的行李有完全的掌控能力，不能有任何一件行李处于无人看管状态。同样，“眼见口说”这一当前流行的用语是个人安保的重要部分。如果你感觉某件事情不对头，那么，要遵从你的直觉。

2. 要清楚恐怖分子以往的行径，比如，使用鞋子炸弹和内衣炸弹。笔者认为，警觉的乘客是安全的乘客。
3. 选择合适的服装。飞机不是时装展示，只是交通运输方式而已。穿着轻便、舒适、不易燃的服装，对于紧急情况时的个人疏散十分重要。女性不应穿高跟鞋，且在紧急事件中，人们应该使用失败可能性最低的视觉协助法。
4. 倾听和阅读飞机安全步骤。太多人根本不听航班工作人员的安全提示，也不会仔细察看周围邻近地区的乘客是谁。在紧急状态时要问自己：离自己最近最强壮的人是谁？孩子位于何处，以及我离紧急出口有多远？
5. 在大脑中应该有应对袭击的预案。旧的模式就是不做任何事情，以此来安抚袭击者，但这可能不再是一个良策。然而，你不能在人群中站出来，或者提高袭击者的怀疑和焦虑程度。要做出决定，是想先发制人，还是采取顺从态度，与劫机者建立友善关系。
6. 若决定反击，你要做好准备，因为恐怖分子可能会有刀。不要试图和袭击者单挑，而是要考虑争取其他乘客的协助。如果你能在劫机者不备时抓住他们，这将是你最大的成功机会。（www. wikihow. com/End-a-Plane-Hijacking）

六、加固航站楼

安保专家使用“加固”（hardening）一词表示降低目标的脆弱性或使之更不易成为袭击的对象。应该时刻记住的是没有 100% 的安保。任何生命、声誉和位置都是脆弱的，没有任何人类创造的事物是坚不可摧的。然而，专家可以降低一个地方的脆弱性，这种降低被称为“加固”。

在美国，经历“9・11”恐怖袭击之后，机场和安保专业人员意识到他们不能仅仅依赖于乘客，而应该让机场航站楼不易成为目标。为了让机场尽可能少地成为目标，在世界范围内已经实行了非常多的措施。然而，许多机场是在不同时代建设的，机场建筑对适应机场安保、检查点和金属探测仪不是很容易。机场经常需要重新设计，以适应新时代对安保的更高要求。机场已经形成了许多可以提高安保水平的方法，其中包括：

1. 禁止机动车接近航站楼。
2. 机动车经过检查后才准许进入航站楼。而停车前的扫描完成起来不容易，因为乘客通常随身携带行李，打开汽车后备厢或是随意对汽车进行扫描会使目标更困难，但却无法保证安保。新机场正考虑通过环境设计预防犯罪（crime prevention through environmental design，CPTED）的原则，及其分支原则——通过环境设计预防恐怖主义（terrorism protection through environmental design，TPTED）。比如说，许多机场已经找到排除安保观察员盲点的方法，由此，安保人员不仅可以使用肉眼而且还可以通过观察点和摄像头获得清晰的视线。
3. 人体扫描仪和金属探测仪的使用。可能保护机场大部分范围和飞机最常见的方法是使用人体扫描仪和金属探测仪等机械设备。当然，这些机器在发现大量武器和其他违禁物品方面已证明非常有效。然而应该注意的是，它们只是在有人监控机器时才有效。虽然大量武器已经被收缴，仍然有许多逃过了这些机器的检测。另外，机场安检机器操作人员经常显示出缺乏动机（或是动机过度），没有很好地理解旅行体验，而且经常有身体和心理疲劳的迹象。
4. 机场周边区域。安保人员已开始质疑政府制定的某些安保措施。虽然，安保检查点之外的区域相对安全，但预检点（precheckpoint）区域是另外一回事。这同样也适用于人们必须去取行李的许多机场。这些区域的许多地方不仅仅是疏于看管，而且由于许多安保人员已转向机场其他区域，这些地方经常是在行李拿下传送带时无人看管行李。这一人员监管的缺失不仅造成行李误拿，还意味着行李可以任意被偷走或是可以将外物放置于其中。
5. 其他需要关注的区域。部分其他值得关注的区域是机场停车场和停车库，其中许多都与航站楼和其他交通形式相连（机场中心与火车和公交服务等其他交通形式相连接）。

七、加强行李检查

提高飞机安全性的另一种方法（这一方法同样也适用于邮轮）是检查货物。在航空旅行领域中，货物主要分为三大类：

1. 运输货物（如，包裹和邮件）；
2. 个人货物（如，托运行李）；
3. 机载货物（如，随身行李、手提包、医疗设备）。

这些形式的货物当中，每一种都要求特殊对待。从旅游安保视角来看，安保专业人员必须能够执行原则，同时表现得有礼貌和专业。因为旅游是媒体报道很多的产业，乘客受到的任何不当对待几乎都会立刻成为新闻。另一方面，公众要求全面保护，不能容忍安保失误。

像在大多数国家一样，美国已将权力赋予民用航空部门和警察等执法机构检查所有行李和出行者本人。这意味着，如果安保认为乘客行李或乘客本人对飞机、其他乘客或机场可能会造成威胁，安保专业人员有权对其进行检查。只要他或她认为有必要，甚至可拒绝乘客登机。大多数国家也遵循下列政策：

1. 如果乘客拒绝合作，那么乘客就有可能受到飞机驶离港所在国法律的制裁。如果他或她不配合安保人员，航空公司有权剥夺乘客登机的权利。
2. 每一个国家都有可以执行行李和个人检查的人员名单。航班机长总是有权利进行进一步检查，即使是在乘客已经登机之后。

交通安全管理局（Transportation Security Administration，TSA）当前的体制仍然存在问题，这一点几乎毫无疑问。2008 年 12 月宣布全身扫描仪将在美国机场投入使用。全身扫描仪不仅不被公众所喜欢，而且通过安检的时间很长，尽管政府一再肯定其安全性，很多人对其是否有辐射并对个人安全造成影响，仍存有质疑。另外，对于个人隐私的保护也存在很多问题。

扫描仪受到公众厌恶，2013 年 5 月 31 日的一则福克斯新闻（Fox News）报道足以证明这一点：

由于要在安检点对乘机者进行不太体面的快照拍摄，从而引起轩然大波，全身扫描仪从美国机场撤除。这一行动是在国会下令及隐私权激进分子提起几起诉讼之后实施的，这些激进分子将扫描仪检查比作实际上的脱衣检查。由此，依据星期二美国安全管理局官员给众议院国土安全委员会（House Homeland Security Committee）的公函中发布的信息，机场现在将使用仅仅可以显示身体通用图像（generic image of bodies）的扫描仪。"自 2013 年 5 月 16 日起，交通安全管理局使用的所有高级成像技术（AIT）装置都配备身体遮盖性能。除此之外，交通安全局采购的下一代高级成像技术要求具有同样的身体模糊性能"。根据《国会山报》（The Hill）的报道，交通安全管理局官员约翰·皮斯托尔（John Pistol）在一封信中如此写道。

（"交通安全管理局在美国机场撤除全身扫描仪"，2013 年，1—4 段）

而且，许多其他类型的扫描机器经常会出现误判，比如，花生酱罐子、棒球或运动设备。有些专家认为，误判率介于所有受检行李的 18% 和 35% 之间。其他专家说，筛查人员会随着误判数量的提高而变得愈加不仔细。自由撰稿作家贝兹·平斯克（Beth Pinsker）援引前以色列航空公司（被认为是世界上最安全的航空公司）的伊萨克·耶斐特（Isaac Yeffet）的话说，"假我是一名筛查员，我打开行李进行检查，发现了巧克力或花生酱。我很高兴，因为我发现了机器拦下的东西"（Pinsker, 2003，第 10 段）。耶斐特继续说："我可以向你保证，从我的经验和知识来看，……大多数爆炸物都藏在伪装的夹层"（第 10 段）。耶斐特解释说，以色列航空不是要把其工作人员训练成为机器操作员，而是要成为"安保专业人员"，能够自己进行独立思考。平斯克继续提出问题："成功是什么？答案当然是机器能够识别每一枚炸弹，同时使误判保持可以接受的水平，这是一定会让乘客高兴的结果……"（第 23 段）。

美国交通安全管理局定期发布更新的机上许可和不许可的物品清单。对于乘客容易混淆的可能允许或禁止的东西，交通安全管理局会提供网上问答服务。某些长期列在交通安全管理局禁止物品清单上的物品包括：

- 利器；
- 可能造成伤害的运动物品；

- 枪支和火器；
- 可以用作武器的工具；
- 武术和可以成为武器的自卫物品；
- 易爆易燃材料，致残化学品和其他危险物品；
- 由国家交通安全管理局人员确定的其他物品。

也许解决“带什么”这一问题最好的方法是，认识到飞行是一种优待而不是一种权利。当我们在飞机上时，我们要应对的不仅仅是自身安全，而且还有同机乘客的安全，以及机组人员的安全。

八、让飞机自身更加安全

有各种各样的方法可以使飞机本身更加坚固，尤其是一旦飞机飞上天空时。虽然没有人会提供（也不应提供）机上安保政策的完整清单，但是部分政策已是众所周知，其中包括：

1. 在部分航班上设置空警。
2. 驾驶舱门上锁。
3. 对所有空乘人员进行附加培训。清楚知道飞机上所发生的事情可能是一种重要威慑因素。
4. 由于大多数货物不是乘客托运的货物（据估计，这一比例远远小于 50%），所以货物也要进行检查，这一点很重要。要确保飞机的安全，航班货物要进行随机检查和 X 光扫描；其他建议（有些已经实施）包括加固货舱和客机机身。许多运输公司已研发出“防爆行李柜”（blast-proof baggage containers）。据说以色列航空公司现在有多种机上设备，可以用来使来袭导弹偏离弹道。

撰写有关航空安全问题而不提以色列航空公司的模式几乎是不可能的。对于以色列航空的某些做法，有人赞成，有人不赞成，但是大多数人都会逐渐将这一模式看作这一产业的标准。虽然对于以色列航空的安保，我们还有很多未知的东西，但也有大量信息已公之于众，其中为人所知的事实包括：

1. 机场安保人员是受到良好教育的专业人员，至少会说两种语言。
2. 机场和国家安全部门共同合作、共享情报。

3. 以色列安保人员常年在全世界接受检验。如果哪个安保人员未通过实地检验，他或她会马上丢掉工作。
4. 在涉及飞机和乘客安全时，以色列航空公司会不顾政治正确问题。在以色列航空公司，全面剖析不是一个不好的词汇，是从心理角度来进行的。
5. 心理剖析通过登机前访谈所有乘客完成。以色列航空公司没有工程师，而是有安保专家。这些专家经过培训，能够读懂身体每一个部分发出的信号。
6. 以色列航空公司不仅是首先对驾驶舱门上锁的航空公司，而且还对舱门进行了加固。
7. 以色列航空公司使用“航班警卫”系统。这一系统由以色列研发，保护飞机免受来袭导弹和/或为干扰飞机保护系统而发出的照明弹的袭击。
8. 以色列航空公司使用空警和训练有素的航班工作人员，他们协调合作，确保每一个以色列航班的安全。

九、机场火灾问题

因为机场很多部分都是单行道（只进不出），消防安全和设计非常重要，尤其是在关注重点都指向反恐的时候。应该记住的是恐怖分子的“军火库”中有许多工具，用火作为武器来毁灭财产和生命不应被小视。比如，安保专员一般将机场办理登机手续、安检和入关的队列视为挑战。这些队列可能会是瓶颈，导致有序的队列很快陷入混乱。机场必须要有火灾疏散策略，解决没有双向步行通道设计区域中潜在的大量人员疏散的问题。适用于机场公共区的策略，也同样适用于机场的“限客区域”（off-limit zones）。货物区对于火灾来说是至关重要的地点，这一地区的火灾会很快蔓延到所有其他区域。一旦大火蔓延至油料设施，悲剧可能很容易升级为大灾难。所以，机场安保专员需要辨识可能起火的所有区域，并制订计划来遏制火情和在最短时间内疏散大量人员。因为机场迎接的是来自世界各地的人，机场的标示语必须是人们即使无法读懂当地语言仍然能够理解的标识。

十、加强空中旅行安全的其他建议

世界各地已尝试使用过许多方法。本书作者并不支持下列任何观点，它们仅仅是有创意的观点。然而，必不可少的是要确保恐怖主义者知道，我们在不断变化我们的安保模式，并不仅是被动地对“过去所发生的”事情做出反应，而是努力确保“未来不再发生”这样的事情。以下是几个建议：

1. 要求对所有航班工作人员，尤其是对飞行员进行背景审查，要使用最顶尖心理模型来确保飞行员没有自杀倾向。
2. 如果警官携带武器和手铐乘坐航班，应考虑给予他们较大折扣。
3. 要真正明确乘客能够和不能够携带的物品。一个不值一文的塑料袋可以保护飞机免受爆炸性牙膏的损害是非常愚蠢的想法。
4. 在办理登机手续柜台和行李提取处采取保护性措施。
5. 在每次航班上配置空警，每次都为警长安排不同的座次。
6. 为飞行员和其他空乘人员提供胡椒喷雾或其他类似物品。
7. 使用某种形式的虹膜检查以辨识乘客。
8. 研发新技术，这样如果驾驶员不能降落飞机，其他人无论是有还是没有特殊设备的知识，都可以将飞机降落。
9. 起飞前在飞机上播放反恐视频，告知人们在恐怖袭击的情况下不要恐慌，飞行员会采取一定的防措施。
10. 确保驾驶舱与飞机其他部分完全隔离，使用双层门或不易击破的硬体门。
11. 要求所有机组人员接受反恐技能培训。

十一、健康卫生问题

尽管恐怖主义经常占据新闻头条，但是可能更为重要的问题是健康与卫生问题。空中旅行中的健康与卫生问题可以分为三个方面：

1. 乘客的健康，即飞行过程中不生病的能力。
2. 跨洲和跨国卫生问题。这方面主要包括疾病从一地到另一地的传播，以及使人们暴露于本国一般不存在的风险之中。
3. 将疾病用作大规模杀伤性武器。在这种情况中，患者被故意送到另一机场或国家，其明确目的是将疾病从一地带到另一地。

能够影响航班乘客的健康风险有很多种，尤其是在乘客长途旅行（4 小时或更长），坐在仅仅能伸腿的狭小空间中。比如，深静脉栓塞可能是旅行者面临最大的风险之一。大多数航空公司网站都会对如何避免这一问题提供某些指导方法，如适当运动，鼓励每过几个小时起来步行，并嘱咐尽量少饮酒。比如，美国联合航空公司网站提供了下列建议：

- 穿着舒适的衣服和鞋子。
- 在旅行前夜保持充足睡眠，在旅行过程中尽可能多休息。
- 出门在外时应像在家一样，保证同样充足的睡眠。在适应新时区时，小睡 30—40 分钟会让你精力充沛。
- 飞行前及飞行过程当中应大量饮水和 / 或果汁，保持身体水分。
- 飞行过程中饮食应清淡。还要避免咖啡因饮料和酒精。
- 不要太长时间保持一种姿势；尽可能多地做简单的伸展运动（如下文所示）及走步。

（“健康出行的秘诀”，2013）

飞行也包括其他风险。比如，在联邦航空管理局（Federal Aviation Administration）网站上有多名医生写的一篇文章指出：

1. 飞机处于海平面上空 6000 到 8000 英尺时对机舱加压，尤其是对于来自海平面地区的人们来说，海拔越高，意味着氧气越少，体腔内的气体就会越迅速地膨胀。医生还指出：“另外，机舱海拔的升高会使我们体腔（腹部、耳鼓后面的中耳、鼻窦）内的气体膨胀高达 25%，这会造成腹部（肿胀或腹部痉挛），耳朵（爆裂感或耳朵堵塞）和呼吸道 / 鼻窦等的问题。”
2. 时差问题，尤其是在一个人跨过几个或更多时区时。
3. 传染性疾病。正像在任何其他封闭空间中一样，传染性疾病有可能从一人传给另一人。

（Bagshaw et al. ，2002）

由于空中旅行是最普遍的出行方式之一，就必定会有从孩子出生到心脏病突发等飞行过程中的紧急事件发生。疾病控制和预防中心（Centers for

Disease Control and Prevention）出版了一本有关于旅行者健康的书籍。这本书的第 6 章写道：

> 在世界范围中，每年有超过 10 亿人通过商业航班出行。这一数字预计在二十年后翻一番。大型飞机与航班乘客老龄化趋势越发明显的因素结合在一起，使得机舱中医疗紧急事件发生的可能性增加。大约每 10000 到 40000 名乘客中有 1 名会在航空过程中发生医疗事故。这其中大约每 150000 人中有 1 人有必要使用机上医疗设备或药物。根据发生频率排序，最常见的机上医疗事件如下：
>
> 1. 血管迷走神经性晕厥；
> 2. 胃肠道症状；
> 3. 呼吸系统症状；
> 4. 心脏症状；
> 5. 神经系统症状。
>
> 据估计，商业航班上的死亡概率为千万分之三；这些人中约三分之二是由心脏问题所引起。
>
> （Marienau，Illig，Kozarsky，& Gallagher，2013）

除了标准急救包，根据飞机大小和有关规定，加强型医疗急救包可能包括但不局限于以下内容：

- 自动体外除颤仪；
- 插管设备（儿童和成人）；
- 心肺复苏抢救面罩（儿童和成人）；
- 静脉通路设备和溶液；
- 静脉注射葡萄糖；
- 抗组织胺药（口服和注射）；
- 一类心肺复苏药物（阿托品、肾上腺素、利多卡因）；
- 硝酸甘油；
- 支气管扩张药物；
- 镇痛剂。

十二、国际或洲际传染病

电影大片《传染病》（*Contagion*）2011 年上映。这部电影的主题是素来流行的传染病。科学家和流行病专家认为这部电影对传染病的描述准确无误。电影的主题是一种快速蔓延的流行病。就像现实生活中，医疗领域必须不仅要争分夺秒找到治愈方法，而且对于谁是疾病的传播者，航空运输在流行病传播过程中具有什么作用均尚不清楚。这部电影不仅强调了疾病在宏观层面上造成社会大混乱的事实，而且还强调了人类在这个悄无声息的杀手面前的恐慌特性。这种恐慌造成了社会大部分领域的崩溃，这一崩溃成为社会内部及社会本身的危机。

虽然这部电影完全是虚构的，但它有助于警醒旅游安保专业人员，出行者尤其是国际旅行者可能会将疾病从世界的一个部分带到另一部分，无论是有意识还是无意识的。在东道国已经消灭这一疾病，其人口对这种疾病没有免疫力的情况下，这一潜在危险尤其严重。因为飞机不仅是密闭空间，还运送着多个国家的人员。这些乘客传播疾病的潜在可能性非常之高。另外大多数航空公司对航班使用中心辐射（hub-and-wheel）法，这意味着从世界各地来的人们，可能会聚集到一个中心。因此飞机上的乘客可能会来源于不同的地点。这一疾病的潜伏期可能是从原发地（host locale）开始，然后传到一个或多个航站楼，携带上飞机，最终传染抵达地（receiving locale）的人群。2012 年 6 月，CNN 列出了美国传播疾病的十大机场（表 7.2）。

表 7.2　空中旅行风险

疾病传播排序	机场名称	地理位置
1	约翰 · F. 肯尼迪（JFK）	纽约
2	洛杉矶（LAX）	加利福尼亚州
3	火奴鲁鲁（HNL）	夏威夷
4	旧金山国际机场（SFO）	加利福尼亚州旧金山市
5	自由机场（EWR）	新泽西州纽瓦克市
6	奥黑尔国际机场（ORD）	伊利诺伊州芝加哥市
7	杜勒斯国际机场	服务华盛顿特区，位于弗吉尼亚州
8	哈斯菲尔德-杰克逊机场（HTL）	乔治亚州亚特兰大市
9	迈阿密国际机场（MIA）	佛罗里达州迈阿密市
10	达拉斯 / 沃斯堡国际机场（DFW）	得克萨斯州达拉斯 / 沃斯堡（葡萄藤镇）

让问题更加复杂的是媒体对新发流行病的恐慌。至少在原发阶段，流行病从哪儿开始传播，或潜伏期可能会是多长，均可能不清楚。既让医疗工作人员也让出行者忧虑的某些空气传播疾病是：

- 肺结核；
- 重症急性呼吸道综合征（SARS）；
- 普通感冒；
- 流行性感冒；
- 流脑；
- 疟疾；
- 登革热；
- 麻疹；
- 食物传播的疾病。

因误判而导致恐慌的一个典型例子是重症急性呼吸道综合征。这一所谓的非典型肺炎流行病成为一次媒体事件，并对香港特区和加拿大多伦多造成了巨大的损失。就多伦多来看，交通事故致死数量高于 SARS 致死数量。在医院环境之外，没有人得过这种传染疾病。另外一个例子是 2006 年许多国家爆发的禽流感（H5N1）。这些疾病的爆发引发了旅游产业的关注。尽管，对禽流感做了大量的宣传报道，但我们应注意，截至本书撰写时，不到 700 人已感染这一疾病。

SARS 恐慌造成的死亡人数与疫区交通事故死亡人数相比更是少得多，但是 SARS 所引发的恐慌造成了经济大混乱。虽然媒体是造成公众恐慌的主要因素，但现实情况跟电视上所说的很不相同。旅游安保官员因此需要不仅对事实而且对媒体呈现事实所引起的感知要有清晰的认识。作为一名旅游安保专员，你需要知道：

- 旅游极易受恐慌状态的影响。“9・11”之后的日子应已很好地对旅游产业进行了再教育，即对于大多数人来说，旅游是一种基于愿望而不是需求的休闲购买活动。如果旅行者感到害怕，他们可能会直接取消行程。若是这样，就会有大量旅游工人下岗。
- 必须准备好照顾生病员工及其家人。在旅游业工作的职员也是人。这意味着他们及其家人也很容易感染疾病。一旦大批职员或其家人生病，酒店和餐馆不得不由于人手短缺而关门。旅游业人员需要就人手短缺时如何维系产业运行制订计划。

- 安保人员必须准备好照顾生病的游客，他们可能不知道如何联系当地医疗机构，或者甚至不懂当地医生使用的语言。另外一个需要考虑的问题是，旅游业如何帮助度假过程中病倒的人。医疗告示需要以多语种发布；人们会需要各种渠道与自己的亲人取得联系，并且用自己的母语向医务人员描述症状。
- 安保工作人员必须要准备好，不仅从医疗方面，而且要从市场营销/信息方面，与传染病进行斗争。因为公众很可能会恐慌，旅游业准备好提供具体可信的信息是非常重要的，这些信息应该尽可能快地提供给公众。一旦传染病在自己管辖的区域发生，应保证每一个旅游办公室都已制订现成的信息计划。建设创新性网站，这样人们不管身处何处，均可以在一天的任何时间获取信息。
- 安保工作人员必须准备好行动方案来应对负面宣传。比如，在已受疾病影响的疫区，要确保建议旅行者及时接种疫苗，并且起草疫情宣传单。关键是公众知道从哪儿可以得到信息，以及什么是真的，什么是假的。为没有及时进行疫苗注射的旅行者提供愿意接受旅行者保险的医生和诊所名录。
- 酒店和其他住宿地应配备及时更新的急救包和制订防疫程序。比如，要确保雇员使用抗菌抹布，并鼓励酒店为旅行者提供这些物品。
- 安保工作人员必须准备好与旅行保险公司进行合作。传染病暴发后，旅行者可能会觉得花的钱不值，可能希望取消或缩短行程。维持诚意的最好办法是与美国旅行产业协会（the United States Travel Industry Association）（在加拿大，称为加拿大旅行和健康产业协会，即 Travel and Health Industry Association of Canada）等组织机构合作，与这些机构合作制订旅行健康计划，使游客感到在经济上有所保障。
- 做好与媒体合作的准备。传染病像任何其他旅游危机一样，应得到同等重视。在传染病暴发之前就应做好准备。传染病一旦爆发，启动应急预案，并确保与媒体进行合作。最后，要制订恢复计划。这样，一旦危机影响减退，你就可以启动财务恢复计划。

这一切的底线是航空旅行中不会发生疾病，但是，大量人员从一地到另一地的转移可能不仅是医疗管理部门，也是旅游安保专业人员担忧的根源。

十三、恐怖主义制造的疾病

如果一种非蓄意疾病或传染病能使旅游业陷入恐慌，那么蓄意策划的袭击可能会造成灾难性结果。旅游安保专业人员要意识到旅游业可能卷入某些形式的生物战争中。

旅游的前提是我们生活在一个互相联系的世界上。大部分时候，这种互联互通为数百万人带来大量好处。然而，这个世界上没有任何事情是可以不付出任何代价就能够得到的。我们都要为世界大融合所付出的代价之一就是我们不仅对新的文化体验敞开大门，而且还面临着新的生物威胁。正如《新闻周刊》2009 年 4 月 29 日刊谈及猪流感时所述：

> 核心驱动力是我们生活的这个世界相互联系程度不断提高。即使这个星球上最偏远的地区，我们现在也可以在 48 小时之内到达。现在，在难民营、人口密集并不断扩大的贫民窟，或是最偏远的热带雨林之中流行蔓延的疾病，也会毫无警示地出现在遥远的城市和乡镇。非洲和南美灾难性的流行性出血疾病可能迅速成为波士顿和波尔多的流行性出血病。即使优秀的临床医生也很少有诊治域外热带疾病的知识。一个月以前，我们的注意力还集中在亚洲，这个 1957 年和 1968 年两次流感的发源地，亚洲也被认为很可能是下一次流行病的源头。然而，流行病却在墨西哥爆发，而我们之前一直都没有对关注过此地。
>
> （“观点：猪流感是警钟”，2009 年，第 3 段）

旅游产业在生物战面前尤其脆弱，特别是以天花等传染性疾病发动的生物战争。因为旅游是一种和平时期的休闲产业，它可以成为非常好的传播伪装。以下是针对这一点的几个原因：

1. 在护照签证限制非常小的当今世界中，旅行相对容易。
2. 机场是数以千计的人们去向其他地方的枢纽，也是人们易于暴露在传染性疾病中的中心，如受到传染则会作为携带者去向其他地点。

3. 旅行者经常会不止一次地中转停留。这些中转停留站意味着传染的潜在可能性更大。而且，要研究确定把所有受感染人群联系在一起的一般线索极端困难。

4. 旅游得到了大量的宣传。一旦流行性疾病（重大流行病 / 普通疾病）由媒体确认，引起某种形式的恐慌的可能性就会相当高。

5. 旅游业本身是非常重要的经济创收来源，许多其他产业也依赖于旅游产业。如果公众害怕出行，经济即使不被摧毁也会受到重创。

许多类似的潜伏疾病之所以让人恐慌，是因为它们很容易产生 / 制造，而且病毒传播渠道根本无法探知。另外一旦恐怖分子使用炭疽粉或天花病毒让人得病，这些疾病几乎不可能察觉，即使察觉也为时已晚。而且让事情雪上加霜的是诊治医生在确定疾病原因前可能会失去很多宝贵的时间。另外医疗工作人员可能也会恐慌，弃病人而不顾，置公众于惊恐之中。

最后，旅游安保专家和专业人员需要关注的不仅是人的动向，而且还有对食物的威胁和受污染食物从一地向另一地的运输。这些是对人们的特殊威胁，因为人们可能会食用受污染食物，然后乘坐飞机，在到达下一地点或是在空中飞行时才意识到自己已经生病。比如，世界卫生组织曾指出：

> 1996 年，去黄热病流行病地区旅游，没有接种黄热病疫苗的旅游者将致命的黄热病致病病菌带入美国和瑞士。同一年，大约有一万例疟疾病例被报输入欧洲，其中英国有四分之一。1991 年，霍乱经过很长的一段空白期之后重回秘鲁，通过现有的卫生和饮水系统四处传播，造成 3000 多例死亡。秘鲁海鲜出口遭到禁运，旅游规模缩小，估计一年内对秘鲁经济造成至少 7.7 亿美元的损失。
>
> （“全球传染病调查”，2013 年，第 2 段）

这是一个互相联系的世界。好消息是旅游可以让世界各地的人们互相认识和互相理解。坏消息是，我们在出行时除了行李外还带着其他包袱。

十四、乘火车旅游

尽管航空尤其在旅游中是最受青睐的公共交通运输方式，但是其他交通方式在旅游中也长期扮演着各自的角色。在前一章，我们讨论了邮轮业及其对旅游的影响。本章探讨陆上旅游出行的其他两种方式，乘火车出行和乘大巴（bus）与长途客车（motor coach）出行。

可能没有哪一种出行方式会像名为“东方快车”（*Orient Express*）的火车那样引起公众的遐想。电影和文学作品对这列火车进行了刻画，使之成为 19 世纪欧洲阴谋与浪漫的核心。现实中的这列火车 1883 年 10 月开始从巴黎开往君士坦丁堡（现在的伊斯坦布尔）。媒体称这列火车为“东方快车”，这一名称从此印在了人们心中。这一豪华列车也由此成为欧洲贵族的最爱，它还被称为“间谍特快”。许多电影将这列快车刻画为间谍活动甚至是谋杀的中心。这些电影刻画增加了这趟列车的魅力（Zax,2007）。东方快车不是唯一一趟被认为是 19 和 20 世纪火车旅行领域中的浪漫列车。美国火车也成为我们可称之为“老西部浪漫”的组成部分。

火车旅行始于 19 世纪早期的美国。随着西进运动的发展，火车旅行流行起来，这种方式比骑马出行在舒适度和速度上都有其优势，尤其是在长途旅行过程中。美国火车有三个主要目的：货运、客运，以及在 19 世纪后期，更加奢华的列车将不太为人知晓地区的旅游体验提供给东部地区的人们。然而火车旅行并不是没有问题，不仅存在火车出轨和其他机械故障的问题，火车出行还会受到怀有敌意的当地人及抢劫者的袭击。这些“安保问题”很多已被搬上美国电影银幕，并增加了冒险感。2010 年，《国家地理》（*National Geographic*）杂志发表了北美十大火车线路。这些线路包括：

- 巅峰体验：科罗拉多的杜兰戈（Durango）和西弗敦（Silverton），窄轨铁路
- 革命铁道：纽约到佛蒙特，伊森·艾伦（Ethan Allen）特快
- 西北通道：俄勒冈到加拿大英属哥伦比亚，美铁瀑布列车
- 森林穿行：西弗吉尼亚的卡斯（Cass）观景铁路
- 一路向西：芝加哥到加利福尼亚，加州和风（Zephyr）
- 登山列车：英属哥伦比亚到阿尔伯塔，洛基山登山列车
- 科波大峡谷（Copper Canyon）边缘：墨西哥的奇瓦瓦（Chihuahua）太平洋铁路

- 向酋长致敬：洛杉矶到芝加哥，西南酋长
- 阿拉斯加荒野轻松上路：1988 到 2013 年
- 伟大的旧时代：亚利桑那州大峡谷铁路

（Duckett，2010）

20 世纪后半期，经过螺旋式下降的火车旅行开始在旅游中呈现出新的生机。这一复兴的原因与经济有关也涉及安保问题，其中包括：

- 火车被认为是更加生态友好型的出行方式，可以使用相对较少的能源来运送更多的乘客。
- 某些人认为火车更安全。与空难相比，火车灾难得到的宣传更少。
- 日本和欧洲子弹头列车的引入，使得火车出行相较过去提升了很多速度。
- “欧洲通票”（EuroPass）使数以千计的北美年轻人获得在自己家乡没有的火车出行体验。
- 老年人和年轻人都有足够时间乘火车旅行，行程中可以看到乡间的风景。

尽管火车旅行在某种程度上没有事故、暴力，甚至没有恐怖主义，但事实是，火车也并非百分之百安全。下文是最近 25 年间发生的部分严重火车交通事故：

- 2013 年 7 月 12 日：在巴黎南部，一辆客运列车高速穿过法国小镇奥尔日河畔的布雷蒂尼（Brétigny-sur-Orge）时，四节车厢滑出轨道，造成 6 人死亡，近 200 人受伤。
- 2012 年 4 月 22 日：两辆列车在阿姆斯特丹迎头相撞，造成至少 16 人严重受伤，一名妇女因伤势过重于次日死亡。
- 2012 年 4 月 13 日：在法兰克福附近，两辆列车相撞并脱轨，造成 3 人死亡，13 人受伤。
- 2012 年 3 月 3 日：在波兰南部，两辆列车迎头相撞，造成至少 8 人死亡，大约 50 人受伤。
- 2011 年 1 月 30 日：在德国东部村庄霍尔多夫（Hordorf）附近，一辆货运列车和一辆客运列车迎头相撞，造成 10 人死亡，23 人受伤。
- 2010 年 12 月 9 日：在希腊南部城市阿尔戈斯（Argos）和的黎波里（Tripoli）之间，一辆火车脱轨，造成 1 人死亡，2 人受伤。
- 2010 年 8 月 6 日：一辆火车在其目的地意大利南部城市那不勒斯（Na-

ples）郊外脱轨，造成 1 名乘客死亡，大约 30 人受伤。

- 2010 年 7 月 23 日：著名的瑞士“冰川特快”（Glacier Express）旅游列车在阿尔卑斯地区采尔马特（Zermatt）和圣莫里茨（St. Moritz）之间脱轨，造成 1 人死亡，42 人受伤。
- 2010 年 2 月 15 日：在比利时伯伊津恩（Buizingen）的列车事故造成 18 人死亡，55 人受伤。
- 2009 年 7 月 1 日：一辆载有液化气的列车在驶过托斯卡纳（Tuscan）海边小镇维亚雷吉奥（Viareggio）中心商业区时，脱轨并发生爆炸，造成 32 人死亡，26 人受伤。
- 2008 年 10 月 6 日：在匈牙利布达佩斯附近，一辆客运列车撞上一辆长途列车的尾部，造成 4 人死亡，26 人受伤。
- 2008 年 1 月 27 日：在土耳其中心地区，一辆客运列车可能由于铁轨结冰而发生脱轨，造成至少 9 人死亡，数十人受伤。
- 2006 年 9 月：德国埃姆斯兰（Emsland）地区一列在磁垫上运行的高速磁悬浮列车，在测试铁轨上撞上一辆养路汽车，造成 23 人死亡。
- 2006 年 7 月 3 日：在西班牙南部城市巴伦西亚（Valencia），一辆当地客运列车发生撞车事故，造成 41 人死亡。这列客运列车被指超速运行。
- 2006 年 1 月：一列拥挤的火车在黑山共和国首府波德戈里察（Podgorica）外脱轨，并冲入深谷，死亡人数高达 46 人，另有 198 人受伤。
- 2005 年 1 月：一列客运列车和一列货运列车在意大利博洛尼亚（Bologna）北部发生相撞，造成 17 人死亡。
- 2003 年 6 月：一列西班牙客运列车从马德里开往卡塔赫纳（Cartagena），在钦奇拉（Chinchilla）撞上迎面驶来的货运列车，造成 19 人死亡。
- 2003 年 5 月：从布达佩斯驶往那集柯尼诺（Nagykanizsa）的列车在匈牙利西奥福克（Siofok）附近的铁路道口撞上了满载着德国老年度假者的长途汽车，造成 34 人死亡。
- 2000 年 11 月：奥地利隧道中发生的一场火灾吞没了满载着滑雪者的缆索铁路火车，造成 155 人死亡。
- 1999 年 10 月：两列火车在伦敦帕丁顿（Paddington）火车站附近相

撞，造成31人死亡，其中一列火车出事前闯了红色信号灯。

- 1998年6月：一列高速火车在德国下萨克森州埃舍德村附近脱轨，造成101人死亡，88人受伤。事故原因是一个火车轮子因老化出现裂纹，造成火车在换道时脱轨，并与路桥相撞。
- 1998年12月，在伦敦克拉珀姆（Clapham）枢纽站，三辆火车相撞，造成35人死亡。松散的安全措施被指为此次事故的原因。

（“欧洲火车事故”，2013）

最近涉及火车出行的一个悲剧事故发生在2013年7月的西班牙。这一撞车事故很重要，不仅因为它是1944年以来西班牙最惨烈的交通事故，而且还因为它表明所有交通运输形式都有风险。这一交通事故发生在重要的旅游中心，更是宗教旅游中心的圣地亚哥·德·康波斯特拉（Santiago de Compostela）附近。尽管在撰写本书时仍需要一些时间去了解所有的事实，但是我们知道，在火车脱轨时，至少有79人死亡。火车司机已承认有罪，他在以远超法律所允许的速度进行大转弯时使用手机打电话。从所提供的证据来看，显然是人为错误造成了撞车事故。受害人来自世界各地许多国家，援引新闻报道的话：“这一撞车事故给这个天主教朝圣城市蒙上了阴影。圣地亚哥官员一直在为原定事故后一天的西班牙守护神康波斯特拉的圣詹姆斯宗教节日做准备，但是节日因这起事故被取消，当地的运动场变成了太平间”。（“西班牙火车事故中的驾驶员”，2013年，第23段）

西班牙铁路系统还发生了其他形式的悲剧。比如，2004年3月11日，在驶入马德里城的多列通勤列车上，几乎同时发生炸弹爆炸。这一系列爆炸造成191人死亡，1800多名无辜受害者受伤。爆炸不仅造成了很多人死亡和受伤，而且还有可能造成时任西班牙首相输掉大选。西班牙新政府之后退出伊拉克战争。

从火车事故到恐怖主义袭击，一系列事实开始显现：

- 虽然与航空相比，火车旅行被认为危险性更低，但事实是这两种交通形式一直都存在风险。
- 虽然大多数政府将其资源投入到航班保护中，但是针对火车，尤其是针对通勤火车发动恐怖袭击的可能性一直存在。
- 目前，火车是旅游安保领域中的一个薄弱环节。

- 对于各国来说，明智的做法是不仅考虑针对人员，更应该考虑针对货物进行袭击的影响与后果，火车经常运输危险化学品或其他物资穿过人口密集的地区。

因此，铁路运输领域不仅旅游安保官员需要关注，一般安保官员也需要关注。

十五、大巴旅游

讨论旅游交通安保而不提及长途客车市场部分是不完整的。事实上，有几个领域可以被称为“大巴旅游”，其中包括：

1. 当地人和不时来此地旅游的旅游者乘坐的当地巴士。
2. 当地人和游客共同使用的城际大巴。
3. 租赁大巴由某一团体或类似群体租赁，如，学校和商业协会等。
4. 观光巴士。这些大巴可能是与邮轮公司等较大公司合作的当地巴士，或者它们可能按照设定路线，带游客去某一地点的旅游景点。英国城市旅游公交“双层巴士”就是这种大巴的典型例子。欧洲和美国城市经常会有一日和半日观光大巴项目，让游客大致观看一下当地景观。
5. 旅游大巴可能是一种更奢华的旅游形式，主要供游客使用。从一定程度上来说，我们可以将长途客车界定为陆上邮轮。

然而，旅游大巴与其他旅游交通运输形式相比，既有相似点又有不同点，其原因如下：

1. 旅游大巴的乘客一般是团队，或成为关系密切团队的群体，也就是说，旅游大巴不在途中上客。
2. 与邮轮不同的是它们在酒店和汽车旅馆等其他住宿地提供住宿和饮食。
3. 旅游大巴司机和乘客之间可能存在一定关系。
4. 每次停车过夜时，行李都会从车上搬下来。
5. 像观光巴士一样，旅游大巴的目标是游览具体地点，但是与观光巴士不同的是，司机会与乘客在行车过程中建立一种关系。旅行的时间要大大长于一天。

旅游大巴必须要在安全与安保问题之间进行区分。在这两种情况中，大巴上和大巴下都存在安全和安保问题。表 7.3 说明在安全与安保问题方面，旅游大巴公司所面临的许多复杂问题。

表 7.3　大巴车上和车下的安保和安全挑战

大巴安全问题，如：	大巴安保问题：
轮胎状况	须防范：
发动机保养情况	抢劫
行车道路状况	恐怖主义行动
驾驶员疲劳程度 / 疾病	持枪枪手
乘客疾病	乘客打架
车内火灾	
大巴车下的安全问题：	大巴车下的安保问题：
当地餐馆的食品安全	途中的抢劫
酒店的空气净化和卫生状况	抢劫案和闯入宾馆客房
其他司机所引发的交通事故	恐怖主义袭击
大巴车外的火灾	大巴停车时的安保

尽管长途客车很容易受以上所述各种问题的影响，但是几乎没有出过事。大多数事件可能发生在观光巴士上，结果与旅游大巴相混淆。旅游大巴安全与安保的部分原因是，国家旅游协会（National Tour Association，NTA）花费大量时间鼓励机械和人的安全与安保。比如在本章附录部分，你可以看到“危机管理计划框架”（Crisis Management Plan Structure）。“公路和机动车安全倡议”（The Advocates for Highway and Auto Safety）组织并不同意这一安排。这一组织认为，1990 年和 2012 年之间有至少 317 人死亡，高达 3111 人受伤。然而，我们有必要关注这一组织之后所阐述的观点：

> 该（死亡和受伤人数）表是由“公路和机动车安全倡议”组织所编制，依据媒体的报道及国家交通安全委员会（National Transportation Safety Board，NTSB）的调查记录，且这些数据不是所有汽车事故或死亡人数的统计。在该表中，旅游大巴这一术语指的是在公路上行驶，运载包括驾驶员在内超过 15 名乘客的大巴。
>
> （“Motorcoach crashes and fires since 1990”，2014）

需要注意的是，观光巴士安全在很多地方并不符合国际标准。在驶往里约热内卢的大巴上，当着其他乘客的面对旅游者实施强奸表明安保措施的缺乏。在秘鲁和墨西哥等国家，路况和出行条件不仅仅是缺失的问题。下文是在世界各地都成为新闻的许多大巴悲剧中的两起。

（一）发生在墨西哥的袭击事件

2012 年 2 月 25 日，在一辆墨西哥旅游巴士驶到旅游城市普尔托·瓦拉塔（Puerto Vallarta）附近时，22 名乘客遭到抢劫和攻击。所幸这次事件没有造成生命损失，但有财产的损失。在大巴穿过埃尔·诺哥利托（El Nogalito）市时，袭击者拦截了大巴。这一事件是紧跟墨西哥另一起事件之后发生的，其中七名在帕丘卡（Pachuca）市（韦拉克鲁斯州，即 Veracruz）失去生命的乘客中，有一位美国母亲和她的女儿们。应该强调的是，这些都不是长途旅游大巴，而是观光巴士。然而，这一事件告诫我们几个重要的安保要点：

- 抢劫者有内部消息，知道大巴会去向哪里。
- 游客没有特别豁免权。
- 在普尔托·瓦拉塔事件中，抢劫者将目标具体锁定在观光巴士上的乘客。

（二）发生在意大利的大巴灾难

一个更典型的状况是 2013 年 7 月 29 日发生在意大利的事件。在意大利南部，39 名乘客在其乘坐的大巴冲入深谷时死亡。应该注意的是这不是一辆观光巴士。然而，这起悲剧表明，当地人和旅游者都被迫使用不合标准的道路、桥梁和其他公共干线。

巴士领域极端复杂。对于旅游安保人员来说，必须清楚大巴旅行的不同形式，以及每一种巴士旅行方式所面临的不同挑战。

附录：国家旅游协会的“危机管理计划框架”

下文框架可以帮助旅游运营商制定分步骤的个性化管理计划，以便在危机时刻付诸实施。旅游运营商应与其在旅游中使用的供应商分享危机方案，确保危机时刻协调一致。

（一）协调团队：内部领导 / 外部领导

- 立即撰写信息披露陈述。
- 联络团队领导（协调团队成员）。
- 与协调团队见面。
- 决定当前形势（确认已知什么，必须核实什么）。
- 向团队领导者布置重点任务。
- 确定是否“现场”团队需要到场。
- 准备陈述，由法律 / 财务审核（但是法律方面并非陈述的决定因素——公司领导 / 协调团队领导者享有最终决定权）。
- 警示所有部门 / 员工（预订、IT 部门等）。
- 委任书记员按照时间顺序记录所有事件，直接呈交给内部团队领导者（讨论报告 / 时间表，以便事情发生时由关键个人完成，并定期呈交给书记员）。
- 内部交流与员工培养，至关重要的是要记住关爱和照顾员工。
- 制定后备方案，以便关键成员不在和 / 或轮班履行职责（比如，如果内部团队领导不在，谁接替这一职责，并且之后谁来填充其职位等）时使用。
- 永远向前看——进行预期（让团队处置细节和小事，这样整个过程可以持续向前推进）。
- 不断对过程进行评价，按照需求进行调整以备未来之需。
- 危机结束（或关键阶段结束）时进行总结。

（二）一般咨询（对一般咨询会有什么进行预期）

- 立即告知雇员和客服人员如何响应——制定信息披露陈述（“是的，有状况。我们已意识到这一点，正在调查。我们会查明详细情况并反馈给您。”）。
- 根据情况给予适当的慰问，不要忘掉提及员工、驾驶员等。

- 在协调团队会面之后，为客户咨询撰写官方声明。
- 准备邮件咨询的书面陈述。
- 与代理机构团队协调，因为代理会第一时间致电预订中心。
- 与客户关系和媒体团队协调以了解消息。
- 在咨询过程中，使用旅客名单做参考。
- 确定轮班制度，这样每个人都可为其当值做好准备并保证休息。
- 考虑特殊留言信息或 800 热线，为公众提供预制声明（视具体情况而定）。

（三）媒体团队（包括供应商、旅游目的地管理机构 / 协会等）

- 联络外部公关助理。
- 设立媒体区（远离主要管理区，如当地酒店），要确保有人当面接待和接听所有媒体问询。
- 确定发言人（视情况可设不止一名发言人，但绝对不要超过两名，可以一名在总部，一名在现场）。
- 提醒 / 通知所有雇员，将所有媒体来电转给媒体团队，严格按照声明内容解答，不添加任何评论。将谈话要点转给媒体团队，这样可以恰当积极地进行处理。
- 重新审阅最开始的"信息披露陈述"（或依据需求给予媒体具体陈述），并尽可能随时更新修改。
- 认识到社交媒体的力量和即时性。
- 视危机情况，关键媒体人物提供电子邮箱 / 电话号码，包括国家级媒体，以尽快取得联系。
- 如果需要有人向现场媒体讲话，要确认发言人选，尤其是在现场团队到达之前（当地供应商、旅游负责人 / 职员、官员）。
- 确保媒体能够接触到的周围所有人都已获悉对外声明的口径（比如，合租房客）。
- 进行中：
    - 监控新闻和社交媒体（网络、电视、广播等）。

- 与所有通信团队密切协调，确保信息连贯一致。
- 为其他团队尽可能多地收集信息。
- 向合作商、供应商、美国国家旅游协会等通报消息 / 更新消息。
- 确保通信录纸质版本是最新版本，并保持实时更新。

（四）现场团队（涉及所有其他团队，在现场进行处置）

- 确定"冲锋包"（提前准备好，以便随时出发去现场；如有必要，包内装卫星电话、摄影摄像器材、应急手册、全天候雇员联络表、现金、公司信用卡）。
- 在现场团队到达之前，为现场临时采取行动的职员提供指导。
- 抵达现场前的后勤准备（航班安排，住宿等）。
- 在事件现场与供应商进行协调（旅游大巴公司，旅游目的地管理机构）。
- 必要时，现场团队和顾问团队配合工作。
- 确定所有当事人的位置。
- 建立现场指挥中心，并将联络方式分发给总部、供应商等。
- 为回应现场发言人 / 媒体的需求，与媒体团队进行协调。
- 为相关人员提供心理咨询 / 安抚工作。

（五）运营 / 后勤团队（事实调查员、后勤、资源）

- 与现场团队协调，确认临近区域人员，以便组建临时现场团队（旅游团组负责人、司机、供应商代表）。
- 确认这一地区的其他资源（其他供应商 / 公司可用的当地联络人）。
- 为旅游负责人（现场职员）准备特别针对媒体的"信息披露陈述"和初步谈话要点，尽可能将媒体观点传给总部媒体团队。
- 检查涉事人员名单。
- 开始核实事实——确认死亡人数、受伤人数、事故 / 状况原因等。
- 持续进行状况分析。
- 关键：内部 / 外部沟通计划必须坚实可靠，前后一致。

- 准备信息，以便需要时，联络家庭成员 / 其余亲属——转给客户服务中心。
- 为家庭成员、供应商和其他职员等任何需要去到现场的人员安排后勤。

（六）法律 / 合同 / 财务事宜

- 审核供应商合同。
- 审核保险表单。
- 审核乘客名单。
- 调查保险项目——什么是财务风险。
- 通知保险代理人和法律顾问。
- 就潜在责任 / 风险，与运营团队进行协调：
  - 司机档案。
  - 设备档案。
  - 供应商档案。
  - 公司档案。
- 若需要，雇请事故调查员。
- 为旅游负责人提供资金——电汇现金——准备好周末、假期等计划（可能需要依赖于当地联络人 / 供应商）。
- 旅行参加者遗失了什么？——公司需要更换什么（护照、钥匙、衣物、贵重物品等）。
- 若可行的话应取得警方报告。
- 开始审视事件对未来的影响（保费上调，合同条款调整等）。

（七）其他要点

- 首先，确定谁“拥有”危机——是自己公司还是运输公司等？
- 事件可能会被手机录像传播，对此应做好心理准备。社交媒体无处不在，任何事情都会得到实时报道。
- 供应商必须有一周七天一天 24 小时的全时紧急联络方式，与公司取得联系。

- 让供应商和商业合作伙伴知道，在危机状况下对他们有什么样的期待——供应商应有应急包，内含与公司取得联系的关键应急信息。
- 欧洲各国政府比美国更多参与事故的监控。在这个地方可能会发生什么？
- 对那些无法拿到自己随身物品的人，要给予帮助——公司必须提供药物、眼镜、衣物和其他所需物品。
- 短期投入，长期受益。
- 确保记录下尽职（用于确定目的地安全与安保的任何资源）。
- 大多数被忽略或疏漏的要素都是员工：如果身心创伤毁掉了员工的工作怎么办？这应该成为商业延续计划的重要关注点。
- 联络层级——谁联系谁——尤其是在灾难性事件中，各个层级都应有紧急联系人。

（八）内部沟通问题

- 初步通告。
- 内部更新：何事？何时？如何处理？
- 团队间的沟通。
- 总部范围之外的沟通。
- 尤其是对轮班工作至关重要的是——是否有纸质追踪文件和集中地点让大家能够得到简报说明？
- 总部直接为供应商指派公司联络人，并提供后备联络人选。
- 考虑相关的时差。
- 向所有工作人员提供带有联络电话号码和主要后勤电话号码的应急卡片，并在另一面附上行为须知重要事项的检查对照表，这样，他们对首先应做什么有个参考。

参考书目

Bagshaw, M., DeVoll, J. R., Jennings, R. T., McCrary, B. F., Northrup, S. E., Rayman, R. B., et al. (2002). *Mdeical guidelines for airline passengers*. Alexandria, Virginia,

USA: Aerospace Medical Association. Retrieved from, http://www. asma. org/asma/ media/asma/travel-publicatio ns/pasguidelines. pdfBa.

Driver in Spain train crash provisionally charged with negligent homicide (2013). *Fox News*. Retrieved from http://222. foxnews. com/world/2013/07/29/driver-in-spain-train-crash-charged– with-negligent-homicide/#ixzz2aYvaXNtT.

Duckett, R. H. (2010). *North American train trips. National Geographic*. Retrieved from http://travel. nationalgeographic. com/travel/top-10/north-american-train-trips/#page=2.

European train crashes—a recent history (2013). *The Guardian*. Retrieved from http:// www. theguardian. com/world/2013/jul/25/european-trian-crashes-recent-history.

Global infectious disease surveillance (2013). *World Health Organization*. Retrieved from http://www. who. int/mediacentre/factsheets/fs200/en/.

How to end a plane hijacking (n. d.). *wikiHow*. Retrieved from http://www. wikihow. com/End-a- Plane-Hijacking.

Marienau, K. J., Illig, P. A., Kozarsky, P. E., & Gallagher, N. M. (2013). Conveyance & transportation issues. *Centers for Disease Control and Prevention*. Retrieved from http://www. nc. cdc. gov/travel/yellowbook/2014/chapter-6-conveyance-and-transportation-issues/air-travel.

Motorcoach crashes & fires since 1990 (2014). *Advocates for highway & auto safety*. Retrieved from www. saferoads. org.

Mueller, J., & Stewart, M. G. (2008). *Assessing the risks, costs and benefits of United States aviation security measures*. Retrieved from http://www. saferoads. org/files/ file/Motorcoach%20 Crash%20List-%20February%202012. pdf; http://polisci. osu. edu/faculty/jmueller/stewarr2. pdf.

Opinion: Swine flu is a wake up call (2009). *Newsweek*. Retrieved from http://www. newsweek. com/opinion-swine-flu-wake-call-77043.

Pinsker, B. (2003). *Confessions of a baggage scanner*. Wired, 11(9). Retrieved from http://www. wired. com/wired/archive/11.09/bagscan. html.

Tips fro healthy travel (2013). United. Retrieved from http://www. united. com/web/en-Us/content/ travel/inflight/health. aspx.

TSA get rid of full-body scanners at US airports (2013). *Fox News*. Retrieved from http:// www. foxnews. com/politics/2013/05/31/tsa-gets-rid-full-body-image-scanners-at-us-airports/.

Zax, D. (2007). A brief history of the Orient Express. *Smithosonian. com*. Retrieved from http:// www. smithsonianmag. com/history-archaeology/brief_orient. html?c=y&page=2.

第 8 章　旅游安保的法律问题

一、旅游保障、服务标准和法律

我们在第 1 章讨论了旅游保障问题，并与旅游安全和安保进行了比较。我们发现，旅游保障不仅涉及游客的安全和安保问题，还涉及旅游东道主的经济活力和声誉。在好诉讼的当今社会，几乎所有旅游单位都面临官司，而这些案件可能耗费巨大。正像良好的顾客服务决不是仅仅尊重客户，良好的客户保障是对客户有责任感和关爱，因此，旅游安保管理者 / 专业人员需要拿出时间，专门咨询国家和国际组织机构对于他们的期望是什么。这一点很重要。

安全和安保对不同的旅游参与者意味着不同的方面。比如，对于旅游供应商来说，安全和安保意味着不仅是要防止自然灾害，而且还须知道如何采取适当的步骤，使自然灾害不会成为经济灾害。从消费者的视角来看，安全意味着游览某地，享受体验，并安全返回的能力。从景点本身的视角来看，安全和安保意味着有游客来，对景点的破坏相对较少，无论是加拉帕戈斯群岛（Gálapagos Islands）上的生态破坏，还是马萨诸塞州普利茅斯岩（Plymouth Rock）遭到的破坏那样。

因为我们生活在一个非常好诉讼的社会，旅游安保不仅是关于武器和力气。要获得安全就需要知道，在从法律到媒体，从身体到精神等各个方面，如何保护自己。从这一视角来看，对于旅游机构来说，配备合适的安保职员，并经常咨询这些工作人员是非常重要的。一支良好的旅游安保队伍应该具有下列要素：

1. 风险经理；
2. 医疗和 / 或公共卫生专家；
3. 法务人员或职员（取决于企业的规模）；
4. 精通财产和人员安保的专家；
5. 营销人员和 / 或公共关系专员。

二、责任、法律和服务标准问题

在旅行和旅游领域最常听到的一条抱怨是，出问题时很少有人承担责任。相反，旅游和旅行专业人员用一系列借口“虐待”游客，或者顾客们看到的仅仅是耸肩，或直接不管不顾。在当今世界，旅行和旅游是具有挑战性的，当旅行和酒店业人员完全不这么想或直接忽略问题，情况则会变得紧张并常常让人无法容忍。承担责任不仅是倾听和微笑，还要提供良好的服务。承担责任是努力解决问题，或是为旅行和接待问题找到合理替代办法的能力。经常发生的是旅游专业人员总会容易忘掉一点，即对某个借口满意的唯一一个人就是那个找借口的人。

旅游责任还有另外一方面，即旅游业有责任提供一个可持续产业，为当地社会造福而不是破坏当地社会。这意味着要考虑旅游的社会和经济影响，旅游是如何改变地方文化的，以及这一产业需要做什么来确保风景美丽、文化独特的地方不会被增长与发展所颠覆。

三、决策

旅游最让人灰心丧气的一件事情是员工互相推卸责任，谁也不做决定。然而，这种情况也有例外。比如，丽兹卡尔顿（Ritz Carlton）等几家美国连锁酒店给所有雇员提供一笔小额备用金，使其能够在现场解决问题。这样的项目不仅降低了游客对旅游的沮丧程度，而且还是将负面情况转化为积极情况的一种极好的方法。从酒店视角来看，赋予员工权力带来了额外的收益，詹根·凯姆（Janggon Kim）曾写道：

> 确实，赋予雇员权力是留住雇员，提高经营生产率和恢复客户服务

的一种常见做法。不恰当的赋权也会产生负面影响，如雇员的决策欠佳和管理层对放权的恐惧等。然而，赋予雇员权力对前台运行会有更多的积极影响。本论文就如何通过在酒店运营中使用最佳实践来改变这些负面影响给出建议。

（Kim，2011，3—4 页）

四、服务标准

如果旅游安保专业的学生去法庭查看律师针对旅游产业成员提起的诉讼形式，他们也许会果断得出结论：庭审旅游问题中绝大多数是未能遵守或拒绝遵守通常所称的“服务标准”和预见性问题。服务标准的另外一个术语是“标准惯例”。在这两种情况中，这一术语均是指一整套专业或产业指导原则。服务标准是公众对该产业的预期，以及该产业对自身的预期。一个产业经常有具体的成文标准，某些标准可能已写入地方或国家法律，或者已成为全产业的国际规则。比如，提供住宿的公共地点，客房房门必须上锁和安装烟雾警报器。这是一条普遍的服务标准。

因为旅游是一种多面性综合性产业，旅游产业范围内的每一个子类都会有其自身的基本服务标准。比如，大型节事、医疗旅游、体育观赛旅游，以及旅游的交通部分（航空公司、铁路、大巴、邮轮等）都有不同标准。列举所有服务标准已超出本书的范围。对于旅游业人员来说，尤其是对风险管理领域工作的专业人员来说，重要的是要定期与法务人员会面，尽最大可能向他们了解产业中各个方面的服务标准。因为新的服务标准会出现，以反映社会变化和新威胁，因此旅游专业人员永远不应主观认为这些服务标准是一成不变的。相反，这些标准是动态变化的。

律师孤掌难鸣。所有的法律决定都应由客户及其律师共同做出。

旅游和旅行企业经常并不知道某一具体领域合适的服务标准。比如，旅游运营商的责任在哪？酒店的责任是什么？或旅行社有什么责任？重要的一点是要咨询公司的法律专家，确保企业清楚当前的服务标准，以及在这些标准范围内经营。

服务标准和旅游相关法律在世界各地并不是一样的。因此，如果一家旅游企业是跨国公司，那其职员必须知道本国法律和服务标准，同时也要知道企业开展经营活动的其他国家的法律和服务标准。比如，旅行供应商和旅行代理商、旅游运营商和旅行保险公司都需要知道，无论是在本国还是在其开展经营活动的国家，自己对什么负责和对谁负责。这意味着不仅需要花时间了解做什么是合法的，还要了解做什么是合乎道德、合乎伦理的。切记，旅游是可以在法律规定范围内生存，但是，只有做得比法律规定的好才可能成功。这意味着，要了解某种具体企业愿意提供什么和不能提供什么，然后在这些限制范围内尽量提供所有服务。

达成上述安保法律目标的一种方法是应能够展示旅游安保专业人员有关于他或她提供给其客户的服务标准的相关检查列表。检查列表有多种形式。编制这些检查表的原因不仅是这些表可以提供安保专业人员业务所需的基本安保流程框架，而且在受到质疑时，安保专业人员能够说明其流程的科学性而不是仅仅是辩称安保流程是没有计划的。

安保专业人员也应该咨询非旅游和旅行专业人员，因为后者的专长可能会影响旅游安保专业人员的业务。比如，不要期望专业人员成为消防和食品安全等各个方面的专家，而是期望他们去咨询相关专家。就一家小型酒店和旅游景点的消防和食品安全来说，与当地消防或医疗部门合作是他们的责任。酒店必须能够证明自己已知晓并遵循最新标准。比如，安保官员可能希望与消防部门进行案上演习，以此确定会发生什么，什么需要调整使准备更加全面。对于旅行专业人员，比较明智的做法是请消防员和紧急救助专家等第一响应者从其角度对某一场所进行视察，并检查对游客和员工的安全和安保所存在的危险隐患，以及卫生和空气质量。

五、法律的脆弱性

旅游产业的法律脆弱性可能是一条双向道路。比如，如果一家酒店在美国有资源，在国外旅行的美国人仍然会起诉这家酒店在国外的作为。因此，适用于美国的情况，可能在其他情况下也是事实。由此依据其客户的不同，安保专业人员可能需要成为很多法律和法规方面的专家，不仅是其本国法律法规，而且还是客源国的法律和规则的专家。为了帮助面对繁杂的法律法规的安保专业人员，需考虑咨询世界旅游组织等国际旅游组织和各个国家的专业组织。花时间对某些问题进行深入探讨，并了解对自己有什么期望，然后以这些标准为基础，成为最佳实践的模范。

六、旅游法

纵观本书大家注意到，旅游和旅行是世界上最大发展最迅速的产业之一。事实上，如果我们不算国际军火工业，那么旅游可能是世界上最大的产业。然而，由于旅游是综合产业，其确切的经济优势无法估算。造成这种情况的原因是，旅游不是一个有形产品，而是多种产品的集合。比如，新国际机场的建设是旅游产业的一部分，还是建筑产业的一部分，或者两者都是？答案取决于我们如何界定旅游和经济影响评估的主要组成因素。常用的一种标准来自于世界旅行和旅游委员会（World Travel and Tourism Council）。根据世界旅行和旅游委员会的经济影响调查，2013 年，旅游贡献了 22000 亿美元，创造了 1.01 亿个工作岗位和 5.4% 的世界出口（世界旅行和旅游委员会，2014）。当然，这些数据有待商榷，但是无论我们使用谁的数据，很少会有人会反驳旅游是大生意的说法。由此，今天世界各地都在制定新的法律和法规保护旅游产业及其客户和员工。

然而界定旅游法并不简单。旅行通常是包括自然、社会和文化在内的跨界产业。在一个社会是正确或合适的，不一定是另一个社会“可以接受”的行为。一个地方的规范不仅与另一地方的规范不同，而且不要求国际游客在进入另一国家之前证明自己已了解当地的规范。旅行和旅游专业人员应切记，他们的职业不仅会使人情绪高涨，还经常会受到各种责任的影响，从小罪到极端严重的重罪一应俱全。而且在某国或某国部分地区是合法的，在另一个地方可能不一定就是合法的。游客经常不仅会在事发地点进行起诉，回到本国后也可能起诉。

在西方世界，法律规定不一致的一个例子是大麻的使用。比如，荷兰某些地区吸食或服用少量大麻是合法的。然而，对阿姆斯特丹来说可以，并不一定意味着对荷兰其他城市也是可以的。正如第 1 章中所讨论的一样，法律的不一致性是旅游混乱情况的例证之一。规范差异性的另一种情况可能是适恰的着装或饮食习惯。比如，女性的得体着装，或酒精饮料及猪肉产品的消费，西方国家与许多中东国家完全不同。

这些差异意味着，即使界定旅游法也会是一种挑战。我们也许会认为，旅游法是国际法、与旅游产业相关的当地法律、最佳实践和服务标准，以及前瞻性问题的综合。这些原则中有许多是基于或远或近的历史元素，并与当前国际、国家和地方法规相结合。美国律师协会网（Website of the American Bar Association）上刊登的一篇题为“旅行和旅游法”的文章中，亚历山大·安诺利克（Alexander Anolik，2010）将旅游法界定为“规范旅游产业日常运行的联邦、州、习惯法和国际法的集合”（2010 年，第 3 段）。安诺利克继续阐述说：“旅游法将合同法、雇用问题、旅游和酒店流程、反垄断法规，监管和机构合规，以及某些国际协议知识等元素结合到对旅游产业的综合指导原则中”（第 3 段）。当谈及将服务标准融入法律中时，阿诺利克认为，航空乘客“权利法案”之类的提案将会是公众所期望的潜在标准上升为法律的一个示例。

提示

笔者希望读者注意他不是法律专家。正因如此，强烈建议读者在做出任何决定之前，咨询地方、私人或企业法律顾问。作者希望强调本章所包含的材料，仅仅意在启发思考和提出问题，以此帮助读者与其法律顾问进行有深度的谈话。任何决定都不应仅仅基于本章或本书材料做出，而应在认真咨询专家和执业法律顾问之后决策。

笔者已强调旅游法具有流动性，在此列出旅游专业人员需要考虑的一系列事项。再次强调，在做出任何具体决定之前，应始终记住要咨询法律专业人员。

- 第一条经验原则是，旅游专业人员在其工作的任何方面都需要保持戒备。也就是说，他们时刻都有遭受法律诉讼的可能。出行意味着要应对风险，无论何时有风险，潜在的诉讼都会存在。旅游者、乘客和观光客会为任何事情提起起诉，从他们的财产损失到天气问题，一应俱全。然而，即使旅游企业赢了官司，其实仍然是输家。旅游企业不仅要遭受经济的损失，还可能遭受负面宣传，在社交媒体所主导的世界中尤其如此。基本经验是，如果存在风险，那么就要准备好被人起诉，准备好自我辩护，不仅是在官司上而且是在舆论上。

- 通过辨析一般可能与非常可能学会适应并接受随机模式。旅游业中的许多人都会混淆这两个术语。几乎任何事情都是可能的。比如，外太空的外星人会袭击地球，这是有可能的但是并不是非常可能，然而有可能的事并不必然是非常可能的。关键是要根据概率确定优先顺序。问题越有可能发生，就应给予越多关注。一条颇有道理的经验原则是，旅游营销者倾向于强调一般可能性，而律师和安保专家关注非常可能的方面。
- 在谈到诉讼案时，我们知道是预见性原则说了算！ 要确保你和职员与律师或法律顾问仔细讨论过这一原则。用外行的话来说，我们可以用下列方法解释预见性。问一下自己，是否一个谨慎的人已经注意到当下明显的自然或其他形式的危险（比如，传染性疾病）可能会对你的外聘、员工或公司内任何其他人造成某种形式的危害。预见性从来不存在一般可能性领域中，而是与非常可能性相关，正如旅游风险管理的情况中一样。因此，湿滑的地面可能导致游客摔倒，并使身体受伤。这是非常可能的，但是，一座结构设计和保养良好的建筑物会倒塌的可能性就会低得多。
- 了解你的企业历史及在你的企业中或旅游景点可能已发生的任何特殊情况。有可能法院会仔细调查你的经营场所过去的情况。如果你的场所发生过事故或犯罪，那么声称可以预测不会再发生类似是极度困难的。问一下自己，过去的事件、地理环境和人口情况是如何影响到你的客户安全与安保的。你意识到这些情况了吗？你采取了哪些防范措施来防止对生命、肢体、财产或心理状态的潜在伤害？在你所处的地区，你会面临自然灾害发生的危险吗？比如，海啸、地震和飓风。如果是这样的话，你做了准备了吗？有没有在制订安保与安全计划时，将这些自然灾害考虑在内？
- 避免法律问题的最佳办法是制订周全的风险管理计划。要确保这一计划涵盖从有形的厂房到技术等方面企业的所有方面。不仅要问自己什么会出错，更要问自己如果出事该如何解决。比如，如果涉及水上体育运动，人们身心受伤或死亡的概率高吗？如果孩子或有特殊需求的人在场，那么要了解还有其他哪些特殊应对措施已准备好。所有救生设备是否已换新并正常使用？你有没有不仅就安全问题，还就紧急情况中该如何应对进行过人员与其他职员培训？要确保与你的法务人员进行讨论，是否有人会因沟通不畅或疏忽问题抨击你或你的企业。

- 忽略简单事项可能导致大量法律问题。定期检查被忽略的问题。最佳方案常常仅仅因为没人检查是否这些计划已得到实施而归于失败。比如，本应关闭的门真的上锁了吗？所有照明灯泡都能正常使用吗？你定期检查烟雾报警器了吗？你是否会在最出乎职员预料时，定期进行消防演练呢？
- 不要只是写下风险管理计划，而是要真正实施计划！太多的旅游单位可能只是写下计划，然后把计划束之高阁，结果出事的时候，仅仅将计划用作合法的遮羞布。另外，最高管理层也有一份风险管理计划，但他们从来就不与实际执行计划的人分享。在危机情况时要问自己，是否一个机构的高层能够有效地跟员工进行交流。如果不能，风险管理计划有何价值呢？认真考虑旅游企业的所有方面，从工作场所暴力到员工配置不足等各个方面。你们的弱项在哪儿？记住，最终目的不是避免官司，而是要防止人们受伤和救人生命。
- 切记并不是每一个旅游者和游客都是好人，罪犯和恐怖主义者也混在其中。要用周密布控的观察工具保护好自己及自己的名声。我们经常会发现，有游客会使用自残的方式敛财，向保险公司骗保，或捏造无证据支持的诉讼，以此作为获取钱财的手段。这些行为仅仅是行窃的另一种方式。正如你需要保护你的社区或企业不受诈骗和盗窃之扰，你也必须保护企业免受假官司栽赃。

七、旅行者的权利

正如上文所说，旅行与人的心理状态有着非常密切的关系。旅行会产生压力。当事情出差错时，小事情常常会成为大事件。事实上，在家里对人造不成烦扰的事情，当此人在路上或离家时就可能常常变成重大危机。不止一个人曾经将度假称为“带着压力寻找快乐”。旅行和旅游产业开始应对这种持续旅行压力状态的一种方法就是制定产业标准。这些标准是供应商和消费者的指导手册。根据这些标准，消费者了解他或她的预期是什么，供应商至少在消费者对其业务的预期方面有一个最低标准。

八、旅行代理商

尽管很多人更喜欢通过互联网和电话预订行程，也有些人更喜欢使用旅行专业服务。这些专业人员能够推荐旅行地点、度假类型，以及对其客户来说，哪些旅行产品可能更合适。根据西格蒙德·斯潘斯基（Zigmund Sepanski）的观点，旅行专业人员有六大义务。他发现近二十年，法庭判决严重偏向消费者。根据斯潘斯基的观点，法庭判决和国家法规认定的主要义务有：

1. 公开销售者身份的义务；
2. 警示和通告的义务；
3. 深入调查的义务；
4. 确认的义务；
5. 不过度承诺或误导的义务；
6. 保护客户资金的义务。

（http：//www. authorizedagents. com）

2003 年 2 月，英国旅行代理商公开发表了行业行为准则。这一准则作为英国旅行代理商的指导手册，提供了准确的行业术语定义，以及协会成员与其他成员及客户之间的行为准则。该准则要求成员代理商要向客户提供尽可能准确的信息，且不能进行虚假广告宣传。

九、旅行法和旅行代理商问题

对于旅行代理商来说很重要的一件事情是，即使其企业不位于某个已出台一系列旅行法律的州，该州客户可以使用其旅行社网站的事实也可能使该代理商受不同州的法律管辖。目前，像加利福尼亚、佛罗里达、夏威夷和华盛顿等美国各州都已出台最严厉的旅行立法。旅行代理商有必要与精熟于跨州旅行法律的律师交流，避免跨州诉讼案件。旅行法专家可能也会建议旅行社需要什么注册，以此避免在另一州出现问题。下文所列举的是关于旅行代理商需要清楚了解的美国各州部分重要问题。应该说明的是，读者应注意此处提供的数据资料应尽可能是最近更新的，并且要确认法律和法规自本书撰写之时是否没有变更。以下是美国不同州的某些法规要求。

加利福尼亚州

- 所有销售商必须注册，已登记为从事旅游接待的个人而非企业的独立销售商除外。
- 费用：每个注册地址 100 美元。
- 罚款：每天 5 美元。
- 某些违法行为为重罪。
- 其他费用：旅行消费者赔偿公司（TCRC）会费，275 美元。
- 信托或债券：是。
- 在所有广告中标注销售商身份。
- 在所有协议中标明 TCRC 信息。

独立代理商免交费用，必须具备以下条件：

1. 属于已注册的旅游接待个人。
2. 有书面的接待合同。
3. 仅销售旅游接待个人业务范围的行程。
4. 须公开具体信息。
5. 具体退款要求。
6. 信托账户。

佛罗里达州

- 对于向佛罗里达州公民进行销售的任何人，佛罗里达都有注册、债券或信托要求。
- 由航空报告公司（ARC）近三年来审核批准的销售商没有债券要求。
- 费用：每年 300 美元。

- 免交费用：经 ARC 连续三年认证。
- 罚款：最高 5000 美元。
- 信托或债券要求：是。
- 在所有广告上须标注销售商身份。

独立代理商免费 / 免债券要求，不免注册，必须具备以下条件：

1. 属于已注册的旅游接待个人。
2. 有书面接待合同。
3. 仅销售旅游接待个人业务范围的行程。
4. 无直接客户佣金。
5. 无未使用客票库存。
6. 不能发布文件。

夏威夷州

- 所有销售商必须注册。
- 费用：95 美元。
- 信托账户：是。
- 信托处罚：刑事。
- 要求披露：是。
- 资金：在夏威夷银行。

伊利诺伊州

- 旅行销售商必须提供一般披露报表声明，包括信托账户。
- 无需正式注册。
- 信托账户：是。

爱荷华州

- 在本州开展业务的旅行社，如果旅行社或其代理商招揽爱荷华州居民，须作为旅行社向州务卿进行注册。
- 除所需证券或财务责任证明及注册费用外，还需出具注册单。属于已注册旅游接待个人的独立代理商没有债券或证券要求。
- 信托账户：是。
- 要求披露：是。

马萨诸塞州

- 要求披露，包括姓名、地址、旅游营销商。
- 取消条件、退款政策、处罚等应为书面形式。

内华达州

- 所有销售商必须注册。独立代理商也必须注册，但是如果已注册为接待个体则无须债券。
- 费用：125 美元。
- 罚款：首次 100 美元 / 再次 250 美元。
- 信托账户：是。
- 债券：5 万美元。
- 在所有广告中须标明销售商身份。

华盛顿州

- 如果进入本州销售则要求注册，除非是独立代理商，且接待方已进行注册。接待方需要将你列为独立代理商。
- 如果不属于已注册接待方的成员，则必须进行注册并交费。
- 费用：145 美元。
- 信托：是，所有资金必须存入信托，或必须拥有信用证。
- 赔偿责任为 100 万美元。
- 披露要求：是。
- 在所有广告中须标注销售商身份。

旅行代理商不仅要处理法律问题和最佳实践问题，而且航空公司和邮轮公司也已制订具体的旅行社指导原则。

十、旅行代理机构的其他问题

美国大型保险公司怡安公司（AON）指出："旅行社和客户关系的基础也适用于证明强加在被告旅行公司身上的债务数量的合理性。"然而，这一关系到底是什么尚不清楚。比如，某些法院主张将旅行社认定为"供应商的代理人"。在这种情况中，旅行社的责任最小，因为它们仅仅是第三方销售商在销售另一公司的产品。比如，旅行社不销售航空机票，仅仅是协助航空公司销售机票。旅行社没有从机票销售中获得任何收入，而只是从中获得佣金，这一事实是认为旅行社对乘客承担最小责任的另一理由。法院还认为，旅行者对旅行知道得越少，代理商应承担向其客户提供信息的更大责任。法院经常但并不总是认为，旅行社比旅行者更了解供应商。

第三个也是当前最普遍的可能性认为，无论旅行代理商是不是另一企业的供应商，它仍然负有某些责任，这一点无足轻重。这第 3 点经常被称为“服务与责任的一般标准”。从这一视角来看，旅行社比客户更了解供应商，因此有责任告知客户潜在的问题。怡安公司解释说：“即使在一些州，法庭主张旅行代理商是供应商的代理人，关于诉讼案件的最新趋势是，只要旅行者不知情代理商有义务向旅行者披露他们了解的、对于旅行者具有实质重要性的事情。”由此法院趋向于认为旅行代理商的建议是专业建议，因此，在应该提供信息却没有提供时，代理商至少应承担部分赔偿责任。这样，旅行代理商可能不会承担某一航班延误的责任，但是如果这一航班总是延误，造成转机的可能性大大降低，则旅行代理商可能要承担责任。同样，法院认为，较少出行的人相较于常旅客而言，更需要专业建议（“旅行产业的保险解决方案”，2013 年）。

可能旅行产业中没有哪个领域会比航空业产生更多的焦虑和愤怒。文学作品和市井坊间传闻中充斥着乘客滞留、被扔在停机坪上数小时，甚至还有丢掉孩子的惊悚故事。除了这些故事，还有航班晚点或取消、行李遗失、恐惧飞行的故事和麻烦。显然，很多乘客对航空业并不满意。除了一般的愤怒和沮丧之情以外，公众还不得不学会面对没有或只有很少航空餐食、服务恶劣、多重收费，以及没有人关照或倾听的感觉。这许多问题使航空旅行者权利法案呼之欲出。至撰写本章为止，该权利法案还没有在美国颁布。然而，美国和欧洲（欧洲已存在旅行者权利法案）已采取许多措施来，减少或消除上述问题。

十一、航空乘客权利法案

在本书撰写之时，美国仍然没有出台正式的航空乘客权利法案。然而，这方面已取得了某些进展。比如，2011 年 4 月，美国交通部颁布了一系列消费者保护措施，相当于一部航空乘客权利法案。在部长瑞·拉胡德（Ray LaHood）宣布的这些“权利”中有：

- 行李丢失和行李费。如果行李丢失，要求航空公司偿还托运行李的一切费用。还要求航空公司的所有旅行细分市场收取相同的行李津贴和费用，包括中转和代码共享合作航班。一些航空公司已被要求对在乘客行李托运过程中所发生的丢失、破损或延误，进行合理赔偿。
- 全面公开附加费用。航空公司也必须在其网站醒目位置公布所有未来可能发生的费用，包括但并不限于行李、餐食、取消或变更已预订机票，或是预订高级舱位或升舱所发生的费用。另外，要求航空公司和票务代理在乘客购票前后通告最新行李费信息，所报费率应含所有政府税费。在此之前，不要求机票报价中含政府税费。
- 机票超售而被迫下机。如果乘客被迫从机票超售的航班非自愿挤下，现行规定是这类乘客可获得双倍赔偿。当前，被挤掉的乘客有权得到等同于其机票价值的现金赔偿，最高可达 400 美元，前提是航空公司应将乘客在短时间内送达其目的地（对国内航班来说，应在乘客原定到达时间后的一到两个小时之内；对于国际航班来说，应在乘客原定到达时间的后一到四个小时之内）。被挤掉的乘客目前有权利获得双倍于其机票价格的现金赔偿，最高可达 800 美元，前提是他们被延误的时间较长（即对于国内航班而言，已超过乘客原定到达时间后两个小时以上，以及对于国际航班而言已超出乘客原定到达时间后四个小时以上）。在新规定之下，被挤掉的乘客如受短期误点影响，会得到相当于其机票价格的双倍补偿，最高可达 650 美元，而被延误相对较长时间的乘客，可得到四倍于其机票价格的补偿，最高可达 1300 美元。对这些补偿限额，每两年会根据通货膨胀情况予以调整。
- 停机坪延误。新法规还扩展了目前对长时停机坪延误的禁令，将国外航班在美国机场的运行包括在内，对美国及外国航空公司国际航班的停机坪延误时间严格限制在 4 小时以内，安全、安保或空中交通管制相关的原因除外。航空公司必须也要确保滞留停机坪超过两小时的乘客有充足的食物和水，同时有可用的洗手间，以及任何必要的医疗处置。2010 年 12 月暴风雪期间，纽约肯尼迪机场外国航空公司运营的国际航班乘客在停机坪长时间滞留的经历是促进交通部门就将停机坪延误规定扩展至国外航空公司并确定国际航班 4 小时停机坪滞留上限做出决定的一个重要因素。

交通部的规定还将在其他方面让空中旅行更加简便轻松，其中包括：

- 在航班离港日期前一周或一周以上预订机票的，要求在机票预订后至少 24 小时内，航空公司应为尚未付款的顾客保留客票，顾客取消订要的，不应扣款。
- 要求航空公司在延误超过 30 分钟，以及取消航班和调整航线时，及时告知消费者。该通知必须在登机口区域，在航空公司的电话预订系统及在其网站上发布。
- 禁止购票之后涨价，除非上涨原因是政府税费，且只有乘客在购票时已被告知票价可能上涨并同意涨价。
- 要求更多航空公司向美国交通部报告美国各机场的长时停机坪延误情况，其中包括国际航班和包机的数据。在此之前，美国只有 16 家最大的客运航空公司被要求备案这些数据，且只针对国内定期航班。

（“美国交通部扩大航空乘客保护范围”，2011 年，停机坪延误部分）

这些措施显然是有利于乘客，但是正如《今日美国》报在 2013 年 7 月 17 日所报道的，今后仍然有很长的路要走。值得赞扬的是，交通部已经迈出积极的步伐，但旅行倡议组织认为，仍然还有大量需要完成的事情。比如，在航班延误或取消时，有关乘客权利的标准仍是空白。是航空公司自行确定乘客的权利是什么，这些权利不仅乘客与乘客之间互有差异，还可能根据乘客在这家航空公司的身份地位而有所差异。《今日美国》指出对于航空公司的乘客而言，其中最关键的问题包括：

- 每家国内航空公司发布各自的运输协议，因此产业标准不一致。
- 即使律师在分析合同模糊的语言表述方面也有困难。
- 在航空公司网站上查找这些文件本身就是一种挑战，并且纸质版本已经是过时的事情。

- 并非航空公司所有职员——以及外包航空公司代表——都能熟练解读这些合同。
- 联邦优先权严重限制乘客因受不公平待遇而获取补偿的能力。

（McGee, 2013）

另一方面，欧洲对航空旅行和火车旅行有明确的乘客权利法案。乘客针对拒绝登机、航班取消、航班长时滞留、了解代码共享情况中究竟哪家航空公司才是实际上的承运公司，以及价格透明问题有具体的法律追索权。在美国，这些政策目前只是每一家航空公司在零敲碎打的基础上处理的。欧盟在涉及身体有残疾、行动不便者时，也会提供旅行者权利法案（“航空旅行时的乘客权利”，未注明公布日期）。欧盟的网站也明确告诉消费者应当去何处投诉。网站上部分内容如下：

如果你认为自己的乘客权利受到侵犯，你应该做什么？如果你认为根据航空乘客权利法，自身权利已受到侵犯，那么：

- 应该首先联络航空公司，与行动不便者相关的问题则应当联络机场。
- 如果你对航空公司或机场的答复不满意，你可以向国家执法机构（National Enforcement Body，NEB）投诉。
- 若行李丢失、延误和/或破损，可联络乘客所在国家的欧洲消费者中心（European Consumer Centre，ECC）：ec. europa. eu/consumers/ecc/index_en. htm

你也可以联络各国消费者组织：ec. europa. eu/consumers/empowerment/cons_networks_en. htm#national

注：原则上应在当事国进行投诉。

（来自 www. wttc. org/research/economic-impact-research/. 2014 年 4 月 1 日）

十二、美国邮轮乘客权利法案

2013 年 5 月 22 日，邮轮业宣布美国邮轮乘客将迎来一部乘客权利法案。这一进展可能是因邮轮业中存在的问题而促成的。国际邮轮协会（Cruise Lines International Association，CLIA）全面采纳这一权利法案，成为所有邮轮公司均应遵守的标准。邮轮乘客权利法案中包含如下条文：

- 如果邮轮上的食物、水、厕所设施及医疗服务等必需品供应不足时，乘客有权从停泊的船上下船登陆上岸，例外情况仅限船长担心乘客安全和安保问题，以及有关港口的海关和移民。
- 对由于机械故障取消的行程，乘客有权得到全额退款；或者由于这些故障造成海上行程提前终止，乘客有权得到部分退款。
- 在河流和离岸水域之外运行的船上，在获得岸上医疗之前，有权视需要随时获得紧急医疗服务。
- 因机械事故或紧急事件造成邮轮行程安排调整，乘客有及时获悉最新行程调整情况及排除机械故障的最新进展。
- 要求船员已经过应急和疏散流程培训的权利。
- 在主发电机发生故障时，乘客有权得到应急供电。
- 如果邮轮由于机械故障提早终止行程，乘客享有被运送至船只预定登陆港口或乘客来源城市的权利。
- 邮轮由于机械故障提早终止行程时，如需登陆并在未预先安排的港口过夜停留，乘客享有被安排住宿的权利。
- 乘客有权要求每家邮轮公司网站上提供对方付费电话，以便通过该电话询问或咨询有关船上运营任何方面的信息。
- 有权要求将该邮轮乘客权利法案公布在各邮轮公司的网站上。

（Parrotta & Peikin，2013，乘客权利法案部分）

十三、火车和大巴旅行

欧盟为铁路旅客提供了一系列权利：

- 购买车票的流程麻烦。
- 安全旅行。
- 行动不便的乘客有权享受同等服务。
- 行动不便乘客对便利设施的知情权。
- 发生伤亡或行李问题时获得赔偿。

- 在铁路公司未履行赔偿义务时，对乘客进行保护。

这些大类中的每一类都在其中为铁路旅客提供了大量其他保护措施。

在美国，无论是对于铁路还是大巴旅行，情形都有一点复杂。过去，不同的铁路公司和航空公司一样，可能针对赔偿制定不同的规定。今天大多数铁路客运均由美国铁路公司（Amtrak）来运营。然而，似乎还没有标准政策来保护美国铁路旅客，在美国铁路公司网站上也完全没有提及。

至于大巴乘客的权利，美国大大落后于欧洲。尽管联邦机动车运输协会（Federal Motor Carrier Association）制定了大巴司机标准，但另一方面的顾客却没受到任何关注。几家大巴公司有政策来帮助有困难的乘客，但是这些政策是由各家公司自行制定的，实际上乘客受大巴公司员工的任意摆布。

十四、消防规定

几乎从文明蒙昧时代起，人类对火就有一种既爱又恨的关系。一方面，火给人带来温暖，还能烧水做饭。另一方面，火是致命的，能够迅速摧毁整个城市和大片森林。国家消防协会（National Fire Protection Association）指出：

> 美国消防部门从 2006 年到 2010 年，估计每年平均扑救 3700 场建筑火灾，这些火灾多发生在酒店和汽车旅游。这些火灾平均每年造成 12 人死亡，143 人受伤，每年直接财产损失 1.27 亿美元。
>
> 事实和数据
>
> - 平均每年有 1/12 的酒店和汽车旅馆就建筑火灾报火警。
> - 约 10% 的酒店和汽车旅馆火灾由吸烟引起，这些火灾造成 79% 的死亡。
> - 只有 8% 的酒店和汽车旅馆火灾属于蓄意纵火，但是这些火灾占相关财产损失的 12%。
> - 酒店和汽车旅馆 12% 的火灾起于卧室，这些火灾造成 72% 的相关人员死亡和 31% 的人员受伤。
> - 当酒店和汽车旅馆安装喷淋设施并且正常运行时，91% 的喷淋装置可以在火灾中有效运行。
>
> （Hotels and Motels，2013）

所有酒店都应安装烟雾报警器，并且酒店应该在每一间客房安装（但是法律不要求安装）喷淋系统。向住宿客房推荐的其他保护措施至少应包括下列部分措施：

- 防火喷淋装置；
- 烟雾及火灾探测器；
- 管道烟雾探测器；
- 自动报警系统；
- 空气处理机组和警报系统的结合；
- 人工报警系统（在楼梯间大门和电梯附近可见的紧急按键盒）；
- 消防部门的竖管（在楼梯间）；
- 应急灯；
- 应急出口；
- 建筑物防火灾性能；
- 出口和出口标志；
- 加压楼梯间；
- 烟雾控制系统；
- 便携式灭火器；
- 员工应急预案；
- 员工培训；
- 燃气供应切断装置；
- 要求在酒店 / 汽车旅馆配备的火警系统；
- 高层建筑物上直升机的降落点。

20 世纪 70、80 年代引起广泛关注的火灾之后，联邦政府做了许多努力，确保其大多数出差旅行雇员入住的地方有最起码的消防设施。由此，国会通过了 101-391 号公法（Public Law），此法被称为《1990 年酒店和汽车旅馆消防安全法》（Hotel and Motel Fire Safety Act of 1990）。此法要求联邦总出差夜宿数的 90% 须在达到这一法律要求的住宿地。

这一法案确立了一项政策，即无论何时需要商用住宿，联邦雇员都要在火灾防护方面达到某些生命安全标准的住宿场所留宿。该法案要求，联邦紧急事务管理局（Federal Emergency Management Agency，FEMA）须持有一份达到联邦要求的住宿地清单。这一列表被称为国家总表（National Master List，NML）。要达到这一法案的要求，酒店和汽车旅馆的每一间客房必须有硬连接和单台控制的烟雾警报器。除了烟雾报警器的要求之外，如果建筑物是四层或高于四层，每间客房必须要有由自动火灾喷淋系统提供的额外保护措施。这一烟雾报警器和火灾喷淋系统必须要达到经批准的国家标准。建筑物如果没有达到这一法案的要求（或者遵守了要求，但没有列在国家总表中），会有丢掉联邦政府旅行和会议业务的风险。截至 2011 年，43000 多家单位达到了联邦酒店和汽车旅馆火灾安全要求，并列在国家总表中。联邦雇员和公众可以在网上查到国家总表数据库（Hotel and Motel Fire Safety Act, 2008）。

十五、欧洲的情况

欧盟标准的基础是《1986 年 12 月 22 日欧盟委员会有关现有酒店消防安全的建议》（*Council Recommendation of 22 December 1986 on fire safety in existing hotels*）。这一议案提供了大量关于消防安全的建议，保护入住至少有 20 个床位的住宿地的旅客安全。

消防安全措施建议如下：

- 安全逃生路线：确保火灾中人员通道畅通。
- 建筑结构稳固：酒店至少应在疏散所有住客期间保持稳固结案。
- 安全材料：限制使用易燃表层装饰材料，以起到阻燃效果。
- 技术安全的电器。
- 运行正常的警报系统：一旦发生火灾，所有住客必须能够听到警报。
- 安全说明：每一间客房必须提供显示逃生路线的平面图和应急流程。
- 设备：功能正常的应急消防设备。
- 培训：为酒店员工提供合适的应急指导。

欧盟提出的这些建议和指导原则已被所有成员国的国家立法机构所采纳，虽然采纳的情况并不一致（“Fire safety in buildings”，2011）。

火灾预防和消防专家一致认为，上文所列的预防性设备应该协调运行，也就是说，应纳入总体火灾预防 / 消防系统。这一“系统方法”是基于“余度”理论。余度来自于一个系统的一部分发生故障，该系统其他部分可以弥补这一故障的理念。从余度视角来看，所有安保系统都应设一个后备系统，从而弥补安保系统中的故障。重要的是要记住，系统故障可能非常简单的问题引起。比如，就防水来看，防火门处于打开状态可能会使火灾迅速蔓延至大门本可以隔断火灾的地方。因此，任何防火措施中最关键的一个因素是职员的实践。几乎任何预防体系都可能由于人为错误和疏漏而出问题。在安保中，熟能生巧的道理同样适用（Hotel Fire Safety，未标注出版日期）。

应说明的是，无论是美国还是欧洲，都缺少为小型食宿企业制定的标准安全、安保和消防规定。在很多情况中，作为床位加早餐旅馆的客人与在某人家里做客的情况没有什么不同。然而，床位和早餐需要收取客人的住宿税，并应遵守当地建筑防火条例。在俄亥俄等一些州中，食品供应的规定取决于某一特定日期服务的客人数量。撰写本书时，床位和早餐这种小型旅馆是根据各州的具体情况进行规范的。《华尔街日报》2013 年 1 月刊登的一篇文章说：

> 要清楚法规性要求——在探究是否业务可以运行的各方面之前，应先确认是否允许开业。纽约州和纽约市对非法酒店打击尤其严厉，制定了严格的法规，规定酒店服务的资格是什么，而这对床位加早餐旅馆也有所影响；对宾馆和空中食宿（AirBnB）等在线暂时住宿服务的影响也很大。在这一过程中，某些业已建立的宾馆困于混乱局面中，这促使它们组成游说团队“待在纽约城”，为它们已注册的纳税单位群体免于法律的处罚进行请愿。教训是什么？咨询有关分区、税收和许可要求方面的律师……
>
> （Bischof，2013，para. 6）

十六、结语

由于本章探讨的主题较多，所以在此略作总结。下列基本原则和概念适用于所有主题，并以之为本章作结。

努力预见问题，然后预防问题发生。解决问题及避免危机的最佳办法是预防。这一理念不仅是良好的风险管理的基本理念，还是可预见性的法律概念。切记，我们旅行时，所有的问题都被认为是风险，并且在好诉讼的社会中，人们会很快打电话给他们的律师。对于旅行专业人员来说，问题可能只是一个小问题，但是对其客户来说可能不是问题而是危机。良好的客户服务和友善的微笑比不得不在法庭上为自己辩护的代价要小得多。永远不要忘记在旅游中，时间是最宝贵的。因此，解决问题的速度越快，问题在客户眼中成为重大危机的可能性就会越小，你在法庭上无奈为自己辩护的概率就会越低。有疑问时，应首先跟法律团队进行确证，而不是在起诉讼时才让他们为你辩护。

记住，你不仅要对你的客户负责，还要对你所在的旅游社区负责。负责任的旅游意味着应该花时间去思考你的旅游产品对你的雇员及对游客接待地区的影响。旅游官员必须要认真考虑对游客接待地区的经济和社会影响，旅游的负面影响是什么，以及旅游如何在地区的整体背景下扮演负责任的中间力量的角色。旅游产业越负责任，其不得不应对集体诉讼，以及应对可能因为官司产生负面宣传的可能性就会越低。

负责任意味着，每一家旅游和旅行企业都应提供全面信息，无论是有关环境，还是有关安全与安保的信息。旅游业中的一个重大问题是关键信息经常不公布，人们并不完全知情。旅游者和游客认为，旅行专家无论是在交通运输、酒店服务，或是在旅行社，都会为他们多加留意。但这种想法是完全错误的。切记，很多时候我们的客人甚至不知道他们要问哪些问题，等他们意识到并非完全知情时，他们就会变得非常愤怒。发布信息用语需准确、清晰且具有可读性。把某些东西做成精美的打印件，在法庭上会很有益处，但这会使企业大失人心。负责任意味着关注旅游的各个方面，从游客到雇员，从景点到环境，从游客接待地区到企业声誉尽皆如此。

负责任还意味着我们有责任对不负责任的行为不宽容。无论从道德角度还是从财务角度看，旅游都无法承担允许犯罪行为成为这一产业组成部分的后果。当贩卖人口、虐待儿童或使用非法药物进入旅游系统，这一体系注定会崩溃瓦解。在与客户、海关及司法部门打交道时，旅游官员必须时刻保持正直，并坚持负责任就是既尊重我们的同胞公民，也敬畏我们所居住的这一星球的原则。

参考书目

Anolik, A. (2010). Travel and tourism. *GPSolo Magazine*. Retrieved from https://www.american bar. org/newsletter/publications/gp_solo_magazine_home/gp_solo_magazine_index/anolik. html.

Anon., 2014. Economic Impact of Travel & Tourism 2014 Annual Update:summary. World Travel and Tourism Council. Retrieved from http://www. wttc. org/site_media/uploads/downloads/Econ omic_Impact_Summary_2014_2ppA4_FINAL. pdf.

Bischof, J. (2013). What to know before opening a bed and breakfast. *The wall Street Journal*, January B. Retrieved from http://blogs. wsj. com/metropolis/2013/01/31/what-to-know- before-opening-a-bed-and-breakfast/.

Fire safety in buildings (2011). *Fire safe Europe*. Retrieved from http://www. firesafeeurope. eu/ fire-safety.

Hotel fire safety (n. d.). *iklim*. Retrieved from http://www. iklimnet. com/hotelfires/fire-safety. html.

Hotel and motel fire safety act (2008). *American Hotel & Lodging Association*. Retrieved from http://www. ahla. com/issuebrief. aspx?id=20300.

Hotels and motels (2013). *National Fire Protrection Association*. Retrieved from http://www. nfpa. org/safety-information/for-consumers/occupancies/hotels-and-motels.

Insurance solutions for the travel industry (2013). *AON*. Retrieved from http://www. berkely. com/sites/berkely/risk_management/Pages/service_fees. aspx.

Kim, J. (2011). *Exploring how employee empowerment impacts on hotel desk operations*. (Published dissertation). Retrieved from UNLV Theses/Dissertations/Professional Papers/ Capstones. (Paper 1058).

McGee, B. (2013). When do airline passengers get their bill of rights? *USA Today, July 17*. Retrieved from http://www. usatoday. com/story/travel/columnist/mcgee/2013/07/17/when-do- airline-passengers-get-their-bill-of-rights/2522117/.

Parrotta, L., & Peikin, D. (2013). *Cruise industry* adopts passenger bill of rights. *Cruise Lines International Association*. Retrieved from http://www. cruising. org/news/press_releases/2013/05/ cruise-indurstry-adopts-passenger-bill-rights.

U. S. Department of Transportation expands airline passenger protections (2011). *United States Department of Transportation*. Retrieved from http://www. dot. gov/briefing-room/us-department -transportation-expands-airline-passenger-protections.

What should you do if you believed your passenger rights have been infringed? (n. d.). *European Commission*. Retrieved from http://ec. europa. eu/transport/passenger-rights/en/34-neb-air. html.

Your passenger rights when travelling by air (n. d.). *European Commission*. Retrieved from http://ec. europa. eu/transport/passenger-rights/en/03-air. html.

第 9 章　案例分析：四个旅游城市

一、导语

查尔斯・狄更斯 1859 年出版了著名小说《双城记》，小说的背景为两个城市。尽管是虚构小说，但该书显示了 19 世纪伦敦与巴黎之间的许多不同。在某种程度上，本章与这本小说相似，可称为四城记。虽然本章没有虚构内容，但是其目的旨在强调旅游安保在世界上几个具有代表性城市的安保是如何进行的。第九章探讨南卡来罗纳州查尔斯顿市的旅游安保。这是一座中型城市，在旅游安保方面投入很大，已成为美国最成功的城市之一。本章也会关注美国最重要的旅游城市之一——内华达州拉斯维加斯市。从国际视角来看，本章还关注西半球最佳旅游警队之一，即多米尼加共和国旅游警队。最后，本章还将详细讨论大型旅游节事方面世界上最具代表性的城市里约热内卢。本章分为五部分，每部分皆以上文提到的四个地区之一为主，然后对这些城市进行比较。第五部分力图理解这些城市的共同点及其独特之处，以及这些城市的优势所在与哪些领域仍存在挑战。最后，本章结尾寄语世界范围内旅游安保的未来、其面临的挑战，及其对一座城市，一个州，甚至整个国家的影响。

二、旅游与自由

尽管本章所讨论的四个案例分析会揭示大量的不同点，但所有旅游城市仍有一些共同点。旅游学认为，个人享有旅行的自由，去到一个陌生之地的自由。正因如此，所有旅游安保专业人员必须在可以保证个人安全，并且个人对其私人财物和健康的担心可以降到最低的理念基础上开展工作。从旅游安保的视角来看，我们可以将《圣经》中的《出埃及记》看作一个故事，它不仅讲述了从被奴役走向自由的奴隶，而且也是有关旅行安全的故事。

旅游安保专业人员经常只是应对当下，但是旅游安保应对的不仅是当前发生的各种问题，还有有关过去与未来的联系，就是在时空交织中人与人永不停息的互动。从这个方面来理解，旅游安保人员不只是安全工程师，而是旅游市场营销和经济发展链条中积极活跃的部分。

旅游安保专业人员需要在游客有权毫无畏惧地了解“他者”的前提下开展工作。没有这一理念，旅游仅仅是一个“此地”到另一个“此地”的转换，是一次在时间环境之外存在的永无止境的运动循环。因此，旅行远不止是运动，或一个地方到另一地方的位移。比如，监押犯人可能会从一个监禁地转到另一个监禁地，但是囚犯不是旅行者。在这种情况中，犯人仅仅是被移动的一个对象，目的是为了监狱看守的方便。同样，我们仅仅需要看一下在路上奔波的难民。无论这些难民可能去向哪儿，他们都是行在路上，但是他们不是旅行者。他们是被历史之力所推动的人，而且经常是违背其意愿地从一个地方到另一个地方，寻求的只是回到故土，或能够找到避难的安全地点。旅行者却完全不同。要成为一个旅行者或游客，必须符合下面几个特点：

- 希望从“此地”去“彼地”。
- 认为他或她在新的地点是受欢迎的，并且这一地点只是暂时的经历，之后还要回家。
- 可以自由离开。
- 有权从社会和文化方面体验“他者”。
- 有权认为他或她是安全的，在“游客接待地区”是受到保护的。
- 有权认为接待地希望他或她来访。

另外，现代旅游安保专家需要关注的不仅是服务客户，而且更要关注旅游接待地区的人群。性旅游和有些体育旅游会让当地人对旅游者可能做的事情感到恐惧。比如，足球迷经常会面对各种形式的流氓行为，这些行为会导致财产损失，甚至是性骚扰。这就意味着旅游安保专家不仅必须要对保护游客操心，而且还必须操心对雇员、地点、财产及当地社会的文化、生态及声誉的保护。

下文这些地方都曾经应对过许多这样的问题，其中某些地区会比其他地方更成功。但是，所有地区均不得不面对这样一个事实，即旅游安保既是一种必须也是一种挑战。

三、南卡罗来纳州查尔斯顿市

（一）概览

查尔斯顿是美国最古老的城市之一，其历史可以追溯到 17 世纪中期。尽管疾病、欧洲列强和土著印第安人的袭击使其生存困难重重，但是这个殖民地还是挺过来了。到 1680 年，查尔斯镇（这是最初的名字）人口已经有至少 1000 人。因为这座城市是有宗教包容性的地方，所以该城市的人口包括来自多个新教教派、犹太教和天主教的信众。

由于到 17 世纪末为止，这座城市已拥有良好、安全的港口设施，查尔斯镇成为美国东部沿海地区一个重要的港口。到 1740 年，这座城市成为北美重要的港口。经济繁荣并不意味着查尔斯镇没有其难题。这座城市在 18、19 世纪中遭受过多次重大火灾，天花等疫病对人们的生存一直是一个威胁。而且查尔斯镇也没有逃脱战争的影响。英国人在独立战争期间占领了这座城市，联邦军队在美国内战期间及内战之后重新占领了这座城市。1783 年，在从英国人手中获得解放之后，这座城市更名为“查尔斯顿”（Charleston）。

在美国历史上，查尔斯顿最有名的可能是，这座城市是美国内战开始的地方。城市本身遭受重创，经济遭到破坏。这座城市不得不保留其很多的古旧建筑，可是并非出于保存历史古迹的目的，而是由于此城极度贫困。事实上，保护工作直到 20 世纪 40 年代才开始。20 世纪给查尔斯顿提出了一系列的挑战，其中包括飓风“雨果”。尽管暴风雨汹涌而来，城市遭到破坏和损失，但 3500 座具有历史价值的建筑物中只有 25 座遭到损坏。这些建筑物是现代查尔斯顿魅力的核心。

最近十年来，查尔斯顿已经成为美国最重要的旅游城市之一。这座城市可以提供给旅游者多种不同的旅游体验，从历史和内战，到海滩、高尔夫运动，非裔美洲特色（African-American）旅游，以及各式各样的美食体验。在历史上占有重要地位的市中心及其花园，已经成为这座城市的浪漫所在，吸引着世界各地的人在此举行婚礼。查尔斯顿的旅游景点包括：

- 水族馆；
- 市中心魅力和摄影胜地；
- 历史上重要的堡垒要塞；
- 具有历史价值的礼拜场所和建筑物；
- 博物馆；
- 种植园和花园；
- 餐厅和美食旅游体验。

（二）查尔斯顿调查

为了理解旅游安保是如何影响每一个调研对象城市，每个城市的当地警察部门参与了问卷调查活动。为避免语言问题，调查问卷分英语、葡萄牙语和西班牙语三个版本。查尔斯顿警察局局长格雷格·穆伦（Greg Mullen）非常有亲和力，对调查问卷进行了细致作答。我们从穆伦局长的回答中看到他对细节的关注，集中说明了查尔斯顿为什么会成为名列前茅的美国旅游城市（图 9.1）。

图 9.1　南卡罗来纳州查尔斯顿市中心

-塔洛：旅游对查尔斯顿的城市经济有多大贡献？

穆伦：旅游是查尔斯顿最大的经济推动力之一。每年近 500 万游客来到这座城市。2012 年，其综合经济影响高达 35 亿美元，而且一直在增长。入住率越来越高，房价也在不断提高。查尔斯顿连续三年被悦游（Condé Nast Traveler）杂志授予“美国首选目的地”称号。

-塔洛：有多少警官在旅游安保领域工作？

穆伦：目前，委派到旅游区全职工作的警官有 20 位。另外，有少数警官也被委以旅游安保相关的任务，包括和会展与游客管理局（Convention and Visitors Bueau，CVB）进行联络，协助城市旅游委员会，以及研究旨在提升旅游者体验的新法案和条例等活动。所有这些警官与商业部门、居住区、大学区等查尔斯顿旅游体验重要的组成部分共同合作。2013 年 10 月，我们另外雇用了 12 位警官。他们在 2013 年 6 月已由市政厅审核通过，由他们扩充旅游编队。新警官一经培训，这些在职警官就会调入旅游编制，完成这一扩容。

-塔洛：他们曾经 / 现在接受过多少培训？

穆伦：少数警官已经参加了以旅游为导向的治安维护和保护服务（TOPPS）概念的课程。另外，他们还接受了客户服务、通信、应对精神疾病和残障人士的公平治安维护，以及判断和决策等指导，其他课程与负责任的酒店服务协会（Responsible Hospitality Institute,RHI）有关，重点关注旅游的环境要素，以及如何合作，改善这一地区的安全与活力。作为延展项目的一部分，所有警官还会参加一个正式项目，这是将 TOPPS 和 RHI 包括在内的合并项目。我们期望整个编队会在 2014 年前得到全面培训。

-塔洛：有关旅游产业，贵局警官得到过什么特殊的培训？是哪些警官（所有人 / 某一特殊编队）？

穆伦：接受过与旅游产业相关培训的警官是那些被委派到旅游区的警官。这一培训的大体情况详见上一个问题的答复。然而，所有警官都会参加应对客户服务及旅游产业对于查尔斯顿整个经济繁荣的重要性的培训。我们还会定期提供点名抽调式培训，其中涉及应对旅游相关的问题，如，酒后性侵犯，恶性伤害和人身伤害等。这一过程重点关注预防与执行的重要性，以及执行与经济活力两极性管理所需的辩证思维。我们一直对所有警官强调与游客有效交流的重要性，并让他们记住自己是城市真正的大使。我也频繁讨论在某种状况中，我们的行为如何能创造一种形象和声誉，影响当前来到我们城市及未来城市客人的思想和情感。我们在这一领域的培训主要集中在理解游客的心理状态；创造基于公平、扎实和友好的服务文化，以及在保护这只支撑城市健康与发展的“金鹅”的过程中，我们所起的重要作用。

-塔洛：你们面临的最主要的旅游安保挑战是什么？

穆伦：查尔斯顿每年主办200多项特别节事和活动。这些活动从小型音乐会到国际性艺术节，各不相同。每一项活动都有其自身的难题与挑战。随着世界不断变化，对旅游安全与安保也会有不同的要求与期望。其中许多活动都会吸引数万游客来到这座城市。计划和执行适当的风险管理程序是劳动密集型工作。这些特别活动中的大多数都已经举办许多年，而且没有任何重大问题。因此，有些人无法理解使用新限制性规则来改变之前做事方式的必要性。在我们开始实行新安保要求时，如许可时限表，人员配备要求，审查程序和酒精的控制等，我们从组织者和一些城市官员那里都体会到了阻挠。然而，由于我们已经成功地解决这些问题，一个非常强大的特别活动流程已形成并成功完成。这仍然是一个处在完善过程中的作品，我们正在不断增多的痛苦中努力；然而，讨论今天环境中确实存在的安保难题必不可少。既然旅游区任何坏事也没发生，为什么我们还要要求各企业负起更多责任并采取积极的措施，管理与其商业活动相关的人员与活动。对于这样的理念，我们也在与之进行斗争。旅游者和企业主同样感觉到，警察在干涉他们的商业活动，并限制游客享受其游览过程的能力。我们已成功采用创造更加安全稳固的地区的法规制度，但是仍有很多事情需要去做。尽管对于警察来说，因为这与旅游警务相关而似乎是极不寻常的优先权，但这点至关重要。当前最大的一个挑战就是管理环境，这种环境在酒吧、夜总会，以及改为酒吧的餐馆的数量方面已经达到了顶点。在赞助人、企业主、大学生的父母、城市规划者及其他人士当中有一种期望，那就是警察会确保经常光顾这一地区的每一个人的安全；然而，对于通过限制酒类营业场所的密度、改变分区要求，以及官员和企业主将严格的责任制施加在与营业场所相关的活动的运营者身上，以此来减少犯罪和暴力可能性的做法，他们却有许多不情愿。

–塔洛：请描述贵社区针对游客经常发生的最普遍犯罪 / 暴力类型。

穆伦：我们非常幸运，即使随着我们的旅游区不断增长，旅游人数显著增加，这里的犯罪或暴力也没有增长。游客在查尔斯顿停留期间成为犯罪和暴力的受害者，这样的事情非常罕见。涉及旅游者的最常见的犯罪是盗窃。盗窃发生的原因是个人将贵重物品落在车上，没能确保财物或车子的安全。我们经常要应对这样的游客，他们感觉在这个城市非常安全，所以未能采取相应的预防措施，就像他们不度假时的做法一样。这些犯罪经常发生在临近旅游区的周边公共停车库或街道停车点。尽管我们和会展与游客管理局及其他酒店服务协会共同开展工作，告知游客注意这一情况，采取措施保护个人物品，但我们仍然偶尔会接到关于盗窃案的报案。在旅游区发生的攻击案件为数不多，通常涉及大学生年龄的成年人，他们进入当地酒吧和夜总会纵情欢畅豪饮。在夜晚结束酒吧打烊时，数千人出现在原本不是为这种商业活动而建的街道上。当这些酒兴正酣的顾客离开酒吧和邻近的夜总会，占据为零售和小生意而建的步行街时，对抗有时就会发生。有时，这些对抗会转化成为争吵，接着攻击就会发生。这些事件通常是在深夜发生且速度非常之快。大多数牵扯在内的是年轻人群体。由于在酒吧打烊期间，沉迷于这一地区的人群人数很大，这些年轻人会怀有一种无名感。虽然我们确实会在这一地区发现一些抢劫案和性骚扰，但这些案子不经常发生。大多数抢劫案不会涉及旅游者；然而，有些抢劫案会发生在这一地区的周边临近地带，由于这些地带与主要的旅游区非常接近，就会产生对这些事件的关注。我们的巡逻指挥官在密切监控这种动向，并制定了针对旅游区周边地带的巡逻策略，以此补充和协助旅游编队。所有在这一地区工作的警官都明白预防犯罪的重要性，因为犯罪可能会负面地影响旅游及相关活动。我们偶尔仍会收到与到这座城市的游客相关的性侵案件。这些案件几乎总是与喝酒相关，且发生在新近认识的普通朋友或恋人之间。对这些案子都会进行全面调查，很多没法进行起诉，因为从当事各方获悉事件的相关细节非常困难。我们已实施了几个行动方案，来教育学生和游客酗酒及饮酒期间与陌生人发生冲突的风险。我们已经取得了事故发生率降低的成绩。然而，这类案件仍时有发生。

–塔洛：关于旅游安保，最主要的投诉是什么？

穆伦：有关旅游安保，我们接到的唯一投诉是来自于大学生的父母。他们认为警察没有尽力管理娱乐区的粗野行为。然而，他们有关犯罪不断升级的言论没有事实支撑。因此，确保正确的信息得到交流，真实的情况得到解释一直是个难题。这些父母不在查尔斯顿居住，从子女和当地媒体获得的信息并不总是准确或完整的。我们经常应对的另一种投诉涉及自行车和滑板。游客非常关注这些在街道和步行道上使用的交通工具。这是一种独特的状况。在这座城市中，自行车的生意很大，且人们对自行车的需求很大；街道和步行道并不是为这些交通工具而设计的，因此我们经常要在行人和骑行爱好者之间平衡紧张关系。

–塔洛：贵部门与旅游业开展合作吗？如果是，如何合作？

穆伦：是的。我们部门与旅游业有着非常紧密的个人的关系。我们有专职联络官员直接与各个协会及会议与游客管理局进行合作，以此确认和研究问题，开展新的项目。另外，我们建立了负责任的酒店服务团队（Responsible Hospitality Group），由来自构成旅游产业各重要组成部分的当地旅游专业人员组成。另外，我们也有成员来自大学、居民区，以及其他城市部门。我们每两个月举行一次会议，讨论问题，获得反馈，进行有关新的行动方案的头脑风暴，并讨论培训和立法的可能性。在我们争取更多人员配备、设备和影响旅游业的新规定时，这一团队已经成为警察的重要协助机制。这些会议由会议与游客管理局主办，执行主任是一个积极的参与者。由这一团体所牵头的一些重要项目包括代泊务、交通强化、本地区垃圾和清洁的改善、监控摄像头安全与安保系统的安装、立法变更和自行车及出租车条例。这一团队非常敬业，认识到牢固的警察 / 产业合作伙伴关系的重要性。

–塔洛：旅游部门向警察部门提供援助吗？如果是，如何提供？

穆伦：是的。在立法变更、项目发展和支持、培训资助，以及合作伙伴发展的促进这些方面，他们是警察部门最重要的支持者。另外，他们积极促成市长和市政厅对支持“以旅游为导向的警务和保护服务（TOPPS）”完成编队组建这一请求，给以资金支持。这一编队最近这几年已到位履职，他们还资助培训，最近又是编队扩容的倡导者，帮助我们赢得了另外 12 名警官的支持。

–塔洛：警察部门是否认为自身在旅游产业中起到了特殊作用？

穆伦，绝对是。我们将自己看作经济开发团队的一部分。我们理解为旅游蓬勃发展提供安全环境的角色与我们从旅游收入而产生的财政税收中所得的收益之间的清晰联系。如果不是因为强大的旅游产业，警察部门就没有能力购买设备，也无法设置用来降低犯罪率和在商业与游客之间发展关系所必需的警察岗位。我们将我们自身视为城市的大使，肩负着防止犯罪和为客户提供体验的使命，给游客留下良好印象，让他们再回来旅游。

–塔洛：在保护旅游者方面，你们有什么特殊的问题？

穆伦：影响旅游者和去旅游目的地的当地游客，从而导致行为问题的主要问题是饮酒。我们几乎没有旅游者相关的犯罪，或是发生在白天和夜晚早些时候的问题。出事的时间段是从晚上 11 点左右开始。这一时间与酒吧和夜总会最繁忙的时间相吻合，并一直会持续到凌晨 4 点。因为查尔斯顿是以都市生活为特点的城市，旅游区与居民生活区互相交错，拥有许多住宿单位。因此，在整个区域中有大量的步行交通。这一地区当中的很多地方，由于受居民和保护主义者的关注，照明很差，他们不想让城市安装高强度的路灯或是在邻近地区增加额外的照明。尽管增加照明一定会为这一区域的居民和游客提供更好的安保，但我们也必须考虑居民和保护主义者所关心的事情。他们觉得照明的增加会负面地影响他们的生活质量，也会影响对具有历史价值的周边地区的感觉。由于这一状况，我们延展了正常旅游区的范围，以此管理我们发现的处于黑暗、偏僻及混合使用的区域中的步行交通。在这一平衡之外，还有一种因素需要考虑，那就是许多人微醉或大醉；这为希望作恶的那些人提供了目标众多的环境，从而创造犯罪机会。让这一问题更加复杂的是，由于城市经历着爆炸性开发，许多新的和更受欢迎的餐馆位于主要旅游区附近区域，即处在经历重大变革的区域中心。许多业主 / 运营商都是这一地区冒险开展商业活动的先锋。他们所在的区域从犯罪和城市破坏因素角度来看，都是具有传统挑战性的。这些新型的具有活力的深夜营业单位为这座城市带来了新的机遇，同时也为警察带来了各种难题。在开发开始进行时，我们试图鼓励使用通过环境设计预防犯罪的原则。目前为止，只能看到非常有限的成功，因为这不是通过建筑法强制进行的。这一状况之外增加的第二个难题是缺少深夜交通系统，但这一交通系统可以在深夜时段有效地应对大量离开这一地区的旅游者。这一地区免费的穿梭汽车晚上 10 点停运，出租车系统不足以应对数量不断增加的需求。这个问题被看作旅游区范围内最主要的关注点，也是最高优先项目，需要马上解决处理。

–塔洛：旅游警察在警察部门是一个独立的编队吗？

穆伦：目前旅游编队不是一个独立的编制，是负责这一地区的整个团队的一部分。这一决策的考量涉及监管整个团队的指挥官的所有权。我们认为很重要的一点是，监管旅游区所在的这一城市内部区域的指挥官在团队的这一部分中要有投入。由于查尔斯顿所特有的环境，采取整体方法对这一地区进行治安维护，这一点很重要。正如之前所说，这一地区正在扩张，没有自然边界可以清楚地界定这一地区，因此，指挥官应有能力确认问题和关注点，并且有资源迅速进行回应，这一点至关重要。由于这一地区持续发展，最终将融入一个地域集群，因此我们目前有审核批准的 1500 个新的酒店房间，并且计划中还有数千平方英尺的零售和办公场所。我期待着我们会创建一个独立的团队负责这一重要旅游区域。

–塔洛：在保护游客方面，你们有什么重大挑战？

穆伦：最大挑战就是游客自己。他们认为他们是刀枪不入的。查尔斯顿是都市环境，在最近 20 年中曾经历过重大的变革。因此，市中心地区生机勃勃，活力十足，这也为治安创造了重要的均衡之势。我们必须创造一种环境，使人们可以享受其中，可以开展娱乐，也会确信他们不会成为犯罪的受害者。城市是居住和游览的安全之地，很重要的一点是，要清楚地意识到你的周边地区，不要将自己置身于危险的环境之中。然而不幸的是，由于酒吧和夜总会在市中心地区的增加，这已经成为极具挑战性的事情。我们通过补充区间公交车和出租车停车候客点，以及扩大警察治安的范围来处理这些问题，以确保我们的客人能够玩得快乐，同时尽可能将风险降到最低。通过培训我们的警官，使之成为与犯罪进行斗争的战斗者，更成为城市大使和防止犯罪的人，我们能够提升游客的体验，同时也会提升游客的安全度。

–塔洛：贵部门将自身看作是解决犯罪 / 施行保护的角色，还是根据不同方面来界定这一问题？如果是根据不同方面的话，都有哪些？

穆伦：我们把自己看作为城市范围内最显眼的政府体现形式，我们的主要职责是为市民和游客创造一个安全、有保障的环境。为了成功实现这一目标，我们按照在相似情况下，我们想要别人对待我们的那种方式，或对待家庭成员的方式对待在我们城市中的人们 ，这是我们工作的理念。这一理念跨越了我们回应的很多不同层面。首先且最重要的是，我们想让人们把我们看作大使，在这儿准备好帮助他们能够在查尔斯顿享受它们的旅游。我们不断跟我们所有的警官强调要友好，要与街道上的人们进行睦邻般的友善交谈，并要以服务为导向，积极对求助的请求进行回应，这些很重要。我们这样做是因为我们认为支持这座城市与游客的最佳机会是防止坏事发生在他们身上。在我们的所有培训当中贯穿始终的一条黄金准则是，我们永远都无法消除与受害者相关的创伤和负面情感，因此我们尽自己所能防止犯罪，创造正能量的氛围。然而，在事件确实发生的时候，我们会感同身受，有紧迫感，迅速做出回应。我们想让游客理解，我们认真对待他们的问题，会尽我们所能，帮助他们从所发生的负面体验中恢复过来。即使他们受到某种方式的伤害，我们也想让他们在离开这座城市时，心里会确信我们是关心他们的。

-塔洛：贵部门将自己的职责看作是这座城市形象与声誉的维护者吗？

穆伦：是的。对于警务部门整体而言，这是非常重要的职责。尽管我们在旅游区有专门的编队开展工作，我们仍然对所有警官强调保护查尔斯顿品牌的重要性。我们让我们的警官记住，一件坏事可以如何毁掉这座城市享有的所有正面赞誉。因此，我们时刻强调需要客户服务、专业精神和全方位的友好服务，这些对于我们部门及这座城市的全面成功至关重要。

-塔洛：贵部门认为外国旅游者有特殊需求吗？

穆伦：我们认为，国外旅游者有不同的需求，要努力为他们提供所需。我们和会展与游客管理局及其他协会合作，以确认经常来到我们这一地区的那些国家，并尽自己所能提供信息、公示语系统和其他指示性材料，以此对这些国家的游客提供帮助。这是一个可以进行改善的方面，我们正在进行调研，尤其是由于我们会见到越来越多来自不同国家的旅游者。我们正在研究制作多语种常问问题卡片的可能性。

-塔洛：贵部门是否认为所有游客都应受到基本同等的待遇？

穆伦：从根本上来说是的。我们也认为，不同的游客会有不同的需求。比如我们知道，我们与年长者的互动主要涉及开始时享受步行，之后意识到体能消耗过度的那些人。在这些情况中，警官会迅速提供车载服务或者给予其他交通安排。游客家庭对娱乐活动更感兴趣，他们在城市中四处逛的时候，希望警察会是有趣的人，并且在他们城市四处游览时协助提供信息。正像上文提到的，外国游客的需求可能会涉及信息服务、货币兑换。他么不理解旅游区范围内的危险或潜在问题及夜生活产生的完全不同的需求。因此，这些问题的答案就是我们想让所有游客都受到尊重和礼遇，并且受到欢迎。我们也承认，根据他们游览的目的，他们可能会需要不同的服务和回应。

-塔洛：是否由于是针对游客的犯罪，而使你们地区的形象遭受负面的媒体宣传？

穆伦：不会。

-塔洛：作为一个部门，你们是否有足够的资源来保护旅游者？

穆伦：是的。市议会对我们给予了极大的支持。他们认识到旅游安全与安保对于城市经济健康的重要性。近来，他们又新增了 12 名警官到我们的项目中，这使得我们的部署更加强劲有力。这一部署加强了我们的能力，从而能够应对主要的旅游区及周边环境。

-塔洛：贵部门与媒体合作的情况如何？

穆伦：非常好。我们与媒体之间有着非常开放和合作的关系，这让我们能够分享运行信息，并将重要的行动方案进行宣传。这一关系也有助于我们应对有可能损害我们旅游形象的错误信息和不实指责。

-塔洛：你们有运行良好的特殊旅游警务项目吗？

穆伦：我们的旅游项目一直处于变化发展之中。我们以在某一特定地理区域开展工作的警官小分队开始。他们的工作方法主要是骑自行车巡逻，主要关注与旅游者的个人互动和游客服务。随着时间的推移，我们扩充了编队，并更多地应对夜生活场所相关的问题。这些场所在不同的地理区域大肆扩展。在我们扩充编队人员的过程中，我们增加了徒步巡逻和 T-3 联络装置，改善我们的形象，增进了警察与企业主之间的关系。另外，我们也定期举行警察与企业主见面会，讨论大家关心的事项和改善这一地区的机会。随着新建项目的扩充，我们将开始制定正式策略，提供支持培训与教育的基础政策，也赋予指挥官在其辖区内所需的灵活度。

-塔洛：哪些旅游警事项目你们曾经尝试，但并不是很成功（如果有的话）?

穆伦：我们所尝试的任何项目都没有不成功的。

-塔洛：在旅游安保领域，你们采用一体化综合计划吗？如果有的话，请发给我们一份；如果没有，为什么没有？

穆伦：我们部门已经制定了规章和工作惯例，作为应对旅游安全和安保的制度。以前我们的大多数旅游活动都是集中在较小的地理范围中。尽管有综合计划和指令向警官提供指导，但没有围绕旅游决策的规范化计划。然而，随着我们的金街（King Street）走廊的发展，这一地区已经成为活力十足的购物、餐饮和夜生活区。我们已开始制订更加一体化的结构性正式流程。目前正在制订过程中的这一计划包括警官部署的产业体系、发展企业和游客关系的愿景、旅游决策中警官的作用，以及在旅游编队开展工作所需的警官所需的具体技能和培训。一旦制订完成，这一计划将被用作这一部门致力于旅游决策相关的增长与发展的路线图，使其重要性在该地区持续增长和扩展过程中更加凸显。

四、拉斯维加斯

（一）拉斯维加斯旅游

毋庸置疑，拉斯维加斯不仅是美国首选旅游目的地之一，还是世界上最令人向往的地方之一。据拉斯维加斯会展与游客管理委员会（Las Vegas Convention and Visitor Authority,LVCVA）官方数据显示，这座城市每年接待近 4000 万游客。为了给这些游客提供服务，当地旅游业创造了超过 38 万个工作岗位。尽管拉斯维加斯吹嘘说，其他城市在维护历史，而拉斯维加斯要用大型晚会甚至是焰火瓦解其历史。事实上，拉斯维加斯的历史可以回溯到 18 世纪末期，即西班牙探险家第一次穿过拉斯维加斯山谷的年代。西班牙探险家拉斐尔·瑞维拉（Rafael Riviera）可能是拉斯维加斯的首位正式游客。到

19 世纪中期，一群摩门教信徒到达这座城市，但他们可能在 1859 年放弃了他们的“城堡”。尽管内华达在 1864 年建成为州，但是拉斯维加斯直到 1905 年才成为一座“城”（并于 1911 年并入）。西部铁路的开通首次让这一城市有了存在的理由（图 9.2）。

图 9.2　拉斯维加斯大道

1931 年可以看作这座城市的旅游诞生之年。那一年不仅胡佛大坝（Hoover Dam）开工建设，吸引数千人来到拉斯维加斯山谷，而且内华达州还将赌博（博彩业）合法化，此举将永远改变拉斯维加斯的面貌。20 世纪 40 年代见证了首批拉斯维加斯旅馆的开业，到 20 世纪 40 年代末，拉斯维加斯拥有了大型机场，与这个国家的大部分地区相连接。20 世纪 90 年代，进入拉斯维加斯市场的第一批饭店成为一次浪潮。随着空调的发明和科罗拉多河（Colorado River）的治理，拉斯维加斯似乎在一段时间期内已经征服了环境问题。这一点可以从拉斯维加斯报道拥有超过 2900 万游客的事实看出，这一数字使其成为世界上最重要的旅游城市之一。1995 年，克拉克郡（Clark County）（拉斯维加斯位于此）创造了 57 亿美元的博彩收益。今天，拉斯维加斯作为人类聪明才智的丰碑屹立着。在一个人们既不想游览又不想生活的地方，我们看到的是一个拥有近 200 万居民的生机勃勃的社会。每年，还会有近 4000 万游客加入到这些居民的生活中，消费近 8000 万美元，这使得拉斯维加斯成为美国排名第一的旅游景点。

因为拉斯维加斯密切关注旅游安保，并且意识到安全威胁不仅仅是一种威胁，也是对于整个城市旅游经济及其商业活动的威胁。这座城市每年都组织召开国际旅游安全与安保大会。这一会议吸引着来自全世界的人们，不仅提供有关旅游安保问题的信息，还提供大量的发展人脉的机会。尽管每年拉斯维加斯大会都有不同的议题，都强调旅游安保的不同方面，但是每年的大会也会分享某些共同议题。这一大会旨在将学术研究与安保从业人员联合起来，将公共安全和安保人员与私人安保专业人员联合起来。大会的目标是让人们交流观点，讨论共同的问题，并互相帮助，寻求解决方案。该会议也认可最佳的危机管理就是良好的风险管理。这并不意味着所有危机都可以预防，但危机越少，旅游产业进展得越好。拉斯维加斯坚持的立场是，旅游安保不是一个魔术或神秘问题，而是旅游产品范围内的一个必须要素。基于这一原因，拉斯维加斯努力创造安全稳定的环境，其中安保问题以科学的方法得到了全面的研究。拉斯维加斯旅游主管部门认为，旅游危机不仅会发生，还会因为我们自己的失误而发生，并且旅游安全与安保极具重要性，应该成为优秀学术和专业研究的主题。基于此，拉斯维加斯已在一年一度的旅游安保大会上进行投入，并力图将大会的有益观点融入其总体公共旅游政策中（图 9.3）。

图 9.3　在拉斯维加斯举行的国际旅游安全与安保大会

下文所列为历届大会的部分重要主题。

1. 以魅力和奇妙为卖点的产业必须保证安全。旅游业难以承受有损一个地方形象的暴力行为。旅游安保领导者不断向旅游市场营销人员宣扬，互相关联世界旅游安保可成为一个重要的卖点。
2. 安保工作要求互相配合。所有这些年以来，大会发言者一直在讨论机构间合作的必要性。旅游安保要求有一体化计划，本质上既是横向的又是纵向的。这就是说，旅游安保必须在管理和执行层面开展机构间合作，并且一线人员必须对管理层的目标有清晰理解。
3. 发言者经常讨论到一个事实就是，游客既不知道也不关心机构间的对立或冲突，但是旅游者期望并且有权利期望，拥有安全的假期体验，他们并不期望卷入地盘争斗或是机构冲突当中。
4. 旅游安全 / 安保要求可信度。历届大会上的一个又一个发言者一直在讨论一个事实，即从消费者角度来看，安全与安保问题没有任何差别。这些消费者寻求没有麻烦的假期，他或她不需要考虑诸如饮食质量差、客房入侵、掏包或卫生问题等事情。无论是水源污染，还是犯罪受害者都将毁掉休闲旅游者的假期。在这两种情况中，游客极有可能不仅不会再来这一地区，而且还有可能成为负面宣传的助推者。为确保解决这些问题，发言者强调，旅游官员需要将现实情况警告游客，而且要有支持他们论断的真实数据。
5. 发言者经常提醒旅游官员的是他们不敢留恋过去。过去的努力和成功仅仅是过去的努力与成功，最重要的事情不是过去，而是现在和未来。旅游官员经常太留恋以前的成功或危机，他们未能注意到新的正在酝酿的危机。旅游安全专家需要清醒地意识到过去，但不应该成为过去的奴隶。比如，如果在某个地方，身份盗窃犯罪已取代了常规犯罪，那么官员需要清楚知道新状况，并采取措施保护旅行公众。同样，成功并不意味着问题不会再发生。
6. 旅游安保首先要求有视野，然后进行评估，最后要制订全面的计划。
7. 历届大会的发言者一直在强调视野、数据和规划的重要性。之后，旅游安保从全面、现实的视野开始。然而，这一视野如果没有得到旅游业利益相关方的认同是毫无意义的。这就意味着包括从当地会展与游客管理局到当地警察部门，从当地媒体到当地酒店协会在内的所有人都需要成为全面旅游远景规划的一部分。然而，只有愿景还不够，愿景还必须具有现实性，能够实现。

8. 许多大会发言者也谈到了选择忽略安保与安全的旅游业，其实是向经济损失和官司及赔偿敞开了大门。许多发言人谈及了赔偿责任问题。这一问题不仅发生在住宿地，还发生在旅游景点和交通运输中心。从这一视角看，发言人指出，旅游安全与安保不是釜底抽薪，而是在旅游产品基础上增加新的市场营销维度。

拉斯维加斯也是一个非常好的一体化安保规划的例子。其警察力量通过大量私人安保专业人员得到了大幅加强。这些人员包括：

- 受过良好培训的酒店和赌场安保专业人员；
- 由拉斯维加斯会展与游客管理委员会开展的大量工作。

因为拉斯维加斯不仅是休闲目的地，还是重要的会展中心，该城市必须对休闲旅行者和会展参会者提供安保服务。拉斯维加斯的会展也经常是各种贸易展览，这就意味着这座城市必须不仅要保护会展场地和参展人员，而且还要保护会展中展出的商品和物品。某些商品可能价值数百万美元。

（二）拉斯维加斯安保

因为拉斯维加斯是大型旅游会展目的地，本章将探讨拉斯维加斯警察（Metro）所面临的部分问题，然后对拉斯维加斯会展与游客管理委员会安保部门负责人瑞·苏佩（Ray Suppe）做一次深度访谈。警务方面的材料来自于作者多年来对拉斯维加斯警察的观察所得，并不反映官方立场。

将近 4000 万游客和“在维加斯发生的留在维加斯”的座右铭，使拉斯维加斯无论对于私人还是公共安保专业人员来说都是一个挑战。旅游安保专业人员必须想方法，使这座城市让人感到安全，而同时又允许游客自由探索与其在家时的表现完全不同的个性方面。拉斯维加斯于是成为人们披头散发，但同时仍然希望感到安全的地方。

拉斯维加斯警察局长期以来一直认为，旅行和旅游业是拉斯维加斯经济的核心。拉斯维加斯会展与游客管理委员会的报告指出，旅行和旅游业直接或间接地在2012年创造了高达38.2万个工作岗位。拉斯维加斯警察局也认为，无论什么时候一桩案件或是其他违法事件发生，围绕事件的媒体报道会损害城市形象。由此拉斯维加斯持续努力平衡媒体对告知事实的要求，与负责任报道的需求和离事发地点越远，在公众心目中印象留存时间越长，印象越恶劣的认识之间的关系。

旅游和旅行是拉斯维加斯非常重要的产业；该市警察部门也认识到这一事实。拉斯维加斯警察局为当地旅游产业服务的一个方法就是，拉斯维加斯警察局在会展地区和机场设置专门的区域指挥部。警察常将犯罪看作需要解决的问题或事件；旅游官员倾向于认为主动的警务措施是必不可少的。对于主动或被动的警力的讨论于是成为争论的核心。在撰写本章时，这一讨论仍在继续。关于这方面，部分可以从拉斯维加斯警察培训方面得以一观。警察部门不提供特殊的旅游安保课程，而是提供通用警察自定的安保培训，同时也不使用特殊旅游制服。在反恐和可能直接或间接影响旅游的其他主题方面，如，摩托车和自行车培训，警察部门确实会提供特殊课程。

因为从道理上讲，拉斯维加斯警察局将旅游安保视为其职责的正常部分，而不是特殊使命，因此警察局的经费经常是有限的。这部分警员要应对诸如汽车抢劫和卖淫，或扒窃问题之类的“旅游犯罪”。警察部门一直在不断地发展新技能，应对这些问题。比如，拉斯维加斯警察部门使用“锁、拿、躲”（*Lock*，*Take & Hide*）作为预防提醒。拉斯维加斯警察局在拉斯维加斯机场和几个酒店度假地已张贴这种提醒。警长与安保长官联合会也有传真通告系统。他们使用这一系统向所有酒店度假区和零售店实时发布犯罪趋势信息和失踪 / 通缉人员信息。

为补充旅游区警官数量，拉斯维加斯也依赖于众多酒店自己的安保职员协助当地警察部门开展工作。这些“私人”安保人员中，许多曾在执法部门和 / 或军事部门任职，因此这为旅游安保各方面增加了数以千计的眼线。这种公私合作的方法大大加强了拉斯维加斯的安保，而这不是仅靠警察队伍能反映的情况。

拉斯维加斯设旅游安保长官协会（Tourism Security Chiefs Association）。这一协会使得私人和公共安保主管可以互相交流信息，建立人脉，并讨论该城旅游产业可能面临的任何安保或安全问题。比如，这座城市的安保专业人员非常清楚地知道，拉斯维加斯要接待来自世界各地数以百万的游客，但并不是所有人都说英语，或者可能会对执法和安保人员持有不同的态度。在所操语言不同的情况下，即使是像进行一次报告这样简单的事情，可能也会变成十分复杂的问题。

下文是对拉斯维加斯旅游会展局安保部门负责人瑞・苏佩的访谈。他就拉斯维加斯警察如何与旅游进行互动，以及老百姓是如何看待旅游安保这些方面提出了他的分析。由于拉斯维加斯是非常重要的旅游城市，苏佩的访谈对于我们理解旅游安保非常重要。应该注意的是，苏佩仅仅谈到了拉斯维加斯会展中心地区指挥部（Convention Center District Command of Las Vegas）。他不是拉斯维加斯警察的官方代表，也无权为拉斯维加斯警察代言。然而，作为一位旅游安保专家，并且作为该市重要会展中心的安保主管，苏佩的访谈让我们对警务与旅游、安保及商业活动之间的“交集”有了初步认识（图 9.4）。

-塔洛：旅游对于拉斯维加斯市的经济有多大贡献？

苏佩：旅行和旅游产业是拉斯维加斯的第一经济引擎。2011 年，4000 万游客来到本市。旅游的经济影响是每年 450 亿美元，旅行和旅游工作岗位几乎占本地区劳动力的一半。如果直接和间接工作岗位都包括在内，这一产业供养了 38.28 万工人。

-塔洛：有多少警官在旅游安保领域工作？

图 9.4　拉斯维加斯旅游警察局会展中心地区指挥部

苏佩：拉斯维加斯都市警察局（LVMPD）是执法机构，负责拉斯维加斯休闲走廊（resort corridor）的警务工作。大约有175位雇员在会展中心地区指挥部外开展工作。这一数目中包括旅游刑事大队（Tourist Crimes Unit，TCU）。

-塔洛：就你所知，拉斯维加斯旅游警官会接受多少培训？

苏佩：拉斯维加斯警务部门是拉斯维加斯执法机构鉴定委员会（Calea）六星鉴定认可的执法机构，这一标准是公共安全方面的黄金标准。这一点适用于所有警察部门雇员，而不仅是旅游刑事大队，对于要成为旅游刑事大队的成员应增加训练内容我不清楚。

-塔洛：有关于旅游产业，你们的警官要接受哪些特殊培训？哪些警官（所有人/某一特殊警队）？

苏佩：以旅游为导向的警务和保护服务（Tourism Oriented Policing and Protective Services，$TOPP_S$）认证由拉斯维加斯旅游管理局（Las Vegas Tourism Authority）颁发，但并不是对拉斯维加斯警官的要求。

-塔洛：就你来看，拉斯维加斯最主要的旅游安保挑战是什么？

苏佩：机会犯罪（crime of opportunity）、“自由”感、酒精、毒品、卖淫。

-塔洛：请描述在你所在社区中针对游客常发生的犯罪/暴力类型。

苏佩：度假走廊最普遍的犯罪活动包括街道抢劫和汽车盗窃（偷盗车内显眼的物品）。卖淫是另一个挑战，通常包括抢劫受害者而不仅是发生性交易。拉斯维加斯的街头商贩不断增加，存在着潜在的卫生隐患，因为有些街道商贩卖毒品，还使用垃圾箱中的塑料瓶从当地建筑物的饮水处重新灌成瓶装水卖。

-塔洛：有关旅游安保最主要的投诉是什么？

苏佩：我没听说任何来自游客的投诉/关切。

-塔洛：你们当地警察部门与旅游业合作开展工作吗？如果是，如何开展工作？

苏佩：拉斯维加斯警务部门与以营销旅游目的地为目标的机构——拉斯维加斯会展与游客管理局和拉斯维加斯安保主管协会（Las Vegas Security Chiefs Association），以及国际旅游安全协会（the International Tourism Safety Association）保持着良好的合作伙伴关系。

–塔洛：旅游业向贵警察部门提供经济资助吗？如果是，如何提供？

苏佩：当前，负责度假走廊警务的拉斯维加斯警务部门所属的警察局由旅游产业提供资金，尤其是拉斯维加斯会展与游客管理局提供了土地并建设了房屋。另外旅游产业（拉斯维加斯会展与游客管理局）也对南内华达反恐中心（Southern Nevada Counter Terrorism Center）或融合决策中心（Fusion Center）提供资金支持。旅游走廊的每一家酒店也不同程度地有所参与。

–塔洛：就你来看，贵警务部门是否认为自身在旅游产业中起到特殊的作用？

苏佩：拉斯维加斯以旅游收益为生。旅游目的地的每一个单位都在游客游览过程中提供给他们积极的体验，让游客能再次回来旅游。在此过程中，这些单位起到了一定的作用。能够让游客重复旅游，警务部门的任务是为游客在拉斯维加斯期间提供安全、无忧的体验。

–塔洛：你认为现在保护旅游者方面，拉斯维加斯警察面临什么特殊问题？

苏佩：我们的形象是“罪恶之城”（Sin City），我们的宣传口号之一是“在此发生的事情，就让它留在此地”。游客带着先入为主的看法来到拉斯维加斯。他们认为自己来到的是成年人的迪斯尼乐园，这儿基本上是没有规则的。赌场和拉斯维加斯大道灯红酒绿，而酒精显然降低了人的抑制力，经常使他们更加脆弱。我认为，让游客意识到他们在任何其他城市也很容易受到犯罪的伤害，在这一点上我们是有困难的。

–塔洛：旅游警察在警察部门中是一个独立编队吗？

苏佩：会展中心地区指挥部是拉斯维加斯警务部门与拉斯维加斯会展与游客管理局合作伙伴关系的一个成功产物。尽管警察部门没有“特殊编队”被委以旅游安全的任务，但是从地域划分来说，会展中心地区指挥部覆盖了旅游人口密集区的大部分，并应对旅游相关的犯罪。从理论上来考虑，拉斯维加斯设立新型执法警官来专门负责游客的安全与安保问题是对本市大有裨益的。我以前在国外看到过 100% 专门负责旅游者安全的警察队伍。这些队伍主要设在有暴力犯罪前科的地区，而这些国家严重依赖于旅游创收。

–塔洛：在保护游客方面你们有什么重大挑战？

苏佩：资源不足是我们最大的挑战。随着经济的改善，我们可以看到游客量在持续增加，但遗憾的是，对于警察部门的资金投入事实上是在减少。资金短缺使警力适当扩大覆盖范围成为一个挑战，并且限制我们专门应对针对旅游者犯罪的能力。我们目前还没有在旅游走廊的指定地点设警务亭，以方便游客在需要帮助时使用。

–塔洛：警察部门将自身看作是解决犯罪 / 施行保护的角色，还是从其他角度来看这一问题？如果是这样，都有哪些角色？

苏佩：旅游刑事大队主要是破案而非预防犯罪。

–塔洛：贵市警察部门将自身角色看作是这座城市形象和声誉的保护者吗？

苏佩：是的。在确保步调一致，实现保护旅游目的地声誉和形象的目标时，与社会建立合作伙伴关系是很重要的。

–塔洛：基于你的观察，警察部门认为外国旅游者有特殊需求吗？

苏佩：是的。他们不仅有语言障碍，而且我们在与国外旅游者打交道时，还会有文化差异。即使是提供咨询帮助或配合警察做笔录这么简单的事情，也是非常具有挑战性的。目前，国际游客大约占总人数的 12%。旅游官员的目标是在未来十年将这一数字提高到 30%。随着这些数字的提高，我们需要准备警力和安保专业人员，通过教育和培训，让他们拥有克服障碍的工具。

–塔洛：据你观察，警察部门是否认为所有旅游者都应受到基本一致的待遇？

苏佩：我们认为，人们选择来拉斯维加斯旅游是出于各种各样的原因，比如，参加会议、商务旅行或休闲。我们也认可各种具有差异性的文化、语言、宗教信仰等。虽然我们的游客到此是出于各种不同的原因，并且来自于各种不同的背景，但重点是要确保所有游客在旅游目的地期间，都可以进行安全的参观游览。

–塔洛：是否由于针对游客的犯罪而使贵市的形象遭受负面的媒体宣传？

苏佩：很自然，在旅游走廊范围内，任何时候发生具有新闻价值的事件，都有可能让人选择拉斯维加斯以外的地方作为其下一个旅游目的地。拉斯维加斯会展与游客管理局公共事务部已做出了非常大的努力，减小可能对未来游客造成的巨大影响。老实说，我并不知道任何在旅游目的地发生的，对游客来访造成负面影响的具体犯罪案件。

-塔洛：作为非警务人员，你认为贵警察部门有足够资源保护旅游者吗？如果没有，你们还需要其他哪些资源？

苏佩：总是有改善的空间。正如上文所提，资金减少造成了某些挑战，但是总的来说，拉斯维加斯是非常安全的旅游目的地。

-塔洛：贵警察部门与媒体合作的情况如何？

苏佩：拉斯维加斯警务部门有公共信息办公室，这是与媒体交流的唯一渠道。公众期待答案和信息，因此，认为警察部门可以对具有新闻价值的犯罪案件闭口不提，这是不合情理的。这种模式看来运行得很好。

-塔洛：据你所知，拉斯维加斯警察部门有没有运作良好的特别旅游警务项目？

苏佩：警察部门有一个被称为“维发（Viva）巡逻”（游客信息-游客协助）的志愿者项目。这一项目包括利用社区志愿公民，穿着清晰可辨识的制服在旅游地区巡行。他们提供方向指引和一般的协助。这一项目运作得很好，其原因很多，其中包括相对较低的成本、在旅游地区较为显眼，以及让我们的社会成员参与其中，并与当地警察部门互动。另一个运作良好的项目是给旅游区所有酒店及零售商店发送邮件通知的系统。这一系统用于传递包括当前犯罪趋势、失踪 / 通缉人员信息、发送监控照片、对具体事件的威胁评估等信息。这是一种快速便捷的方法，可以让所有酒店及时跟进潜在的犯罪、骗局或威胁。

-塔洛：据你所知，拉斯维加斯警务部门有没有任何曾经尝试过却并不是很成功的旅游警务项目（如果有的话）？

苏佩：据我所知，没有任何这样的项目。

五、多米尼加共和国

在多米尼加共和国，旅游是国家规模而非地方规模。多米尼加共和国旅游警察被称为“波利特（*Politur*）”,（现称“赛斯特”，即 CESTUR），是国家警察部门单独分出来的一个部门，有超过 1000 名警官，专门负责旅游安全与安保工作。区分波利特与其他多米尼加共和国警察编队很重要。事实上，由于波利特是由军方人员和警员混编而成，目的是保护国家的旅游产业。因此，波利特有其独特性（图 9.5，图 9.6）。

图 9.5　多米尼加共和国圣多明各旅游警察总部

图 9.6　多米尼加共和国海滩一隅

尽管该国家侧重沙滩和阳光旅游，但也有丰富的历史和文化生活。克里斯托弗·哥伦布（christopher Columbus）就埋葬于多米尼加共和国，许多西方文明的基础也首先建基于此。多米尼加共和国也拥有尊重人权和少数民族权利的悠长历史，尽管也有过独裁时期。由此，该国是为数不多愿意接受来自希特勒占领的欧洲难民的国家之一。游客在此可以感受到全国上下的好客之情。多米尼加共和国也是着力参与加勒比邮轮旅游产业的国家，这就意味着其警察必须不仅要应对陆地旅游安保问题，而且还要处理海上旅游安保问题。除了最大城市和首都圣多明各之外，多米尼加共和国还以其他几个重要的旅游地区而自豪，其中包括（以字母顺序列出）：

- 巴拉奥纳（Barahonra）
- 博卡奇卡（Boca Chica）
- 普拉塔港（Puerto Plata）
- 蓬塔卡纳（Punta Cana）
- 拉罗马纳（La Romana）
- 萨马纳（Samana）
- 索苏阿（Sosua）
- 拉斯特拉纳斯（Las Terrenas）

然而不幸的是，就像在加勒比地区的其他地方，犯罪和对犯罪的认知一直是一个严重的问题。犯罪是四“害”之一。加勒比地区的许多国家都深受其苦。这四害是：

1. 旅游服务成本高；
2. 飓风季节的天气状况不定；
3. 客户服务水平很低；
4. 犯罪率很高。

尽管多米尼加当局在这方面下了大力气，但在本书撰写之际，多米尼加共和国仍是美国国务院发布的旅游警告对象国。然而应该注意的是，多米尼加共和国在解决旅游安保问题方面已经取得了重大进展。美国国务院（2013 年 10 月 31 日）就多米尼加共和国和旅游安保 / 安全问题作出如下说明。下文仅仅是美国国务院网站有关多米尼加共和国的简要介绍。

犯罪：在多米尼加共和国全境，犯罪仍是一个问题。涉及美国旅游者的街头犯罪和小偷小摸确实在发生，应采取预防措施避免成为犯罪目标。尽管掏包和拦路抢劫是最常见的针对旅游者的犯罪，但针对外国人和当地居民的暴力犯罪案件也在不断增加。在停驶机动车中、在海滩及其他公共场所，无人看管的财物很容易失窃，并且汽车盗窃仍然是一个问题。

在多米尼加共和国出现的危险与在美国许多大城市中出现的相似。犯罪分子可能会很危险——他们很多都有武器，而且如果遇到反抗，很可能使用武器。在街道上行走的游客，应时刻对其周边环境有清楚意识。对陌生人，尤其是对那些在庆祝活动和夜总会找上你的人要保持警觉。如果可能的话，与同伴或随团出行。

在多米尼加共和国，你应该审慎使用信用卡。信用卡诈骗非常普遍，最近的报道显示，这类事件在圣多明各及该国度假地区大幅增加。

如果你决定使用信用卡和借记卡，切记不要让卡离开你的视线。在多米尼加共和国消费之后，你也应密切关注信用卡账单。一直有报道指出，在多米尼加共和国使用卡之后数月，仍然有欺诈性收费出现，信用卡诈骗的受害者应立即与发卡银行联系。

国务院网站继续说明：

多米尼加共和国非常认真地对待这些批评。为对抗犯罪和犯罪所带来的负面影响，多米尼加共和国组建了一支特殊旅游警察部队，称为波利特。美国大使馆通过其网站认可波利特的重要性，指出：

六、旅游警察

多米尼加共和国拥有经过特殊培训的警察，以帮助需要帮助的旅游者。这一公共机构被称为波利特，它代表了国家警察、武装部队首长，以及旅游部长协作努力的成果。波利特一般在旅游地区部署相关人员，对旅游者提供第一响应形式的帮助。如果你是犯罪的受害者，波利特可以帮助去警察局报案，这留下案件笔录，并寻求进一步帮助。

可能在加勒比地区没有其他国家像多米尼加共和国那样在面对其问题并

寻求可行性解决方案方面付出了如此巨大努力。比如，沿圣多明各的马雷贡（Malecón）（海滨大道）步行的旅游者会注意到有训练有素的警官在执勤。这些警官当中有很多人会说至少一门外语并且在客户服务方面接受过培训。

尽管长期缺乏资金，波利特应该被认视为即使不是全拉丁美洲，也是加勒比地区首屈一指的旅游安保警察部队。这一点在考虑到多米尼加重要的国家目标，将旅游规模扩大到每年 1000 万游客量时尤其重要。为取得成功，多米尼加共和国需要向世界显示它已征服犯罪问题，并已成为这个世界共知的犯罪地区的一个安全乐园。

2013 年后期，波利特更名为赛斯特。赛斯特创造了旅游警务的楷模，既被其他加勒比国家所仿效，也影响了这些国家。赛斯特与多米尼加共和国总统有密切的工作关系，在旅游产业及警务圈范围内广泛受到尊重。无论在主动安保，还是在传统的响应型警务方面，赛斯特都是非常完美的例子。赛斯特也进行教育和培训，以预防犯罪，并进行深入调查，努力对已施行的犯罪进行破案。赛斯特也充当教育手段的角色，经常是革新思想的推动力。比如，赛斯特在为蓬塔卡纳和圣多明各之间的新高速路游说方面起到了重要的作用。全新主干道的开通，在减少道路犯罪方面起到了非常大的作用。赛斯特因其革新而为人所知。它不仅创建了一种旅游警察学院，而且还正在创建第一所旅游警察国际学校。

查尔斯顿和拉斯维加斯警察被问及的问题也同样提给了赛斯特警察代表。下文是赛斯特代表科罗内尔・安比奥瑞克斯・斯派达（Coronel Ambiorix Cepeda）为本书提供的回答。这些回答原是西班牙语，后由作者翻译成英语。应注意的是，在翻译西班牙语中漏掉词的地方，或是在字面翻译讲不通的地方，笔者自己进行了转译，主要是调整术语表达，以便读者能够理解。

–塔洛：旅游对贵市的经济有多大贡献？

斯派达：旅游是我国首屈一指的重要产业。

–塔洛：有多少警官在旅游安保领域工作？

斯派达：当前（2013 年），大约有 1100 名波利特成员在全国各地工作。

–塔洛：他们曾经 / 现在接受过多少培训？

斯派达：他们的培训课程如下：

- 在6个月内，接受500个小时的旅游安保培训；
- 再培训和进修课程（两个月间隔期）；
- 其他继续教育课程，如：
- 潜水；
- 救生；
- 高级（贵宾）保护；
- 外语培训，包括英语、法语、汉语普通话和俄语。

-塔洛：贵国警官在旅游业方面接受过什么特殊培训？哪些警官（全体/特殊编队）？

斯派达：在培训期间，警官接受每天8小时的培训，其中50%（每天4小时）专门进行旅游产业的具体问题培训。在国家层面上，所有警官都要接受至少某些旅游警务的培训。

-塔洛：最主要的安保挑战是什么？

斯派达：我们主要的挑战是：

- 在旅游地区加强警力；
- 在旅游安保领域内结合各种国家要素；
- 保证后勤和经济供应充足；
- 增加培训。

-塔洛：请描述在贵国针对游客经常发生的最普遍的犯罪/暴力类型。

斯派达：我们需要应对的首要犯罪类型是：

- 抢劫；
- 人身攻击或由愤怒升级的暴力行为；
- 对旅游者及由旅游者实施的骗局；
- 故意遗失手续或骗保。

-塔洛：有关旅游安保，最主要的抱怨是什么？

斯派达：我们主要的抱怨是：

- 缺少人员；
- 缺少向公众提供安全保障的资源；

- 缺少动力。

–塔洛：你们部门与旅游业开展合作吗？如果是，如何合作？

斯派达：旅游产业向我们提供独立的情报信息和后勤支持。

–塔洛：旅游产业（直接）向你们部门提供经济支持吗？如是，如何提供？

斯派达：没有。我们不直接接受旅游业的经济支持。

–塔洛：贵警察部门是否认为自身在旅游产业中起到了特殊的作用？

斯派达：是的，当然是。我们将安保视为旅游发展的基础。

–塔洛：在保护旅游者方面你们有什么特殊问题？

斯派达：我们需要更多的资源和后勤支持。法律经常会增加我们工作的复杂程度。

–塔洛：贵国旅游警察在警察部门是独立编制吗？

斯派达：赛斯特是直接由国防部下辖的特殊独立建制（编队）。

–塔洛：在保护游客方面你们有什么重大挑战？

斯派达，我们当前的目标是：

- 降低抢劫、人身攻击和暴力伤害事件的比重；
- 在主要旅游区提供更强的旅游安保；
- 加强基础设施建设，以便提供更好的旅游安保。

–塔洛：警察部门将自身看作是解决犯罪 / 施行保护的角色，还是从其他角度来看这一问题？如果是这样，都有哪些角色？

斯派达：我们期待我们的警官能够做到不可能做到的事情。我们理解，我们的国家形象经常依赖于我们所做的事情。我们尤其期待警官尽职尽责，迅速高效地解决所有问题。

–塔洛：你们将自身角色看作是本国形象与声誉的保护者吗？

斯派达：是的，当然。保护（国家的）形象与声誉在所有旅游景点都是旅游安保警官的职责。

–塔洛：你们认为外国旅游者有特殊需求吗？

斯派达：是的。因为如果一个旅游者到达这个国家寻求冒险，他或她就会将其常识抛到脑后，所以常常需要旅游安保警官这样的“朋友”。警官可以给他指引方向，并告诉他要做什么，或不要去哪儿。许多外国旅游者不会说西班牙语，因此对他们来说交流是非常困难的。

-塔洛：贵部门是否认为所有游客都应受到基本一致的待遇？

斯派达：是的，当然。发生了什么并不重要，应对的方法应该是一样的。我们的行为应该与人（权）的基本原则，以及国际法和我国缔结的条约相一致。

-塔洛：是否由于针对游客的犯罪而使贵国形象遭受负面的媒体宣传？

斯派达：不会。但是媒体有时会制造麻烦或放大情况，尤其是在某些个别情况中。

-塔洛：作为一个部门，你们是否有足够的资源来保护旅游者？如果没有，你们还需要什么资源？

斯派达：相对于到此旅游的旅游者人数，以及来到多米尼加共和国的邮轮数量，我们的资源并不够。然而，我们有一流的人员为我们工作。我们缺少汽车、通信设备，以及其他必要工具来提供我们想要提供的高水平服务。

-塔洛：贵部门与媒体合作的情况如何？

斯派达：我们通常有良好的合作水平，但是有时个别案例会被宣传炒作。

-塔洛：你们有运行良好的特殊旅游警务项目吗？

斯派达：当前，我们有一个“综合旅游安保战略计划”。从这一计划中，我们形成了我们的项目制定和原则策略。

-塔洛：你们是否试行过一些旅游警务项目但并不是很成功（如果有的话）？

斯派达：到目前为止，我们还没有任何失败过的项目；恰恰相反，对我们的努力，公众表达了很高的赞许和认可。

-塔洛：在旅游安保中，你们实施综合性一体化计划吗？如果有的话，请发给我们一份；如果没有的话，为什么没有？

斯派达：是的，正像我们已经提到的那样，我们有。

七、里约热内卢

里约热内卢（图 9.7）是世界上最棒的旅游城市之一。这座城市将承办

2014 年世界杯部分足球比赛（决赛将会在里约热内卢的马拉卡纳体育场，即 Maracanã stadium 举行，见图 9.8），并且还将承办 2016 年奥林匹克运动会。因此，大型活动对里约热内卢来说司空见惯。2013 年，这座城市接待了教皇弗朗西斯（Pope Francis）。哥伦比亚广播公司（CBS）新闻报道了这一事件："据估算，约 300 万人在周日涌上里约的科帕卡巴纳（Copacabana）海滩，参加教皇弗朗西斯在其出生地的历史之旅中主持的最后一场弥撒。在最近一段历史中出席者人数最多的一次教皇弥撒中，他们呼喊着首位拉丁美洲的教皇弗朗西斯"（"教皇圆满完成巴西之旅，" 2013 年，第 1 段）。同一篇文章还报道了这座城市所不堪承受的一些问题，报道说：

> 很明显，众多旅游者使这一地区的服务超负荷运行：垃圾和人类排泄物的恶臭飘荡在里约湿润的空气中，海滩和周边时髦漂亮的大西洋林荫大道，仿佛一个临时搭起的难民帐篷扑通掉在了世界上最美丽的城市之一的中央。科帕卡巴纳海滩有名的马赛克人行道散落着踩扁的纸盒、塑料袋、空水瓶，和甜点包装纸，而垃圾工穿着橙色制服，努力使之恢复秩序。
>
> （第 6 段）

图 9.7　从空中俯瞰里约热内卢

图 9.8 马拉卡纳体育场

里约还承办可能是世界上最大的摇滚音乐节——“里约摇滚”(*Rock in Rio*)。《音乐节发烧友》(*Festival Fever*)甚至报道说,“里约摇滚是世界上最大的音乐节,第一期有 150 万人”(《里约摇滚》,2013 年,第 2 段)。英文版《里约时报》(*Rio Times*)资深专栏记者本·卡维纳(Ben Tavener,2012)也报称巴西据说在 2011 年接待的“外国游客数量创下了纪录”(第 1 段)。这篇文章指出,2011 年该国接待外国游客超 543 万,既有来自周边国家的,也有来自欧洲、俄罗斯和中国的游客。

应该注意的是,尽管巴西可能已经成为世界上重大活动的首选承办国,该国总体上面临众多挑战,而里约热内卢是其缩影。这些挑战包括:

1. 机场缺乏基本的航站楼服务设施。
2. 关于警察腐败的个人传闻和媒体报道。
3. 解决棚户区(棚屋城镇)的问题,其中一些棚户区与里约最繁华的旅游区仅隔步行之距。
4. 缺少内部交通基础设施,即使是在最佳时段都会产生严重的交通堵塞问题。
5. 由于里约山脉、海洋和海湾的混合地形,产生了地理上的挑战。
6. 酒店空间缺乏,导致酒店成本过高。

这些问题当中每一个都是严重的问题，且每一个都与第 1 章所讨论的旅游安保问题相互作用。这里没有提及恐怖主义行动和 / 或自然灾害的潜在可能。里约热内卢也许有能力面对未来的这些挑战，或者也可能无法应对。失败或成功可能取决于良好的规划和 / 或好运和 / 或媒体如何决定报道这些，以及未来的行动。然而，下文所给出的警官访谈可以为认真的读者提供思考的更多空间。

（一）最近的负面宣传

尽管为了降低里约热内卢的犯罪率，警察部门做出了很多努力，但 2013 年这一年仍然发生了许多高曝光率的犯罪案例或得到大量国际宣传的犯罪事件。这些被报道的事件产生了累积效应，给人的印象是，警务部门的努力是失败的。尽管现实截然相反，头条新闻和报道文章——诸如“巴西人警惕新一轮群体海滩抢劫事件”（Barchfield,2013）——造成的印象是，游客在里约热内卢街头需要十分警惕。

下文对里约热内卢警察学院（Police Academy of Rio de Janeiro）的警官（Polícia Civil）（如图 9.9 所示）卡米罗 · 德 · 奥那拉斯（Camilo D’Ornellas）的访谈让我们对 2013 年 11 月里约热内卢旅游警察部门所做努力有个大体了解。再一次说明，德 · 奥那拉斯被问的问题与本章其他调研城市和地区警察

图 9.9　Polícia Civil 警员在里约热内卢学习旅游安保

部门代表被问的问题相同。对问题的回答已由作者翻译成英语。同样，在字句省略或概念需澄清的地方，笔者对葡萄牙语的回答进行了调整，以此使读者能够理解。

–塔洛：旅游对贵城市的经济有多大贡献？

德·奥那拉斯：旅游是我们经济中非常重要的一部分。在过去几年，里约热内卢成为巴西文化活动和体育赛事的首都，承办了2014年足球世界杯和2016年奥林匹克运动会等重大赛事（超级赛事），以及“摇滚里约”这样的文化活动。“摇滚里约”是世界上最大的音乐节。这些世界级重大节事在过去五年创造了酒店、餐馆和夜生活产业中无数的就业机会。这些活动还产生了基础设施建设的需求，比如，扩建地铁系统，改善道路系统和在城市港口等地区进行城市改建。港口现在正在进行整修，并重新焕发活力，其本身也将成为旅游景点。我们主要的旅游景点——救世基督像（Christ the Redeemer）和糖面包山（Sugarloaf Mountain）等，相比巴西其他旅游中心，近几年来接待了更多的旅游者。在巴西人涉及的所有经济门类中，旅游都有所增长。

–塔洛：有多少警官在旅游安保领域工作？

德·奥那拉斯：过去几年警察学院开设了特殊课程，专门为重大和超级节事培训警员。这一课程是为旅游和娱乐产业特殊设计的课程，会带领警官经历各种可能发生的情况，给他们提供多学科方法，应对在这些产业中工作可能碰到的各种特殊情况。另外，我们还为重大赛事和旅游领域中的警察安保制定了工作原则。这就意味着，我们已经为我们的警官和在职业标准要求很高的私有产业部门的人员创立了新的职业水准和创新高效的态度，因为我们的理念是，我们必须能够在世界舞台上，作为世界级的旅游城市进行竞争。

–塔洛：他们曾经/现在接受过多少培训？

德·奥那拉斯：他们所接受的培训超过4周，每天8小时，总共160小时的课堂和实地培训。学员既学习课堂理论，也同时进行实际体验。我们已经培训了大约1600名学生（既有警察也有非警察学员）。

–塔洛：警官接受过有关旅游产业的哪些特殊培训？哪些警官（全体/某特殊编队）？

德·奥那拉斯：我们的学生包括民事警察、刑事警察、治安巡警、交警，以及私人安保。这些学员（来自于不同的执法背景）混合在一起，使我们能够整合我们的安保力量，以此理解他们在街道及重大活动的安保工作中所起的作用。那些加入到“迪埃特”（DEAT，葡萄牙语中旅游警察的首字母缩写）中，以及在旅游警察指挥部（Batalhão de Polícia Turista）中的人员会接受另外的培训，因为他们是专门负责旅游警务的特殊编制。

-塔洛：你们最主要的安保挑战是什么？

德·奥那拉斯：我们最主要的挑战是缺少外语培训。外语尤其重要，因为里约热内卢接待着来自整个世界的游客。另外一个挑战是我们的警官轮换政策。这就意味着每次一位警官被分配新的任务，他或她会失去旅游和重大活动安保领域的特殊培训，这也意味着我们不得不重新开始培训接替另一警官的新警官。

-塔洛：请描述在里约针对游客经常发生的最普遍的犯罪 / 暴力类型。

德·奥那拉斯：突发暴力和抢劫事件是最常见的。目前（2013 年）细分为以下几类：

- 暴力行为，占所报案件的 65%；
- 抢劫，占所报案件的 25%；
- 敲诈勒索，占所报案件的 0.5%；
- 其他犯罪，占所报案件的 0.5%；

-塔洛：有关旅游安保最主要的投诉是什么？

德·奥那拉斯：近期，美国驻里约领事馆发出警告，告诫（在里约热内卢旅游的）美国公民，在旅游区存在遭受攻击的危险。另一个投诉是有关混迹街头人员和城市街道无家可归人员的增长。

-塔洛：贵部门与旅游业开展合作吗？如果是，如何开展合作？

德·奥米拉斯：是的，我们有专门负责旅游警务的旅游警务执行分站。

-塔洛：旅游产业直接向贵部门提供经济支持吗？如果有，如何提供？

德·奥那拉斯：是的，旅游警察编队与酒店业之间存在着互动。比如，每个月我们对警察行动进行评估，如果旅游产业和警察部门之间有不一致，那么我们就会讨论需要采取什么新的行动，以避免任何危机。

-塔洛：贵警察部门是否认为自身在你们的旅游产业中起到了特殊作用？

德·奥那拉斯：我们不认为要起特殊作用；然而，里约热内卢的各警务部门之间有合作精神。我们一致认为在旅游业及其保护中，我们需要起到一定的作用。

–塔洛：在保护旅游者方面，你们有什么特殊问题？

德·奥那拉斯：我们需要训练有素并且将这种工作看作是其使命而非其职业的人员。我们需更大数量的培训，并需了解国外同行的情况。

–塔洛：旅游警察在里约热内卢旅游警察部门是独立的编队吗？

德·奥那拉斯：是独立于公共安保其他部门之外的独立实体，我们有特殊的旅游警务任务部队。

–塔洛：在保护游客方面，你们有什么重大挑战？

德·奥那拉斯：对于谁进入这个国家或者谁来到了里约热内卢没有任何登记。酒店业和警察部门之间没有协调一致。

–塔洛：贵部门将自己的角色看作是解决犯罪 / 保护，还是从其他角度来看这一问题？如果是其他，都有哪些？

德·奥那拉斯：针对旅游者的犯罪同样被划归在针对巴西公民的犯罪类别中。我们没有做任何区分或给予特殊的保护，除非是在非法交易程度很高的某些旅游点。

–塔洛：贵部门将自己的职责看作这座城市形象与声誉的保护者吗？

德·奥那拉斯：是的，一个城市的声誉很大程度上依赖于这个产业如何对待其游客，以及是否希望游客再回来旅游。我们不仅希望他们能够再来旅游，而且还希望他们能够将里约热内卢推荐给亲朋好友。

–塔洛：贵部门认为外国旅游者有特殊需求吗？

德·奥那拉斯：不是特殊需求，而是特殊关注。我们意识到，游客经常将常识抛在脑后而陶醉于我们城市的自然美景之中。因此，我们认为我们的作用是引导游客，并确保我们的游客能感受到他们受到特别考虑。

–塔洛：贵部门是否认为所有游客都应受到基本一致的待遇？

德·奥那拉斯：是的，我们希望竭尽我们所能，为所有旅游者考虑。

–塔洛：是否由于是针对游客的犯罪，而使里约市的形象遭受负面的媒体宣传？

德·奥那拉斯：是的。

–塔洛：作为一个部门，你们是否有足够的资源来保护旅游者？如果没有，你们还需要什么资源？

德·奥那拉斯：没有，我们应该有（但是没有）足够的制服，更多会说外语的警官，以及将我们与其他警察区分开来的专用车。

–塔洛：贵部门与媒体合作的情况如何？

德·奥那拉斯：我们与媒体有着友好亲切的关系，我们尽可能努力对媒体保持开放与真诚。

–塔洛：你们有运行良好的特殊旅游警务项目吗？

德·奥那拉斯：是的，上文所提的旅游课程非常成功。在我们的警察学院所举办的学术研讨会和开设的课程尤其是这样。

–塔洛：哪些旅游警务项目你们曾经尝试，但并不是很成功（如果有的话）？

德·奥那拉斯：我们的机动化出警项目没有产生所期望的结果。1992 年，我们尝试的联合旅游警察部队也不像我们期望的那么成功。当前我们的工作主要是围绕着过去的成功和失败，努力从我们的错误中吸取教训。

–塔洛：你们在旅游安保领域使用综合性一体化计划吗？如果有的话，请发给我们一份；如果没有，为什么没有？

德·奥那拉斯：我们没有综合性旅游安保计划。计划正在制定阶段。我们希望能够设想出办法，使所有的警务编队根据这些方法可以无缝衔接，共同开展工作。到目前为止，我们还未实现这一目标。

八、结语

本章探讨了两个美国城市和两个拉丁美洲旅游目的地。拉斯维加斯和里约是重要的旅游城市。在这两个案例当中，警察部门表示，尽管旅游是城市最重要的经济生产力，但安保的投入经常会被降低到第二层次。另一方面，多米尼加共和国和查尔斯顿虽然都不尽完美，但似乎应该理解，没有适当的旅游安保，他们的产业既不能增长，当地的旅游也没法蓬勃发展。所有这四个地方都对媒体非常敏感，认为旅游保障不仅关乎经济活力和声誉，更关乎警务执行和安全问题。所有这四个警务部门还认可专业化旅游警察的重要性，并且查尔斯顿、多米尼加共和国和里约热内卢对旅游警察培训给予了特殊的关注，其中包括游客服务，还经常包括外语技能的培训。这些地区作为旅游保障的示范作用如何，将在很大程度上决定这个世界上最年轻和最大产业的未来。

参考书目

Barchfield, J. (2013). *Brazilians wary over renewed mass beach robberies*. Retrieved from AP, November 25, http://bigstory. ap. org/article/brazilians-wary-over-renewed-mass-beach-robberi es.

Pope Francis wraps up Brazil trip with Mass for 3 million. (2013). *CBS News*, July 28. Retrieved from http://www. cbsnews. com/news/pope-francis-wraps-up-brazil-trip-with-mass-for-3-millio n/.

Rock in Rio. (2013). *Festival Outlook*. Retrieved from http://festival-outlook. consequenceof sound. net/fests/view/1069/rock-in-rio.

Tavener, B. (2012). Brazil reports record tourism: daily. *The Rio Times*, May 5. Retrieved from http://riotimesonline. com/brazil-news/rio-business/brazil-reports-record-tourism/.

作者简介

彼得·E. 塔洛是世界知名的演说家和旅游产业、重大节事与旅游风险管理，以及经济发展领域有关犯罪和恐怖主义影响方面的专家。自 1990 年以来塔洛博士一直在向世界各地的警察队伍、安保和旅游专业人员教授旅游、犯罪和恐怖主义方面的课程。塔洛博士已获得得德克萨斯 A&M 大学社会学博士学位，他还拥有历史、西班牙和希伯来文学，以及心理治疗学的学位。

1996 年，塔洛博士作为胡佛水坝（Hoover Dam）旅游开发和安保方面的顾问加入垦务局（Bureau of Reclamation），直到 2012 年一直在参与垦务局的各项工作。2000 年，由于垦务局跨部门合作，他协助筹备安保工作，并与 2002 年盐湖城冬奥会联邦调查局特工合作。塔洛博士还为 2010 年温哥华奥运会举办讲座授课。他目前为 2014 年世界杯和 2016 年奥运会与里约热内卢国家警察各部门合作。

塔洛博士曾为内政部（Department of the Interior）、司法部（Department of Justice）所属监狱局（Bureau of Prisons）和美国司法总长办公室（Office of U. S. Attorneys-General）、国土安全部（Department of Homeland Security）和美国律师协会拉美办公室（American Bar Association's Latin American Office）进行过讲座授课。他还与其他美国和国际政府机构合作过，如美国自由女神像公园服务局（U. S. Park Service at the Statue of Liberty）、史密森学会安保服务办公室（Smithsonian Institution's office of Protection Services）、费城独立宫（Independence Hall）和自由钟（Liberty Hall），以及纽约帝国大厦（Empire State Building）。塔洛博士合作的机构还有加拿大皇家骑警（Royal

Canadian Mounted Police）和联合国世界旅游组织（United Nation's World Tourism Organization），疾病控制和预防中心（Centers for Disease Control and Prevention），巴拿马运河管理局（Panama Canal Authority），以及美国、加勒比海国家和拉丁美洲的许多警察部队。

2013年，塔洛博士被委任为得克萨斯州A&M大学系统的校长特使。几乎同时，美国国务院邀请他做有关旅游安全问题的世界巡讲。同样，2013年，多米尼加共和国总统请他担任多米尼加共和国国家旅游警察“波利特”（POLITUR，2014年称为“赛斯特”）的顾问。

塔洛精通多国语言，这使得他能够在世界各地进行演讲（美国、加勒比海地区、拉丁美洲、欧洲、非洲、东太平洋地区，以及亚洲）。他的讲座范围广泛，涉及旅游产业、农村旅游经济开发、游猎产业、犯罪和恐怖主义问题、警务部门在农村经济开发中的作用，以及国际贸易等领域当前和未来的趋势。塔洛博士在旅游为导向的警务和安保服务（tourism-oriented policing and protection services，TOPPS）方面，为世界各地许多警务部门进行过培训，并颁发这一领域的证书。他在世界各地发展过主旨演讲，主题多样，涉及在危机中应对经济，以及美化如何能成为经济复苏的主要工具等。

塔洛博士的研究范围涉及校历对旅游产业的影响，旅游生态和商业经营等各种方向。这些研究兴趣点使他与美国各地的社会团体进行合作，研究了社区如何将其旅游用作困难经济时期的经济发展工具，并同时改善了当地居民的生活质量。作为一名专家见证人他也见证了美国各地法庭中有关旅游安保与安全及风险管理问题的各种问题。

塔洛博士是旅游安全领域多部著作的分篇作者，发表过许多有关于安全问题的学术和应用研究文章，其中包括发表在《未来主义者》（*The Futurist*），《旅游研究学刊》（*Journal of Travel Research*）和《安全管理》（*Security Management*）上的文章。1999年，他与人合作编辑了《旅游研究学刊》（*Journal of Travel Research*）的特刊特辑，“战争、恐怖主义与旅游”（War, Terrorsim and Tourism）。2002年，塔洛博士出版了《节事风险管理与安全》（*Event Risk Management and Safety*）（威利出版社，Wiley）。他还为美国国家水坝机构（U. S. State Dams）和节事管理者国际协会（International Association of Event Managers）等重要机构撰稿并演讲。2011 年，他出版了《二十年旅游珍闻集》（*Twenty Years of Tourism Tidbits: The Book*），最近还出版了有关于邮轮安全的专著（葡萄牙语写作）。

塔洛博士还出现在国家电视节目当中，如美国国家广播公司（NBC）的日界线节（*Dateline*）目和美国全国广播公司财经频道（CNBC）的节目。他也是美国各地广播节目的常客。他在世界各地组织举办会议，讨论旅游者安全和安保问题，以及旅游和旅游市场营销的经济重要性。他还与许多城市、各个州及外国政府合作，开发旅游产品，培训旅游安保专业人员。

塔洛博士是旅游佳有限公司（Tourism & More，T & M）的创始人和总裁，是旅行和旅游研究协会得克萨斯分会（Texas Chapter of the Travel and tourism Research Association）的前会长。他是克罗地亚萨格勒布市（Zagreb，Croatia）出版的“旅游”（*Turizam*），土耳其出版的“安纳托利亚：国际旅游和酒店业研究学刊”（*Anatolia*：*International Journal of Tourism and hospitality Research*），巴西出版的“旅游：目的和作用”（*Turismo*：*Visão e Ação*），阿根廷布宜诺斯艾利斯出版的“旅游研究与展望”（*Estudios y Perspectivas en Turismo*），以及美国旅游研究学刊（*American Journal of Tourism Research*）的国际编委会成员。

后　记

2014 年开年，在完成本书的撰写之后，我不禁在想，未来几年会给旅游安保界带来什么。我们会更安全还是更不安全？经济会怎样影响美国和世界的旅游安全状态？我们从过去的成功和错误中得到了什么教训？虽然对还未掀开的未来篇章进行预测是很愚蠢的事情，但是在此，笔者仍愿意就一些指导原则和挑战做一些思考。

1. 安保问题。总的来说，游客和旅游对安保很敏感。未来的年岁月会给旅游安保专家提出任何挑战。其中有可能包括：
   a. 恐怖主义不会减少，而会变异。基层恐怖主义组织对旅游产业的威胁会增加，并且会比以前变得更难察觉。
   b. 世界重大事件会得到大量宣传，宣传会引发安保问题。旅游安保专家和专业人员对于潜在的恐怖主义行动，以及偶然的暴力行动必须保持警觉。旅游安保专家对何时阻止进攻会一直存在问题。很少有人会关注成功，但是在失败之时每个人都会知晓。
   c. 世界将会比以前更加需要以旅游为导向的警务和保护服务（Tourism-oriented policing and protection services，TOPPs）。如果安保人员能够说服市场营销人员以旅游为导向的警务和保护服务编队的重要性，那么这些武装力量可以有助于减少针对旅游者的国际犯罪事件。然而如果这些武装力量仍然缺少资金投入，那么更多的问题就会产生。
2. 旅游高度依赖于经济趋势。在过去，经常在旅游“打喷嚏”之时，旅游安保专业人员已经患“肺炎”。这就是说，旅游安保专业人员在预算危机发生时，经常是最早一批遭裁减的人员。为避免这一隐患，旅游安保专业人员要让其产业的同行确信，他们不仅仅是必要的，而且会加强这一底线，明白这一点是非常重要的。这就意味着，他们工作的一部分是教育同行他们的职业内涵是什么，以及为什么他们在困难经济时期，仍然是必不可少的要素。

3. 旅游市场营销已经将其重点放在中产阶级市场。20 世纪后半期和 21 世纪前 10 年，这一阶层的人员对安保问题有传统观念，并对安保威胁有负面反应。中产阶级构成了最大的旅游群体，其需求温和适度，从社会学角度来看，倾向于谅解旅游错误，并在一定程度上对不太完美的客户服务持宽容态度。中产阶级可能是最脆弱的，容易受经济的上下波动的影响，是在经济衰退阶段最容易恐慌的阶层。因为中产阶级经常凭信用购买，信用的成本对于其购买看似非必要服务的能力和意愿来说影响重大。从积极层面来说，在许多发展中经济体中，中产阶层人数正在增加，这些新的中产阶级正在仿效沿用着与业已建立的传统的经济体中的中产阶级相同的社会学方式。不仅旅游营销人员和专业工作人员，旅游安保工作人员也应善于警惕以下经济趋势。要切记，这一部分的安保应确保我们的安保专业人员有足够的人力和装备，没有资金，所有这些都无法实现。旅游安保专业人员应观察到以下趋势，并推断这些趋势会如何影响他们的经济福祉。

   a. 信用的成本。因为大多中产阶级的对可消费商品的购买依赖于信用，因此，追踪信用的趋势至关重要。如果利率上升，则中产阶级购买的商品将更加昂贵。当利率下降，同一商品或服务就会变得不那么昂贵。

   b. 中产阶级的失败与成功。中产阶级必须以某种预算形式生存。这就意味着，如果税收和其他必须服务有重大提升的话，中产阶级可能趋向于控制它所认定的奢侈品。比如当前在美国，对 2014 年医疗成本会是什么样存有疑虑。如果成本降低，那么从心理学角度来说，公众旅游的意愿就会增加（假设所有其他因素相同）。然而，一旦医疗成本攀升，旅游产业可能受创，旅游安保专业人员将会面临另外需应对的问题。

c. 全球股票市场。股票市场趋于上涨时，许多人会感到更加富有，并更愿意花钱；市场下跌，就会出现相反的情况。注意，宏观心理影响与个体的私人财富不相联系，中产阶级成员花钱是趋向于受宏观趋势而非微观趋势的影响。

4. 旅游安保官员和专业人员需要意识到交通问题。随着全球航空公司的整合，旅游业领导者会预期更高的成本和服务的持续降级。这种服务的降级会意味着更愤怒的公众和更多的安保问题吗？航空公司已成为旅游者容易产生恨意的商业机构，路怒会经常变成空怒，一旦燃油成本持续攀升，服务就会减少，航班会更少，以及飞机会更轻更不舒适。旅行产业对航空旅行的依赖会持续成为一个重大问题。另一方面，很多国家已实现了功能上由大巴与火车的替代，这些公共交通的替换形式连同私人交通工具可以成为航空旅行问题的短途替代方案。

5. 旅游安保官员需要适应旅行者寻求不同旅行体验新机会的情况。许多传统目的地将不得不与新的旅行体验相竞争。新一代会寻求商业与娱乐相结合的旅游组合，与长周末相结合的短期度假，以及非通常形式的精品店旅游体验。许多传统旅游目的地将会患“曾去过曾做过”综合征，如果它们要继续保持之前的首选旅游目的地位置的话，它们必须提供更多的方便和旅游机会。旅游安保产业将如何适应这些需求，仍然是一个尚未解决的开放性问题。

6. 公业旅行者的期待将更多。全球公业旅行者不仅希望有免费因特网和无线网（WI-FI）服务，他们还清楚地知道自己不仅是人身攻击和盗窃犯罪的潜在受害者，而且在全球非常多的地方还是绑架的受害者。女性旅行者在独自出行及在酒店、停车场和城市街道无法提供周到安保的地区，尤其要小心。这些人需要能够经由因特网进行免费打印，有灵活的入住和结账离店时间，并且有能消费得起且丰富多样的就餐选择。出行者会一直关注流行病，以及因污染食物和饮水供应而引发的疾病。

后　记

旅游专业人员必须时刻应对挑战，有很多安保挑战已得到解决和克服。全球许多地方在其旅游产品销售方面都已拿出新的创造性措施。比如巴拿马已创立了一个项目，提供给游客一个月的免费医疗保险。多米尼加共和国可能创建了世界上最训练有素的旅游警察力量。美国至少已开始允许返程的美国公民，经由电脑办理入境而不是强迫每个人排队等候。

没有人知道未来会带给我们什么，但是我们可以确切地知道世界上这个最大且可能是最年轻的产业足够灵活，可以为未来一定会发生的挑战找到创造性的解决方案。可能我们不能有过多要求，只能保持警觉，并且积极快乐地面对这个世界。

彼得 · E. 塔洛

图书在版编目(CIP)数据

旅游安全管理:有效地管理旅行风险与安全的策略/(美)彼得·E.塔洛(Peter E. Tarlow)著;李秀清,林虹译.—北京:商务印书馆,2018
(当代旅游研究译丛)
ISBN 978-7-100-16636-2

Ⅰ.①旅… Ⅱ.①彼… ②李… ③林… Ⅲ.①旅游安全—安全管理 Ⅳ.①F590.6

中国版本图书馆 CIP 数据核字(2018)第 214934 号

当代旅游研究译丛
旅游安全管理
——有效地管理旅行风险与安全的策略
〔美〕彼得·E.塔洛(Peter E. Tarlow) 著
李秀清 林 虹 译

商 务 印 书 馆 出 版
(北京王府井大街36号 邮政编码100710)
商 务 印 书 馆 发 行
北 京 冠 中 印 刷 厂 印 刷
ISBN 978-7-100-16636-2

2018 年 12 月第 1 版 开本 787×960 1/16
2018 年 12 月北京第 1 次印刷 印张 18
定价:55.00 元